वाणी प्रकाशन

21-ए, दरियागंज, नयी दिल्ली-110002

फ़ोन : 011-23273167, 23275710, 65456829, 65394966

फ़ैक्स : 011-23275710

e-mail : vaniprakashan@gmail.com

website : vaniprakashan.com

भाषा, साहित्य और

भाषा साहित्य और संस्कृति शिक्षण

प्रो. दिलीप सिंह

वाणी प्रकाशन

वाणी प्रकाशन का 'लोगो'
विख्यात चित्रकार मक़बूल फ़िदा हुसेन की
कूची से

ISBN : 978-81-8143-619-1

वाणी प्रकाशन
21-ए, दरियागंज, नयी दिल्ली-110002
द्वारा प्रकाशित

फोन : 0091#11#23273167, 23275710
फैक्स : 0091#11#23275710
ई-मेल : vaniprakashan@gmail.com
vani_prakashan@yahoo.com
वेबसाइट : www.vaniprakashan.com

प्रथम संस्करण : 2007

मूल्य : 295.00

आवरण : वाणी प्रकाशन

जय भारत प्रिंटिंग प्रेस, शाहदरा, दिल्ली-110032
द्वारा मुद्रित

BHASASHAHITYAAUR
SANSKRITI SIKSHAN
Edited by : Prof. Dileep Singh

यह पुस्तक तैयार करने की पूरी प्रक्रिया में
जिनकी याद आती रही–
(स्व.) प्रो. शिवेन्द्र किशोर वर्मा को समर्पित

प्राक्कथन

केंद्रीय हिंदी संस्थान (आगरा) के हैदराबाद केंद्र के साथ मेरे बहुत-बहुत पुराने संबंध हैं। इसलिए केंद्र के प्रभारी भाई नारायण पिल्लै ने मार्च महीने में जब मुझसे दक्षिण भारत में द्वितीय भाषा के रूप में हिंदी पढ़ा रहे शिक्षकों के सामने व्याख्यान देने का अनुरोध किया तो प्रसन्नता हुई। उन्होंने विषय सुझा कर मुझे विषय चुनने की कशमकश से भी बचा लिया—'भाषा, साहित्य और संस्कृति-शिक्षण' पर तीन दिन व्याख्यान देना तय हुआ। नौ घंटे के व्याख्यानों में हुई चर्चा और बहस के बीच शिक्षकों की कई समस्याएँ सामने आईं। सबसे बड़ी समस्या उठी हिंदी में शिक्षक के लिए दिशा-निर्देशक पुस्तक के अभाव की। मुझे भी यह लगा, जबकि मैं अपने व्याख्यानों में पर्याप्त उदाहरण और संदर्भ देता हूँ; कि शिक्षकों के लिए 'फ्रेंडली' तथा उन्हें उत्तेजित और उत्साहित कर देने वाली विचार-सामग्री का हिंदी में अभाव है।

यह बात भी खुलकर सामने आई कि हिंदी में भाषा-शिक्षण से संबंधित जो पुस्तकें हैं उनमें से अधिकतर व्याकरण-शिक्षण की परिधि तक सीमित हैं और जो इस परिधि के बाहर हैं वे भाषाशिक्षक को नहीं बल्कि भाषाविदों, शैलीवैज्ञानिकों और शिक्षाविदों को संबोधित हैं। ये पुस्तकें भाषा-शिक्षण के भेद-प्रकारों तथा शिक्षण विधियों, पद्धतियों, उपागमों पर तो ठोस और गंभीर विचार-विमर्श करती हैं, पर यह नहीं बतातीं कि भाषा$_2$ का कोई शिक्षक इनका अनुप्रयोग कैसे करे। इसका एक कारण तो यह समझ में आया कि इन पुस्तकों के रचयिता भाषाविज्ञान में दीक्षित हैं अतः वे सिद्धांत चर्चा से बाहर नहीं निकल पाते और इसीलि एव्याकरण (संरचना) केंद्रित व्यतिरेकी विश्लेषण को भी भाषा-विश्लेषण का आखिरी सोपान मानते हैं। दूसरा कारण यह लगता है कि भाषावैज्ञानिक पृष्ठभूमि के इन लेखकों की साहित्य-भाषा में तनिक भी रुचि नहीं है जबकि भाषा के शिक्षण का बहुत

बड़ा हिस्सा **पाठ-केंद्रित** होता है। भारत में भाषाविद् और साहित्यवेत्ता दो खेमों में बँटे हुए हैं। भाषाविद् साहित्य से और साहित्यकार-आलोचक भाषाविज्ञान से अपने को कोसों दूर रखते हैं। अन्य देशों में ऐसा नहीं है क्योंकि वे जानते हैं कि **साहित्यिक-कृति** में भाषा-अध्ययन की तथा **भाषा** में सर्जनात्मकता की अनंत संभावनाएँ निहित हैं। खैर, यह अलग बहस का विषय है पर इस बात में कोई संदेह नहीं कि अन्य भाषा शिक्षक को संबोधित सामग्री का हिंदी में नितांत अभाव है। संभवतः इस कमी को भाँपने की वजह से ही प्रो. पिल्लै ने व्याख्यान-माला के बाद मुझसे कहा कि यदि मैं इन व्याख्यानों को पुस्तक में ढाल कर दे सकूँ तो केंद्रीय हिंदी संस्थान के शिक्षक-प्रशिक्षण कार्यक्रमों के लिए वह उपयोगी सिद्ध होगी। उस समय तो मैंने हाँ कर दी क्योंकि मेरे ही ढेरों छात्र दक्षिण भारत के विद्यालयों में हिंदी पढ़ा रहे हैं, और मैं उनकी कठिनाइयों से परिचित हूँ। यह सोच कर ही हामी भरी थी कि व्याख्यानों को लिपिबद्ध करने में शायद हिंदीतर क्षेत्र के हिंदी शिक्षकों को कुछ लाभ मिल सके। जब काम शुरू किया तो माथा चकरा गया, सिद्धांतों को अनुप्रयोग बनाना आसान न था।

लेकिन जब व्याख्यान के नोट्स, ढेरों पुस्तकों और साहित्य-सामग्री के साथ लिखने बैठा तो गाड़ी रास्ते पर आने लगी। सबसे पहले तो मुझे यह लगा कि 'अन्य भाषा-शिक्षण' की पृष्ठभूमि को बिना 'भाषा' और 'भाषा-शिक्षण' की अधुनातन संकल्पना के व्यक्त नहीं किया जा सकता। अतः प्रारंभ में इनका खाका बनाया। फिर 'भाषा' शिक्षण के इतिहास का लेखाजोखा भी दिया, जो व्याख्यान में भी दिया गया था, पर अब मेरी इच्छा उसे क्रमिक ढंग से देते हुए समय-समय पर आए परिवर्तनों की ओर संकेत करने तथा यह जताने की भी थी कि भाषा$_2$ के रूप में हिंदी पढ़ाने वाले शिक्षक उपयोगी उपागमों का चाहें तो अपनी कक्षा की गतिविधि में उपयोग कर सकें। शिक्षक के लिए 'इतिहास' को उपादेय बनाने की दृष्टि से इस भाग को पर्याप्त उदाहरणों और उद्धरणों से पुष्ट किया गया है। फिर भाषा-शिक्षण की इस गंभीर चिंतन-धारा को इस तरह प्रस्तुत करने का भी मन था कि ये बातें सरल भाषा में हिंदीतर भाषाभाषी हिंदी शिक्षकों तक आसानी से पहुँच सकें। इसलिए शिक्षक को संबोधित इस पुस्तक की शैली भी मैंने शिक्षक को संबोधन देकर अपनी बात कहने वाली रखी है, जिसमें 'मैं आप' के माध्यम से विचार-विमर्श है, ताकि हमारा लक्ष्य—पाठक अपने-आपको निरंतर इन चर्चाओं से जुड़ा हुआ महसूस करे।

'साहित्य-शिक्षण' के संदर्भों को उभार पाना सर्वाधिक श्रमसाध्य रहा क्योंकि

'भाषा-शिक्षण' की हिंदी किताबों में साहित्य के उदाहरणों की अत्यंत कमी है। रवींद्रनाथ श्रीवास्तव और सुरेश कुमार की एक-दो पुस्तकों को छोड़कर अन्य में साहित्यिक पाठ के उदाहरण नहीं दिए गए हैं। इस कमी को देखते हुए भी मैंने यह प्रयत्न किया है कि संप्रेषणपरक, शैलीगत तथा प्रयोजनीय भाषा विवेचन के जितने आधार सैद्धांतिक चिंतन(समाज भाषाविज्ञान, शैलीविज्ञान, प्रयोजनमूलक भाषा अध्ययन) में मिलते हैं उनके अधिकाधिक उदाहरण हिंदी की प्रसिद्ध साहित्यिक कृतियों से लेकर दिए जा सकें। व्याख्यानों में भी यथावसर उदाहरण दिए गए थे पर समय की सीमा को देखते हुए उनकी संख्या कम थी या एक संदर्भ में एक उदाहरण से काम चलाना पड़ा था। पुस्तक में कविता, कहानी, उपन्यास, निबंध के उदाहरणों को बड़ी मात्रा में देने का एक उद्देश्य तो यह है कि शिक्षक को किसी 'एप्रोच' के एकाधिक उदाहरण मिल जाएँ ताकि उसके मन में एक पुष्ट प्रारूप बन जाए। दूसरा यह था कि पाठ्यपुस्तक के किसी भी पाठ के लिए वह इन प्रारूपों का तुलनीय ढंग से इस्तेमाल कर सके और तीसरा यह कि यदि किसी उपागम का एक उदाहरण दिया गया है तो दूसरे उपागम के उदाहरण में वह पहले का आरोपण खुद ही कर सके। उदाहरण के लिए 'विचलन' के अंतर्गत दिए गए उदाहरणों के सहारे अन्य उदाहरणों से भी विचलन के संदर्भ, शिक्षक स्वयं निकाल सकता है। पाठ/पाठांश के साथ जरूरी होने पर शिक्षणीय बिंदु दिए गए हैं। कई स्थानों पर ये नहीं दिए गए हैं। यहाँ भी दिए गए बिंदुओं के आधार पर शिक्षक स्वयं शिक्षण-बिंदु तय कर सकते हैं।

एक खास बात यह भी है कि साहित्यिक पाठ में निहित संप्रेषणपरक तत्त्वों (सर्वनाम प्रयोग, संबोधन तथा नाते-रिश्ते की शब्दावली, भाषेतर संप्रेषण के घटकों आदि) पर विशेष बल दिया गया है जिनके आधार पर शिक्षार्थी को लिखित भाषा के माध्यम से मौखिक भाषा के रूप में हिंदी की व्यावहारिक विविधता का परिचय दिया जा सकता है। इसी संदर्भ (लिखित भाषा-उच्चारित भाषा) में पाठ के माध्यम से विराम-चिह्नों के शिक्षण का संकेत भी दिया गया है। एक ही कथन के लिए भिन्न भाषा संरचना (उक्तियों) का प्रयोग करके रचनाकार ने किन भावों को और कैसे अभिव्यंजित किया है, इस तरह के उदाहरण दिए गए हैं। कृति की भाषा को लेकर इस तरह के अनेक भाषिक तथा भाषेतर घटकों का विवेचन शिक्षणीयता की दृष्टि से किया गया है। इस तरह साहित्यिक पाठ के माध्यम से मैंने भाषा-शिक्षण प्रविधि को रूपांतरित करने की कोशिश की है ताकि साहित्य पढ़ाते समय भी शिक्षक सामाजिक हिंदी तथा हिंदी भाषा समाज को कक्षा में सजीव बना कर प्रस्तुत कर सके।

संस्कृति-शिक्षण को भाषा में संस्कृति (अभिवादन, आचरण, मूल्य, संबोधन

आदि) के आधार पर दर्शाया गया है। पर मुझे लगा कि संस्कृति के संदर्भ को साहित्यिक पाठ के माध्यम से भी उभार देना चाहिए। इसकी मूल वजह यह लगी कि द्वितीय भाषा की पाठ्यपुस्तकें प्रमुखतः 'साहित्यिक पाठ-केंद्रित' होती हैं अतः स्वभावतः उनमें कई सांस्कृतिक तत्त्व छुपे होते हैं। विषयवस्तु और पाठ-बोध से बँधी हमारी साहित्य-शिक्षण प्रणाली तथा परीक्षण-मूल्यांकन में 'संस्कृति' की उपेक्षा के कारण शिक्षक इन्हें बड़ी आसानी से छोड़ देते हैं या छोड़ने को बाध्य होते हैं क्योंकि पाठ में संस्कृति को कैसे देखें यह इंगित करने वाली सामग्री उनके पास नहीं होती। विदेशी भाषा के रूप में भाषा-शिक्षण में साहित्य और संस्कृति को एक ही सिक्के के दो पहलू माना जाता है। द्वितीय भाषा के रूप में हिंदी पढ़ने-पढ़ाने वालों को भी यह दृष्टि मिलनी चाहिए, यह सोच कर ही मैंने यह अंश तैयार किया। इस अंश में मध्यकालीन काव्य (सूर और कबीर) और आधुनिक गद्य तथा कविता के उदाहरणों (पद्यांश और गद्यांश) से सांस्कृतिक तत्त्वों को रेखांकित करके उन्हें वर्गीकृत किया गया है (मिथक, लोक-संस्कृति, लोक शब्द-अभिव्यक्तियाँ, संस्कार, मूल्य बोध, नीति आदि) ताकि शिक्षक यदि चाहे तो पाठ पढ़ाते समय इनके लिए थोड़ा-सा समय देकर साहित्य-शिक्षण की परिधि को संस्कृति-शिक्षण से जोड़ सकता है।

मैंने अपने व्याख्यान में भी कहा था और यहाँ भी दुहराना चाहूँगा कि हमने इस पुस्तक में जितना कुछ विवेचित किया है, वह सभी कुछ एक ही कक्षा में नहीं पढ़ाया जा सकता, इसे कक्षावार अनुस्तरित करना होगा, विदेशी भाषा (हिंदी) शिक्षण में ऐसा किया भी जा रहा है। द्वितीय भाषा (हिंदी) के कक्षा में भी कबीर आदि को पढ़ाते समय संस्कृति की चर्चा थोड़ी-बहुत तो शिक्षक को करनी ही पड़ती है। जरूरी है कि वह इसे बराबर अपनी कक्षा में स्थान दे क्योंकि कक्षा में सांस्कृतिक घटकों को उभार कर शिक्षार्थी में और भी 'बहुत कुछ' जानने की आग पैदा की जा सकती है, उसे अपनी संस्कृति के प्रति जागरूक किया जा सकता है तथा संस्कृति$_1$ और संस्कृति$_2$ की तुलना की रुचि उत्पन्न की जा सकती है। इस प्रक्रिया को ही शिक्षण के संदर्भ में 'अधिगम विकास' कहा गया है जिसमें अध्येता स्वतः अपने प्रयास से अपनी समझ और शक्ति का विकास करने की ओर उद्यत होता है।

अधिगम विकास की ही एक कड़ी है...अपने आप को प्रसन्न और संतुष्ट करने के लिए सीखना (Learning to please oneself) समाजभाषिक और सांस्कृतिक तत्त्व शिक्षार्थी को ऐसा करने के लिए प्रोत्साहित करते हैं। साहित्य-शिक्षण भी ऐसा कर सकता है, यदि उसे नवप्रवर्तनकारी ढंग से पढ़ाया जाए। इस तरह, कि वह किसी रचनाकार की एक रचना पढ़ने के बाद खुद उस लेखक की कोई और

रचना पढ़ने को बेचैन हो उठे। साहित्य-शिक्षण के माध्यम से भाषा की वैविध्यपूर्ण प्रकृति का अधिकाधिक भान तो शिक्षार्थी को हो ही, उसका संप्रेषणीय विकास भी हो। साहित्य और संस्कृति-शिक्षण पर जो चर्चा इस पुस्तक में है उसका यही लक्ष्य है। जैसा कि मैंने प्रारंभ में निवेदन किया कि हिंदी की भाषा-शिक्षण विषयक पुस्तकों में अधिगम-शिक्षण सिद्धांतों की चर्चा तो हमें काफी मिल जाती है, लेकिन पाठ केंद्रित उदाहरणों के साथ उनकी अनुप्रयुक्त ढंग से शिक्षक-शिक्षार्थी के लिए उपयोगी रूप में प्रस्तुति कम ही मिलती है। इस अभाव की पूर्ति का प्रयास दिए गए व्याख्यानों में भी किया गया था और वही लक्ष्य उन व्याख्यानों के इस लिखित रूप का भी है।

भाषा-शिक्षण द्वारा शिक्षार्थी के भाषा-व्यवहार को धार दी जा सकती है। साहित्य-शिक्षण द्वारा शिक्षार्थी के संज्ञानात्मक और सोचने के कौशल को उभारा जा सकता है। पहले सिखाई/पढ़ाई जा चुकी संरचनाओं में लिपटी किसी कविता को पढ़ा कर इन कौशलों का दृढ़ीकरण किया जा सकता है। भाषा$_2$ और रचना में अंतर्भुक्त सांस्कृतिक घटकों की जानकारी देकर शिक्षार्थी की भाषा के साथ निकटता स्थापित की जा सकती है। निश्चित ही इन तमाम लक्ष्यों की प्राप्ति के लिए भाषाशिक्षक को स्वयं भी संप्रेषणपरक कौशल से लैस होना पड़ेगा, कि वह भाषा$_2$ के ध्वन्यात्मक परिवर्तनों से लेकर अंग-विक्षेप तक की अर्थवत्ता से परिचित हो। इन्हीं और इसी तरह के अन्य कौशलों से भाषा$_2$ के रूप में हिंदी पढ़ाने वाले शिक्षक को लैस करने का प्रयास है यह पुस्तक। भाषा-शिक्षण के संदर्भ में मैं यहाँ स्वामी विवेकानंद के वे शब्द उद्धृत करना चाहूँगा जो उन्होंने 'शिक्षा' के विषय में कहे थे—'शिक्षा सिर्फ सूचना का स्थानांतरण नहीं है, वह सूचनाओं को अपने अंदर की अग्नि से पकाना भी है, उसके माध्यम से जीवन के अनेक सत्यों को पाना भी है।' यह मंत्र ही इस पुस्तक की प्रेरणा है।

मुझे इस पुस्तक को पूरा करने में अतीव आनंद मिला है। यह आनंद प्राप्त करने का अवसर मुझे केंद्रीय हिंदी संस्थान ने उपलब्ध कराया अतः मैं केंद्रीय हिंदी संस्थान, आगरा और उसके हैदराबाद केंद्र का हृदय से आभारी हूँ। प्रो. टी. के. एन. पिल्लै के प्रति विशेष कृतज्ञ हूँ। अन्य भाषा के रूप में हिंदी शिक्षण करने वाले शिक्षकों तथा छात्राध्यापकों के लिए यह पुस्तक मात्र एक पुस्तक नहीं, संदर्भ बनेगी तथा हिंदीतर क्षेत्रों में हिंदी शिक्षण को नई दिशा दे सकेगी, इस विश्वास के साथ पुस्तक आपके हाथों में समर्पित है।

—दिलीपसिंह

चेन्नई

संक्रांति, 2007

अनुक्रम

प्राक्कथन 7

पृष्ठभूमि 17

भाषा-शिक्षण 49

साहित्य-शिक्षण 95

संस्कृति-शिक्षण 183

अन्य पठनीय पुस्तकें/पत्रिकाएँ 219

भाषा, साहित्य और संस्कृति-शिक्षण

पृष्ठभूमि

भाषा और भाषा-सिद्धांत

भाषा-शिक्षण पर बात करने से पहले उसकी शिक्षण वस्तु 'भाषा' पर थोड़ी बात कर लेना आवश्यक है। भाषा हमारे जीवन के सबसे नजदीक होती है और उसी के बारे में हम सबसे कम जानते हैं। ऐसा इसलिए है कि भाषा हमें एक 'मिली-मिलाई' चीज लगती है। कभी-कभी तो हम भाषा के संबंध में गलत धारणाएँ भी पाल लेते हैं। जबकि जिन और चीजों का हम उपयोग करते हैं उन्हें ठोंकने-बजाने में हम माहिर होते हैं, उनकी प्रकृति और गुणवत्ता के प्रति पूर्ण सजग होते हैं। भाषा हमारे **समाजीकरण** का माध्यम है अतः पल-पल वह हमसे आबद्ध है। उसकी प्रकृति और प्रकार्य पर हम कितना ध्यान देते हैं या इनके बारे में कितना जानते हैं, ये प्रश्न अगर हम अपने दिल से पूछें तो उत्तर निराशाजनक ही होगा। भाषा प्रयोक्ता होने के नाते भाषा के प्रति एक सकारात्मक और व्यापक दृष्टिकोण हमें अपनाना चाहिए।

जो लोग भाषा के बारे में सोचते-विचारते हैं उनमें से हर किसी के पास भाषा के बारे में अपना सिद्धांत है। कोई इसे **व्यवस्था** मान कर नियम और व्याकरण के दायरे से बाहर नहीं आने देना चाहता। कोई भाषा को **आदर्श और मानक** रूप में स्वीकारने-देखने की ज़िद ठाने बैठा है। भाषा शिक्षक यह देखने में ही जुटा रहता है कि भाषा को कैसे सीखा-सिखाया जा सकता है। साहित्यकार भाषा के प्रचलित रूप-अर्थ-संदर्भों को तोड़ने-मरोड़ने की संभावना को ही उसका प्रमुख गुण मानते हैं। यह सभी सिद्धांत या दृष्टिकोण अपनी-अपनी सीमा में सही भी हैं पर अनौपचारिक हैं क्योंकि ये सुव्यक्त (एक्सप्लिसिट) नहीं हैं, अर्थात् ये पूर्णतः तार्किक रूप में व्यक्त नहीं हैं। यही वजह है इस प्रकार के सिद्धांतों में निरंतरता का अभाव होता है और ये जन्म लेते ही विवादों के घेरे में फँस जाते हैं। पर ये सिद्धांत इतना तो सिद्ध करते ही हैं कि भाषा कोई ऐसी वस्तु है जिस पर

अलग-अलग तरह से विचार किया जा सकता है। अतः यह कहना भी उपयुक्त होगा कि जो लोग, समूह और समाज भाषा का इस्तेमाल करते हैं, सबके अपने-अपने सिद्धांत होते हैं, धारणाएँ होती हैं, तर्क होते हैं; भाषा के बारे में।

यह भी कहें तो गलत न होगा कि भाषा एक बड़ी ही जटिल वस्तु है और इसलिए इसे किसी एक सिद्धांत में पूरी तरह बाँधा नहीं जा सकता है। विश्व के प्रबुद्ध भाषाविद् भी यह स्वीकार करते हैं कि भाषा का कोई अपरिवर्तनीय (कनसिसटेंट) और स्वतः बोधात्मक (कॉम्प्रिहेंसिव) सिद्धांत तय कर पाना संभव नहीं है क्योंकि भाषा की प्रकृति परिवर्तनशील और जीवंत दोनों होती है। यही कारण है जब प्रसिद्ध भाषावैज्ञानिक पाओलो गिगलिओली से किसी ने पूछा कि "भाषा क्या है" तो उन्होंने पलटकर प्रश्नकर्ता से ही यह सवाल किया कि "पहले आप यह बातइए कि आप क्यों जानना चाहते हैं कि भाषा क्या है?" गिगलिओली ने यह प्रश्न इसीलिए किया था कि भाषा के प्रति भिन्न व्यक्तियों की धारणा भिन्न होती है। भाषा के बारे में हमारी धारणा कभी पूर्व प्रभावों से बनती है, कभी इस तथ्य से कि भाषा की शक्ति-सामर्थ्य में हमारा विश्वास कितना है तो कभी भाषा के माध्यम से मिलने वाले लाभों से। इस तरह भाषा संबंधी कोई भी समस्या सामने आने पर हम एक अनौपचारिक सिद्धांत रच लेते हैं। तात्कालिक प्रभावों और पूर्वाग्रहों के दबाव में गढ़ा गया कोई-कोई भाषा-सिद्धांत बेहद लचर और बेहूदा होते हुए भी इतना प्रचारित कर दिया जाता है कि लोग बरसों तक उसे ही सही और सटीक भाषा-सिद्धांत मानने का भ्रम पाले रहते हैं। लेकिन अगर भाषा है और वह भी जीती-जागती है तो उसे देखने-समझने के भिन्न दृष्टिकोण भी सामने आएँगे ही और कुछ प्रबल दृष्टिकोण सिद्धांत का रूप भी ले लेंगे। आधुनिक भाषाविज्ञान (अपने-अपने समय का नव्य-भाषा चिंतन) इन सिद्धांतों को ठोंकते-बजाते हुए कुछ को पूर्णतः स्वीकार्य, कुछ को आंशिक स्वीकार्य और कुछ को अस्वीकार्य सिद्ध करता चलता है। यह भी सच है कि कोई एक भाषा सिद्धांत किसी विशिष्ट संदर्भ या प्रयोजन में ही फिट बैठता है तो कोई एकाधिक संदर्भों और प्रकार्यों के लिए अपनी उपादेयता सिद्ध करता है। भाषा के प्रति अवधारणा और सिद्धांत निर्माण तथा सिद्धांत-विवेचन का यह कार्य भाषावैज्ञानिक अध्ययन क्षेत्र में सतत चलता रहता है। चलना भी चाहिए क्योंकि भाषा जैसी एक जीवंत और परिवर्तनशील वस्तु के अध्ययन-विश्लेषण सिद्धांत भी जड़, रूढ़ और स्थिर तो हो नहीं सकते।

भाषा-व्यवस्था और भाषा-व्यवहार

भाषा को लेकर तरह-तरह की बातें सुनाई देती हैं। इनमें से अधिकतर का संबंध भाषा-सिद्धांत से नहीं, भाषा-व्यवहार या भाषा-प्रयोग से रहता है। इन बातों को सुनकर यह भान होता है कि मानव-जीवन में 'भाषा-व्यवस्था' से कहीं ज्यादा अहमियत 'भाषा-व्यवहार' की है। 'व्यवस्था' संबंधी धारणा भाषा की मानक, आदर्श और एकरूपी संरचना को ही सब कुछ मानती है जबकि 'व्यवहार' संबंधी धारणा भाषा के अवमानक, अमानक और विषम रूपी स्वरूप को भी देखना-समझना चाहती है। इसलिए जब चॉम्स्की ने 'भाषा-व्यवस्था' को ही भाषा अध्ययन की आदर्श वस्तु माना और यह स्थापित किया कि मानव शिशु भाषा के 'आदर्श' रूप का ही अधिगम करता है तो उनकी इस स्थापना के विरोध में मत आने लगे। चॉम्स्की ने अपनी अवधारणा में 'भाषा-व्यवहार' या भाषा के अभिव्यक्त रूप को महत्त्वहीन और 'रद्दी की टोकरी की वस्तु' भी कहा था। उनकी इस धारणा से भी भाषाविज्ञानियों का एक बड़ा वर्ग सहमत नहीं हो सका। चॉम्स्की की स्थापनाओं के विरोध में यह तर्क दिया गया कि आदर्श भाषा, आदर्श भाषा समुदाय और व्याकरणिक भाषा की बात कहना महज कोरी कल्पना है। अगर भाषा मानव-संप्रेषण का प्रभावी माध्यम है तो अपने व्यावहारिक संदर्भों में वह 'आदर्श' हो ही नहीं सकती। अतः भाषा-व्यवस्था, भाषा की अधूरी सच्चाई है। भाषा पूर्ण बनती है अपने व्यवहार्य रूपों में। भाषा प्रयोग के नियम भाषा-समाज तय करता है, वैयाकरण या भाषा सिद्धांतकार नहीं। आगे चलकर यह बात भी खुली कि भाषा, व्यवस्था नहीं, वह **व्यवस्थाओं की व्यवस्था** है।

यह तो विद्वानों के मत वैभिन्न्य और दृष्टिकोण की बात हुई। वैसे भी जितनी बातें हम भाषा के बारे में करते हैं या अपने आस-पास सुनते हैं उनका केंद्रक 'भाषा प्रयोग' ही रहता है। किसी के भाषा प्रयोग के बारे में हम तरह-तरह से प्रतिक्रिया व्यक्त करते हैं कि उसने भद्दी भाषा का प्रयोग किया, हम किसी की भाषा के बारे में यह भी कहते हैं कि उसकी भाषा बहुत मीठी है। और यह भी कि उसने कुछ ऐसे शब्दों का प्रयोग किया जिन्हें मैं समझ नहीं सका या कि उसकी भाषा बहुत स्पष्ट और सरल है आदि। किसी भाषा विशेष का प्रयोग हम क्यों करें या उसे क्यों सीखें, ये प्रश्न भी उठते ही हैं। और एक अन्य पहलू भी उभरता है कि भाषा की हमारे जीवन में उपयोगिता क्या है या हो सकती है। हमारे मन में इन प्रश्नों का उठना यह बताता है कि भाषा को हम एक

प्रयोजनमूलक वस्तु, एक ऐसा संप्रेषणीय औज़ार मानते हैं जिसे हम चुन सकते हैं, किसी पयोजन के लिए उसका इस्तेमाल कर सकते हैं और फिर चाहें तो छोड़ भी सकते हैं। अच्छी-बुरी भाषा, जटिल भाषा, सरल भाषा, कोमल-कठोर भाषा, उपयोगी-अनुपयोगी भाषा के जो संदर्भ यहाँ उभरे हैं वे सभी भाषा के प्रयोग पर ही आधारित हैं।

हम अक्सर यह भी सुनते हैं कि भाषा का अधिगम होता है और यह भी कि हम भाषा को 'पज़ेस' करते हैं। भाषा का अधिगम वास्तव में 'भाषा प्रयोग' का ही अधिगम है। हम जिस परिवार, परिवेश, सामाजिक वर्ग और शैक्षिक समूह से संबद्ध होते हैं, वैसी ही या उतनी ही भाषा हम सीखते हैं। हर व्यक्ति एक खास तरह की भाषा पज़ेस करता है और भाषा प्रयोग से ही व्यक्ति की पहचान संभव हो पाती है। किसी से थोड़ी देर बात करके ही हम यह जान जाते हैं कि वह किस क्षेत्र का रहने वाला है, उसके संस्कार कैसे हैं, उसकी सांस्कृतिक शैक्षिक पृष्ठभमि क्या है और यहाँ तक कि वह जैसा दिखने-दिखाने की कोशिश कर रहा है, वास्तव में वह 'वैसा' है भी कि नहीं। भाषा को पज़ेस करने की बात हम साहित्यकारों के संदर्भ में भी कहते हैं–प्रेमचंद की हिंदुस्तानी भाषा, रेणु की आंचलिक भाषा, प्रसाद की प्रांजल भाषा, मोहन राकेश की आधुनिक भाषा, किसी कवि की कमजोर भाषा और किसी कृति की सशक्त भाषा आदि। इन सारे निर्णयों के पीछे भाषा-प्रयोग और भाषा-भेद का यथार्थ ही निहित है। हम यह भी कहते हैं कि मानव शिशु भाषा का अर्जन करता है। भाषा अर्जन एक तो समाज में होता है और दूसरे अर्जन हम अपनी सामाजिक जरूरतों के अनुसार करते हैं। कभी हम भाषा को खोते हैं, कभी पाते हैं, तभी तो हम यह कहते हैं कि मुझे सही शब्द नहीं मिला या मुझे सही शब्द मिल गया। अतः यह बात स्वतः सिद्ध है कि भाषा एक सामाजिक व्यवहार है। ऐसा है तभी तो हम भाषा प्रयोग के 'पैटर्न' को पहचानने का यत्न करते हैं। यह यत्न हम 'चलने' जैसे मानव अर्जित व्यवहार के साथ तो नहीं करते–कभी हम यह कहते हैं कि हम चलने का प्रयोग करते हैं या उसे अर्जित करते हैं या उसे पज़ेस करते हैं या उसे पाते हैं या खोते हैं? नहीं न!

एक लंबे समय तक भाषा की संरचना (व्याकरण) को ही भाषा की पहचान माना जाता रहा है। आंतरिक संरचना पर बल देने वाली इस अवधारणा के कारण ही इस तरह के वक्तव्य सुनाई देते रहे कि इस वाक्य की संरचना जटिल है या यह नई संरचना है। ये वक्तव्य भाषा को निर्जीव मानकर देखने की वकालत

करते हुए लगते हैं। इस अवधारणा के प्रवक्ता और पक्षधर ये भूल गए कि भाषा एक जीवंत सामाजिक वस्तु है। हम भाषा के जनमने की बात करते हैं और उसके विकास की भी, उसके फलने-फूलने की चर्चा भी हम करते हैं और उसके पतन की भी। हम यह भी मानते हैं और ऐतिहासिक साक्ष्यों के आधार पर दिखाने का प्रयत्न करते हैं कि हर भाषा के फलने-फूलने का एक समय होता है। जाहिर है कि ये सारी चर्चा हम हमेशा भूत या अतीत के संदर्भ में करते हैं। क्या अपने वर्तमान में भाषाएँ संपन्न नहीं बनतीं, अपना प्रयोग-क्षेत्र व्यापक नहीं करतीं, लेन-देन नहीं करती, या कहें फलती-फूलती नहीं? क्या भाषा का विकास हमेशा कालक्रमिक ही होता है। एककालिक नहीं? इन प्रश्नों से भाषा-इतिहास आँखें ही चुराता रहा है।

भाषा के बारे में अनेकानेक विचार आज हमारी झोली में हैं। भाषाएँ अपने परिवारों में बँटी होती हैं, कभी दो या अधिक भाषा-परिवार संबद्ध होते हैं, भाषा जीवंत भी होती है और मृत भी। उनकी नैतिक सत्ता भी होती है—वे खूबसूरत होती हैं, कुरूप होती हैं, भद्दी होती हैं, उन्नत होती हैं, ह्रासोन्मुख होती हैं आदि। भाषा के बारे में ये बातें रूपक जैसी जान पड़ती हैं। पर भाषा के बारे में बात करने के लिए हमें इन रूपकों की शरण में जाना ही पड़ता है। यह भी उल्लेखनीय है कि ये सभी रूपक अपने-अपने स्तर पर भाषा के व्यवहार या उसके प्रकार्य से जुड़े भेदों की परख करते हुए ही रचे गए हैं और यह भी कि अपनी कुछ सीमाओं के बावजूद ये भाषा को पुनः पारिभाषित तो करते ही हैं। भाषा को व्यवहार मानने वाली एक दृष्टि उसे घटना के रूप में भी देखती है; वाक् घटना (स्पीच ईवेंट) के रूप में। यह पूर्णतः भाषा-व्यवहार पर टिका हुआ सिद्धांत है—क्योंकि बातचीत हमारे बीच घटती है, शब्द जन्म लेते हैं, विचार या भाव शब्द का जामा पहनते हैं और हाँ, हम यह भी कहते हैं कि नामवर सिंह का भाषण आज के शाम की एक घटना थी।

कुछ भी कहा गया हो, सबसे ठोस वक्तव्य भाषा के बारे में यह है कि भाषा वह है जिसे हम जानते हैं (लैंग्वेज इज समथिंग वी नो) हम लोगों से पूछते भी हैं कि क्या आप अमुक भाषा या अमुक शब्द जानते हैं। 'जानना' भी अर्जन और प्रयोग निर्भर है। हम भाषा को जितना और जैसा जान-सीख पाते हैं वैसा और उतना ही हम उसका प्रयोग कर पाते हैं। 'जानना' का संबंध समझ (बोध) से भी है। भाषा को जिस सीमा तक हम जानते हैं उसी सीमा में हम उसे समझ भी पाते हैं। अपनी मातृभाषा में ही हम किसी कविता, निबंध, कहानी की कुछ

पंक्तियों या उनमें निहित भावों का बोध नहीं कर पाते, वजह यही होती है कि भाषा के उस युक्ति-प्रकार को हम जानते नहीं। भाषा-व्यवहार के महत्त्व को यह तथ्य भी स्थापित करता है कि हम भाषा के माध्यम से **कुछ करते भी हैं**--लिखते हैं, बोलते हैं, पढ़ते हैं; चाहे अच्छा या बुरा। इसी स्तर पर हम भाषा को **कौशलयुक्त व्यवहार** कहते हैं।

भाषा और व्यक्ति

अभी तक हमने भाषा के बारे में **जिस भाषा में** बात की उसमें यह निहित है कि भाषा को देखने, उसे सिद्धांत में ढालने और पारिभाषित करने की एकाधिक विधियाँ, धारणाएँ और दृष्टिकोण प्रचलित हैं। हमने यह भी पाया कि उनमें से अधिकांश रूपकवत् हैं और सबकी अपनी-अपनी सीमाएँ भी हैं। पर सवाल यह नहीं है कि इनमें से कौन-सा दृष्टिकोण 'सही' है और कौन-सा 'गलत'। अपने-अपने वैचारिक धरातल पर सभी वैलिड हैं। पर यह भी सच है कि इनमें से कोई भी 'पूर्ण' या 'बोधात्मक' नहीं है। अतः हम यह मानकर चलें कि **भाषा एक ऐसी जटिल सामाजिक वस्तु है** जिसे कोई एक दृष्टिकोण पूर्णता में व्यक्त नहीं कर पाता। अतः हमें यह सवाल नहीं करना चाहिए कि कौन-सा दृष्टिकोण 'सही या गलत' है, बल्कि यह देखना चाहिए कि कौन-सा दृष्टिकोण या सिद्धांत किस प्रयोजन के लिए कितना उपादेय सिद्ध हो सकता है या भाषा की व्याख्या या विवरण, अन्य क्षेत्रों में अनुप्रयोग और सामाजिक संप्रेषण के एक औजार के रूप में भाषा की परख के लिए कौन कितना प्रासंगिक और उपयुक्त है। हम यह कभी नहीं कह सकते हैं और हमें कहना भी नहीं चाहिए कि भाषा को ज्ञान, व्यवहार, कौशल, आदत, घटना मानने वाले इन भिन्न दृष्टिकोणों में से कोई सर्वथा अनुपयोगी और निरर्थक है। क्योंकि भाषा के विविध प्रकार्यों और समाज में उसकी व्याप्ति को समझने में कब कौन-सा दृष्टिकोण सटीक और उपयोगी सिद्ध होगा, यह कह पाना कठिन है।

कुछ भी हो, भाषा को जानने का पहला रास्ता यह मानकर ही तय होगा कि भाषा 'व्यक्ति' की है, सबसे पहले उसी से संबद्ध है। यही वजह है कि भाषा का विवरण देने और उसकी व्याख्या करने के पहले आधुनिक भाषाविज्ञान ने यह निर्धारित किया कि **भाषा मानव व्यवहार है।** इस निर्णय ने ही मानव मुख से उच्चरित सार्थक ध्वनि समूह को 'भाषा' की संज्ञा दी और ऐसा कहते ही पशु-पक्षियों की भाषा, संकेतों की भाषा और अंग-विक्षेप की भाषा, 'भाषा' के

दायरे से बाहर हो गए। यह तर्क दिया गया कि भाषाविज्ञान भाषा का वैज्ञानिक अध्ययन करता है अथवा उसके अध्ययन की प्रकृति वैज्ञानिक है। किसी भी वैज्ञानिक प्रकृति के अध्ययन-शास्त्र के लिए यह जरूरी होता है कि वह अपने अध्ययन-वस्तु की सीमा निर्धारित करे। और भाषाविज्ञान ने ऐसा ही किया। लोग भाषा बोलते-लिखते हैं, वे पढ़ते भी हैं और जो कुछ सुनते-पढ़ते हैं, उसे समझते भी हैं। वे ऐसा करते हुए पैदा नहीं होते, उन्हें इन कौशलों को अपने परिवेश (भाषा परिवेश) में अर्जित करना पड़ता है इसलिए भाषा के एकाधिक लक्षणों में से एक लक्षण यह भी है कि 'भाषा अर्जित व्यवहार' है। संभवतः यही कारण है कि एक ही भाषा-समूह या समाज के प्रत्येक व्यक्ति में इन कौशलों का विकास समान नहीं होता। भाषा इस प्रकार व्यक्ति की तो है ही, मानव मनोविज्ञान का एक खास अंग भी है। यह भी माना गया है कि **भाषा एक विशिष्ट मानव व्यवहार है** जिसका मूल प्रकार्य है—संप्रेषण। लेकिन 'व्यवहार' शब्द के साथ यह समस्या है कि हम अक्सर इसे शारीरिक मान लेते हैं जबकि भाषा-व्यवहार के कई हिस्सों जैसे **बोले या लिखे हुए को समझना** का शारीरिक संचलन से कुछ लेना-देना नहीं होता। यह सच है कि भाषा को अच्छी तरह पढ़ने-समझने से पाठक या श्रोता के सामाजिक व्यवहार में सकारात्मक अंतर आता है। पर भाषा-व्यवहार को भली-भाँति समझने के लिए सबसे पहले उन स्थितियों, प्रक्रियाओं और आंतरिक मैकेनिज्म को समझना होगा जो बोलते-पढ़ते-समझते समय हमारे पूरे मानसिक आवरण को नियंत्रित करते हैं। इस नियंत्रक घटक को ही मन (माइंड) कहा गया है। इस दृष्टि से भाषा-अध्ययन कुछ विशिष्ट लक्षणों, प्रक्रियाओं और मन की स्थिति का अध्ययन भी बन जाता है—कि भाषा का व्यवहार करके हम क्या जानना या बनना चाहते हैं। इसी आधार पर भाषाविज्ञान को मनोविज्ञान का उपक्षेत्र माना गया जो मन के उपरोक्त ढाँचों और उसकी प्रक्रियाओं का भाषा-व्यवहार के संदर्भ में आकलन करता है। और इसी संयोग ने मनोभाषाविज्ञान को जन्म दिया जिसे अनुप्रयुक्त भाषाविज्ञान की अत्यंत उपयोगी शाखा माना जाता है। मनोभाषाविज्ञान यह विवेचित करने का शास्त्र है कि जब हम बोलते या समझते हैं तो हमारे (व्यक्ति विशेष के) मस्तिष्क (मन) में क्या-क्या घटित होता है। इतना ही नहीं, आज मनोभाषाविज्ञान के लिए ये दो प्रश्न कहीं ज्यादा अहम हो गए हैं कि भाषा के माध्यम से हम अपने भिन्न-भिन्न व्यवहारों को साधते कैसे हैं—और अगर एक खास तरह से साधते हैं तो क्यों? भाषा-व्यवहार अत्यंत जटिल कौशल है। इसलिए यह देखकर अचरज होता है कि मानव शिशु इतने कम समय में

इस पर अधिकार कैसे कर लेता है। मानव शिशु के भाषा-अर्जन को (सीमित ही सही) देखकर ही इसे सहजात वृत्ति से जोड़ा गया और यह स्वीकार किया गया कि सिर्फ मानव प्रजाति में ही भाषा-अर्जन की मानसिक क्षमता जैविक रूप में उपलब्ध है। कई भाषाविद् और मनोविज्ञानी तो यहाँ तक मानते हैं कि मानव शिशु भाषा-अर्जन (अधिगम) की एक विशिष्ट प्रकार की जैविक क्षमता लेकर पैदा होता है। जबकि अन्य मानते हैं कि भाषा-अर्जन उस क्षमता का ही प्रकार्य है जो सामान्यतः मनुष्य के भीतर संज्ञानात्मक शक्ति के रूप में सिद्ध रहता है और जो उसमें **कुछ भी सीखने-समझने की** सामर्थ्य भरता है।

भाषा-अध्ययन की यह अवधारणा व्यक्ति (इंडिविजुअल) से संबद्ध है—कि हम भाषा का अर्जन कैसे करते हैं, मानव की सामान्य संज्ञानात्मक व्यवस्था से इसका क्या संबंध है तथा वे कौन-सी मनोवैज्ञानिक प्रक्रियाएँ हैं जो भाषा-उत्पादन और भाषा-बोध (खासकर सुनकर) को संभव बनाती हैं। भाषा क्या है जैसे प्रश्नों पर यह दृष्टिकोण विचार नहीं करता, क्योंकि इन पर विचार करने के लिए एक से अधिक व्यक्तियों की दरकार होगी। लेकिन मानव-संप्रेषण का एक बड़ा हिस्सा वार्तालाप या बातचीत से ही बँधा होता है। व्यक्ति का भाषा-बोध भी समाज-सांस्कृतिक फिल्टर से छन कर ही विकोडीकृत हो पाता है। 'भाषा व्यक्ति की है' के संदर्भ में ये और ऐसे अनेक विचार आने ही थे, और वे आए भी।

भाषा और संप्रेषण

'भाषा व्यक्ति की है' की प्रतिक्रिया में यह सबसे ठोस विचारधारा है। लोग अपने आप से बोलते हैं—कभी मौन रह कर और कभी-कभी तो आवाज के साथ भी। इसे 'थिंकिंग एलाउड' कहा गया है। भाषा और चिंतन में भी गहरा संबंध होता है, पर इसे विश्लेषित कर पाना सहज नहीं है। कोशिशें की गयी हैं और 'लैंग्वेज एंड थॉट' पर सघन चिंतन भी मिलता है। पर भाषा अपने मूल प्रकार्य में संप्रेषण का अन्यतम साधन है; लोगों के बीच संपन्न होने वाला संप्रेषण-व्यापार, जो सिर्फ और सिर्फ भाषा द्वारा ही संपन्न होता है। इसी मान्यता के कारण भाषा सामाजिक यथार्थ, सामाजिक प्रकार्य और सामाजिक संस्था है। भाषा जैसे जटिल व्यवहार को हम केवल अपने आप से बात करने के लिए या विचारने के लिए अर्जित नहीं करते—हम इसे अर्जित करते हैं अपने को समाज से जोड़ने के लिए, सतत संप्रेषण के लिए। हमारे दैनंदिन जीवन में भाषा निरंतर हमारे साथ होती है।

यह भी कहा गया है कि केवल भाषा ही मानव-संप्रेषण का एकमात्र साधन

या माध्यम नहीं है। मानव के अन्य व्यवहार भी कुछ-न-कुछ संप्रेषित करते हैं। हम किसी के बारे में थोड़ा-बहुत जान लेते हैं--यह देख कर कि वे कैसा कपड़ा पहने है, वह कैसे चलता है, वह अपने बाल कैसे बनाता है आदि। पर किसी के बारे में भाषेतर तथ्यों पर आधारित इस प्रकार की धारणा एक तो सीमित होती है और दूसरे हमेशा सही भी नहीं होती। यह बात भी अब स्वीकारी जा रही है कि संप्रेषण केवल भाषा का ही मूल लक्ष्य नहीं है, कई भाषेतर उपादान भी मानव की संप्रेषण क्रिया में सहयोग करते हैं। जैसे, उँगली दिखाना, हाथ हिलाना, भवें चढ़ाना, दाँत पीसना, खँखारना, घूरना आदि भाषिक व्यवहार तो नहीं हैं पर कुछ संप्रेषित अवश्य करते हैं। भाषा-व्यवहार के समय हमारे अंग संचालन और हावभाव से काफी कुछ अतिरिक्त संप्रेषित होता है। बातचीत के समय भाषिक और भाषेतर तत्त्वों के संतुलित समन्वय से संप्रेषण को नई धार मिलती है। यही वजह है कि आज भाषा-संप्रेषण के दायरे में वाक् आधारित (वोकल) और वाकेतर (नॉन वोकल) संप्रेषण के समन्वय को देखने पर काफी काम किया जा रहा है। परंपरागत भाषाविज्ञान ने जेस्चर्स और बॉडी लैंग्वेज को 'भाषा' न मानते हुए इन्हें भाषावैज्ञानिक अध्ययन की परिधि से बाहर कर दिया था लेकिन भाषा और संप्रेषण को अभिन्न मानने वाली आधुनिक भाषावैज्ञानिक दृष्टि ने इन्हें भाषाई संप्रेषण का एक महत्त्वपूर्ण हिस्सा माना है क्योंकि इन दोनों के संयोजन से भाषिक व्यवहार स्वाभाविक तो बनता ही है, उसमें रंजकता भी आती है। इस दृष्टि ने यह भी माना है कि भिन्न भाषा-समाज में भाषेतर संप्रेषण के अपने ढब, अपनी युक्तियाँ होती हैं, अर्थात् ये भाषा समाज की संरचना और उसकी सांस्कृतिक विरासत के संवाहक भी होते हैं।

भाषा के संप्रेषणपरक या सामाजिक होने में दो लोगों से कम की उपस्थिति मान्य नहीं है। दो या दो से अधिक लोगों की सहभागिता के अलावा वक्ता-श्रोता के संबंध, वाक्-परिस्थिति और संदेश की प्रकृति को भी संप्रेषण के महत्त्वपूर्ण घटक माना गया है। यह भाषा का सामाजिक यथार्थ है कि कोई भी वक्ता अपने श्रोता के स्तर, उसके साथ अपने संबंध और वाक्-संदर्भ आदि को देख-समझ कर ही भाषा-व्यवहार करता है। यदि हम कोई भाषण सुनें, कक्षा में अध्यापक का लेक्चर सुनें, या दो लोगों को बात करते हुए सुनें तो हम उनका विश्लेषण तब तक नहीं कर सकते जब तक कि हम यह न जानें कि भाषण किस अवसर पर दिया जा रहा है, उसे सुनने वाले लोग कौन हैं, बोलने वाला कौन है आदि। या कक्षा में लेक्चर किस विषय पर दिया जा रहा है। अध्यापक किस तरह की

शिक्षण विधि अपना रहा है, छात्रों की प्रक्रिया या भूमिका कैसी है—उदासीन, सक्रिय या मुखर। और यह कि जो दो लोग बातचीत कर रहे हैं उनके समस्त सामाजिक लक्षण क्या हैं। यह अब सर्वमान्य है कि संप्रेषण-क्रिया में वक्ता-श्रोता का पारस्परिक संबंध सर्वाधिक निर्णायक घटक है, क्योंकि एक ओर तो यह भाषा (कोड) चयन को नियंत्रित करता है और दूसरी ओर इसी के आधार पर संप्रेषण की सामाजिक शैलियाँ बनती हैं और स्थिर होती हैं—जैसे रूढ़ शैली, औपचारिक शैली, अनौपचारिक शैली, आत्मीय शैली। इन शैलियों में से किसी एक का चयन अधिकतर वक्ता-श्रोता के परस्पर संबंधों पर ही निर्भर करता है। आधुनिक भाषाविज्ञान में 'सामाजिक शैली' को वार्तालाप या बातचीत का सर्वाधिक चयनीय भाषाई तत्त्व माना गया है क्योंकि सामाजिक शैलियाँ वक्ता-श्रोता के रिश्तों के अनुरूप ही चुनी जाती हैं और रूपाकार भी इन रिश्तों के परिप्रेक्ष्य में ही ग्रहण करती हैं। एक बात और कि सामाजिक शैलियों के निर्माण और उनकी स्वीकार्यता में पूरी हिस्सेदारी भाषा-समाज की होती है। भाषा-समाज में सामाजिक शैलियों का अस्तित्व इस तथ्य की भी पुष्टि करता है कि भाषा, मात्र संप्रेषण का साधन ही नहीं है, वह अन्य लोगों के साथ संबंध बनाने और उनका निर्वाह करने का सशक्त माध्यम भी है। जब हम किसी अजनबी से बताचीत करते हैं तो सबसे पहले हम उसके बारे में कुछ जानना चाहते हैं—वह क्या करता है, कहाँ का निवासी है, उसकी पारिवारिक पृष्ठभूमि क्या है, वह समाज, भाषा, संस्कृति के बारे में कितना जागरूक है आदि। इस तरह की सूचनाओं के अभाव में हम न तो यह तय कर सकते हैं कि उसके साथ किस तरह का भाषा-व्यवहार करें और न ही हमारी बातचीत आगे बढ़ सकती है। हाँ, एक अजनबी से बातचीत करके हम उसके बारे में आसानी से ये जानकारियाँ हासिल कर सकते हैं। शिवेंद्र किशोर वर्मा (1996)[1] ने कहा है कि किसी अनजाने आदमी को हम इस आधार पर नहीं पहचानते कि **वह क्या बोल रहा है,** बल्कि इस आधार पर पहचानते हैं कि **वह किसी बात को कह कैसे रहा है।** मतलब यह कि थोड़ी देर की अपनी बातचीत में ही सुनने वाले को हम अपने बारे में बहुत कुछ बता देते हैं। इसलिए यह कहा गया है (श्रीवास्तव 1994)[2] कि संप्रेषण की और भाषा की भी सबसे बड़ी खासियत यह है कि इनके माध्यम से बोलने वाले के बारे में भी अनेक सूचनाएँ संप्रेषित होती जाती हैं। वास्तव में इन्हीं सूचनाओं के तहत वक्ता-श्रोता के संबंध बनते हैं (औपचारिक, अनौपचारिक या आत्मीय), वार्तालाप अपना आकार लेता है और बातचीत का टैंपो तय होता है।

इस चर्चा का तात्पर्य यह है कि संप्रेषण-क्रिया में वक्ता और श्रोता दोनों ही भाषा के माध्यम से अपनी-अपनी भूमिका अदा करते हैं। दो लोगों की इस भूमिका और दोनों के बीच चल रहे वार्तालाप का विवेचन तभी किया जा सकता है जब हम उनके बारे में भली-भाँति जानें जो वार्तालाप में सहभागी हैं। हाइम्स (1974)[3] ने इस 'जानने' के क्षेत्र निर्धारित किए हैं—उनका ज्ञान, उनका परस्पर संबंध, उनकी सामाजिक प्रतिष्ठा और उनकी सोच या विचारधारा। हैलिडे (1978)[4] ने इस पहचान के लिए यह भी देखना चाहा कि वे भाषा का प्रयोग करके करना क्या चाहते हैं (परपज), वे बात कर क्यों रहे हैं (नीड), बातचीत के पहले क्या घटा है (रिफरेंस/कांटेक्स्ट), वे किस मानसिक अवस्था में हैं (मूड), बातचीत का विषय क्या है (थीम/टॉपिक) आदि। इस प्रकार आधुनिक भाषाविज्ञान ने 'संप्रेषण' के विश्लेषण के लिए उपरोक्त सभी को अनिवार्य माना है। वह यह भी मानता है कि वक्ता-श्रोता अपने समाज में भाषा-संप्रेषण के इन नियमों से भली-भाँति परिचित होते हैं।

संप्रेषण एक खेल की तरह है (हैलिडे)। जब दो टीमें कोई खेल खेलती हैं तो उन्हें उस खेल के नियमों को जानना और उन पर परस्पर सहमत होना होता है, तभी खेल अपनी परिणति तक पहुँच पाता है। इसमें संदेह नहीं कि हम किसी से तभी बातचीत कर पाते हैं जब हमारे और उसके बीच भाषा-व्यवहार का 'एग्रीड' (साझा) 'सेट' (समुच्चय) होता है। इसी अर्थ में भाषा सामाजिक समूह की संपत्ति है (श्रीवास्तव : 1994), संप्रेषण का साधन है, खुद में संप्रेषण है (पटनायक : 1988)।[5] भाषा की सामाजिक उपादेयता यही है कि वह संप्रेषण है—संप्रेषण; भाषा प्रयोग के कुछ ऐसे सामाजिक नियम जो भाषा-समाज के सदस्यों को (और भिन्न समाजों के सदस्यों को भी) एक-दूसरे से जोड़ते हैं, लोग एक-दूसरे से विचार-विनिमय कर पाते हैं, एक-दूसरे से सहयोग कर पाते हैं। भाषा एक सामाजिक संस्था ही नहीं, एक सामाजिक यथार्थ भी इसलिए है कि वह स्वयं संप्रेषण है।

भाषा की सर्जनात्मकता

भाषा एक साथ बहुत कुछ है, यह हमने देखा। वह एक व्यवस्था भी है, संप्रेषण भी है, विचार और चिंतन का माध्यम भी है, सामाजिक संस्था भी और कुल मिलाकर वह व्यवस्थाओं की व्यवस्था भी है। अगर भाषा यह सब है तो उसका सर्जनात्मक होना लाजमी है। मानव भाषा क्या है? और भाषा को 'जानने' से हमारा क्या

तात्पर्य है? यह एक तथ्य है कि न तो भाषा-समाज एकरूप होता है और न मानव के विचार और अनुभव ही जड़ होते हैं। हमारा संप्रेषण भी कुछ विषयों तक ही सीमित नहीं होता और न ही हम किसी संदेश को बार-बार और भिन्न परिस्थितियों में एक ही प्रकार से देना-पहुँचाना चाहते हैं। अर्थात् स्थिति, संदर्भ और श्रोता को ध्यान में रखकर हम नए-नए शब्दों, पदबंधों और वाक्यों का प्रयोग करते हैं या भाषा की पुरानी इकाइयों को ही नवीन अर्थ-भंगिमा देने का यत्न करते हैं। इस प्रकार मानव भाषा सर्जनात्मक बनती है, वह हमें अपने अनुभवों, विचारों और भावों को नए-नए ढंग से नए-नए रंग में व्यक्त करने को बाध्य करती है।

भाषा-संप्रेषण (चाहे वह मौखिक हो या लिखित) में उपयुक्त भाषिक इकाई का चयन आवश्यक है। यह भाषा की सर्जनात्मकता का पहला स्तर है। इसी 'चयन' से शैली की संकल्पना सामने आई—संप्रेषण की जरूरत के अनुरूप भाषा-रूप (शैली) का चयन। सहवाग ने पाँच चौके जड़े, लक्ष्मण ने रनों की झड़ी लगा दी। मोहन की बात में दम था, वह मुँह बाए देखता रहा जैसे वाक्य उपयुक्त चयन के उदाहरण मान कर देखे जा सकते हैं। हम रेखांकित अंशों के स्थान पर पाँच चौके मारे/लगाए, ढेर सारे रन बनाए, बात ठीक थी, कुछ नहीं समझा का प्रयोग भी कर सकते हैं, पर तब भाषा की सर्जनात्मकता के प्रति हमें बधिर ही माना जाएगा। फिर एक ही बात (मैसेज) को हम एकाधिक उक्तियों (अटरेंसेज) में कहते हैं। किसी का स्वागत करने, किसी को विदाई देने, किसी से बाहर जाने को कहने, किसी से बैठने को कहने, किसी से दरवाजा खोलने या बंद करने के लिए कहने की क्रिया का निर्वाह हम भिन्न परिस्थितियों में, भिन्न लोगों से भिन्न उक्तियों का प्रयोग करते हुए करते हैं। यह भी भाषा की सर्जनात्मकता ही है। कहने का मतलब यह है कि भाषा की इस सर्जनात्मकता का हम जितना ही सधा हुआ उपयोग करते हैं, हमारा भाषा व्यवहार उतना ही सटीक और प्रभावशाली बनता है।

रूपांतरण-प्रजनक व्याकरण की जो चर्चा आधुनिक भाषाविज्ञान में दिखाई देती है वह एक तरह से भाषा की सर्जनात्मक शक्ति का ही द्योतक है। संरचना का भिन्न भाषा रूपों में रूपांतरण और एक संरचना से अनेक संरचनाओं का प्रजनन भाषा की सृजनात्मक सामर्थ्य से ही संभव हो पाता है। इसी तरह **प्रतीक और भाषिक प्रतीक** (सस्यूर) की संकल्पना में कथ्य (सिग्नीफाइड) और अभिव्यक्ति (सिग्नीफायर) को 'प्रतीक' के संबंधों के रूप में देखा गया है। इसका भी सीधा संबंध भाषा की सृजनात्मक शक्ति से है। इसका एक पक्ष तो यह है कि 'कमल'

शब्द सुनते ही श्रोता की कल्पना में उसका कथ्य उभर आता है। इसी संदर्भ में ध्वनि-प्रतीकों की यादृच्छिकता की भी चर्चा है और ध्वनि-प्रतीकों के सामाजिक प्रतीकों में बदलने की प्रक्रिया पर चिंतन भी। और दूसरा यह कि धुआँ निराशा और अनिश्चय का प्रतीक है, उमड़ते हुए बादल दुख या वेदना के गहराने का प्रतीक है, चेहरे का लाल हो जाना क्रोध या लज्जा का प्रतीक है आदि। प्रतीकवत्ता या सर्जनात्मकता भिन्न भाषाओं में भिन्न रूप में सिद्ध होती है, पर कोई भी मानव भाषा इससे वंचित नहीं होती। संकेत विज्ञान (सीमिऑटिक्स) भाषा की प्रतीकबद्ध व्यवस्था में निहित इसी सर्जनात्मकता को विवेचित करने वाला शास्त्र है।

हैलिडे ने तो यहाँ तक कहा है कि भाषा-प्रकार्य का सिद्धांत और कुछ नहीं, अर्थ सिद्धांत है जिसमें भाषा की अकूत सर्जनात्मक क्षमता का प्रगटीकरण होता है। हम किसी प्रकार्य के लिए किसी शब्द या संरचना का प्रयोग समझ-बूझ कर करते हैं तभी तो प्रकार्य-भेद के आधार पर भाषा-भेद की पहचान हम कर पाते हैं। यह भेद सबसे प्रखरता के साथ प्रगट होता है अर्थ वैज्ञानिक स्तर पर या अर्थ के स्तर पर। इसे ही रोमन याकोब्सन (1956), हैलिडे (1966) और वर्मा (1967)[6] ने—'अर्थ शक्यता' (मीनिंग पोटेंशियल) कहा है। इस मत के अनुसार भाषा स्वयं में 'पोटेंशियल' है, अर्थ प्रगटीकरण की भरपूर क्षमता और सर्जनात्मक सामर्थ्य से भरी-पूरी। भाषा में अर्थ-शक्यता की उपस्थिति का तात्पर्य भाषा प्रयोक्ता की उस पूर्णता से भी है कि वह भाषा के सहारे क्या-क्या और कितनी अच्छी तरह कर सकता है। यह भी ध्यान दें कि भाषा प्रयोक्ता से अभिप्रेत सिर्फ बोलने वाले (स्पीकर) से नहीं है, जैसा कि समझने की भूल की जाती रही है, बल्कि श्रोता, लेखक, पाठक से भी है। ये सभी भाषा की अर्थगत गत्यात्मकता से परिचित ही नहीं होते, उसकी समस्त संभावनाओं का खुल कर दोहन करने को उद्यत भी होते हैं। तभी तो वाक् भी एक कला है, 'रचना' तो कला है ही।

अतः भाषा के भीतर ही उसकी अकूत सर्जनात्मक शक्ति छिपी हुई होती है। यह जरूरी नहीं कि उसके हर प्रयोक्ता में इस शक्ति को पहचानने और इस्तेमाल करने की क्षमता समान हो। पर भाषा में तो यह बहुविध मौजूद होती है। शायद यह कहने की आवश्यकता नहीं कि भाषा का सर्वाधिक सर्जनात्मक और संश्लिष्ट प्रयोग 'साहित्य' करता है। इस संदर्भ में भाषा के अभिव्यंजक प्रकार्य (एक्सप्रेसिव फंक्शन) पर बृहत् चर्चा आधुनिक भाषाविज्ञान में मिलती है। यह प्रकार्य 'अर्थ' और 'शैली' दोनों से संपृक्त होकर साहित्य को एक प्रभावी कला में रूपांतरित

कर देता है। सामान्य भाषा को साहित्य भाषा में ढालने की प्रक्रिया सर्जनात्मक होती है और अच्छा साहित्य भाषा की इस सर्जनात्मक शक्ति पर पकड़ से ही रचा जाता है। जॉन सिंक्लेयर (1970)[7] ने कहा था कि रचना, भाषिक अभिरचना (लिंग्विस्टिक पैटर्न) से ही बनती है जिसका सबसे जटिल रूप है—लय-छंद-गति (रिदम) और सबसे सहज रूप है—उपमान-उपमेय (वेहिकल-टेनोर) और विशेषण-विशेष्य (एट्रीब्यूट-सब्सटेंटिव)। भाषा का यह सर्जनात्मक (साहित्यिक) रूप जटिल हो या सहज, रचनाकार को यह परखना होता है कि जिस भाषिक इकाई को वह 'साहित्य भाषा' में ढालना चाहता है वह शैलीय या काव्य भाषा के स्तर पर 'रेलेवेंट' है भी या नहीं। 'भाषा में शैली' का प्रश्न आज सिर्फ साहित्यिक भाषा तक ही सीमित नहीं रह गया है। बातचीत से लेकर सभी भाषा-प्रकार्यों में शैलीय वैशिष्ट्य अथवा भाषा के सर्जनात्मक प्रयोग पर विचार-विवेचन किया जा रहा है।

अगर मानव-मन भावनाओं का सागर है, अगर हम जिनके साथ रहते हैं और जिनसे मिलते-जुड़ते हैं उनसे संबंध-निर्वाह हमारे सामाजिक होने का सबूत है, अगर अपने आसपास की चीजों को अनुभूत करना और उन्हें अपने वजूद से जोड़े रखना हमारे अस्तित्व का प्रमाण है तो यह नितांत आवश्यक है कि हम अपनी भाषा की सर्जनात्मकता को लगातार सान चढ़ाते रहें। हमें अपनी भाषाओं में अलंकारों, प्रतीकों, बिंबों, मुहावरों, कथनों, कहावतों की जो समृद्ध धरोहर प्राप्त है वह भाषा की सर्जनात्मक शक्ति की संभावनाओं के सतत उत्खनन से ही निर्मित हुई है। भाषां में सर्जनात्मकता जितने गहरे पैवस्त है, मनुष्य का सर्जक मन उसे उतना ही नए रंग, नई छटा और नए स्वर देने को बेचैन रहता है और इस तरह भाषा की सर्जनात्मकता निरंतर निखरती रहती है। हर आमो-खास प्रयोक्ता उसे खराद पर चढ़ाता रहता है। इसीलिए भाषा-व्यवहार हमेशा नव प्रवर्तनकारी (इनोवेटिव) और सर्जनात्मक (क्रिएटिव) हुआ करता है।

भाषाविज्ञान और अनुप्रयोग

आज सामाजिक विज्ञान तथा मानविकी के क्षेत्र के सभी विद्वान इस तथ्य को स्वीकार करते हैं कि भाषाविज्ञान, मानव विज्ञानों में सर्वाधिक व्यापक एवं विकसित शास्त्र है। फ्राइड (1970)[8] के अनुसार, भाषाविज्ञान अन्य समाजविज्ञानों की तुलना में तीन दृष्टियों से विकसित है—(1) अपनी सैद्धांतिक पृष्ठभूमि एवं संरचनात्मक विश्लेषण की वैज्ञानिकता की दृष्टि से, (2) अपने कार्य एवं प्रयोजन की दृष्टि से तथा (3) अन्य शास्त्रों के साथ अपने अटूट संबंध की दृष्टि से। मिलर ने

(1951)[9] भाषाविज्ञान की सार्थकता को इन शब्दों में पहचाना था–'आज भाषाविज्ञान ने अपने आप को मानविकी विषयों में सबसे वैज्ञानिक विषय के रूप में तथा वैज्ञानिक विषयों में सर्वाधिक मानव-केंद्रित विषय के रूप में स्थापित कर लिया है।' भाषाविज्ञान की इस व्यापकता एवं वैज्ञानिकता के पीछे निश्चित ही उसकी अध्ययन वस्तु 'भाषा' की भूमिका भी कम महत्त्वपूर्ण नहीं है। मानव अभिरचना (human-patterning) में भाषा का स्थान इतना केंद्रीय है कि आज मनुष्य को 'होमो लोगन' अर्थात् 'बातचीत करने वाले प्राणी' के रूप में पारिभाषित किया जा रहा है, 'बोलने वाले प्राणी' के रूप में नहीं। यह भेद स्वतः भाषा एवं भाषाविज्ञान के प्रति बदलते और विकासमान दृष्टिकोण की ओर संकेत करता है। इतना ही नहीं, यह दृष्टिकोण और भी आगे जाता हुआ दिखाई देता है तभी तो समाजनृतत्त्वशास्त्र (social anthropology) जैसे ज्ञान-क्षेत्र को आज ऐसे मानव के अध्ययन का विज्ञान माना जा रहा है जो 'लिखने वाला पशु' (writing animal) है। आज मनुष्य को मात्र बातचीत करने वाले नहीं, बल्कि लिखने वाले प्राणी के रूप में इसलिए पारिभाषित किया जा रहा है कि वह भाषा की समस्त संभावनाओं के विकास और उनके वैज्ञानिक अध्ययन से अपने को जोड़ता है।

इस संदर्भ में चॉम्स्की (1965)[10] का यह कथन भी विचारणीय है कि "कई ऐसे प्रश्न हो सकते हैं जो हमें भाषा-अध्ययन की ओर प्रेरित करते हैं। मैं व्यक्तिगत रूप से मूलतः उन प्रश्नों से प्रभावित हूँ जो भाषा-अध्ययन के माध्यम से 'और कुछ' सीखने की संभावना के द्वार खोलते हैं। वह 'और कुछ' क्या है, इसकी खोज मानव-मस्तिष्क में अंतर्निहित क्षमता पर भी प्रकाश डालने में समर्थ होती है।" भाषा की इसी संभावनायुक्त प्रकृति और इसके अनुरूप भाषाविज्ञान की अद्यतन भूमिका को हैलिडे (1973)[11] ने इन शब्दों में व्यक्त किया "संभावनाओं की खोज की दृष्टि से भाषा अनेक संभावनाओं का पुंज है। सामाजिक जीव के रूप में व्यक्ति के भीतर ही ये संभावनाएँ भाषा-व्यवहार के परिवर्त (Variant) के रूप में उपलब्ध रहती हैं। इन परिवर्तों के समग्र समुच्चय (total set) के लिए सांस्कृतिक संदर्भ (cultural context) परिवेश का कार्य करते हैं तथा परिस्थिति के संदर्भ (context of situation) इन्हीं के भीतर से स्वतः निःसृत होते है।" संभवतः इसलिए आधुनिक भाषाविज्ञान इस मत को दृढ़ता से प्रतिपादित करता है कि 'भाषा' जो करती है 'इसी कारण' वह वैसी होती है, 'जैसी वह है।'

ये विचार अंततः इस बात की स्वीकार्यता में अपनी परिणति पाते हैं कि भाषाविज्ञान मात्र अपने अध्ययन की वैज्ञानिकता अथवा अपनी वैज्ञानिक विश्लेषण

प्रक्रिया के कारण ही विश्वव्यापी ज्ञान-क्षेत्र के रूप में मान्य एवं लोकप्रिय नहीं बना है, बल्कि अपने प्रभावशाली अनुप्रयोग के कारण भी उसकी मान्यता और लोकप्रियता में वृद्धि हुई है। अनुप्रयोग से जुड़कर भाषा-संबंधी उसके अध्ययन और शोध का रेंज बहुत बढ़ गया है। भाषावैज्ञानिक सिद्धांतों के व्यावहारिक (practical) अनुप्रयोग के भी एकाधिक प्रकार एवं आयाम हैं जो अपने में वैविध्यपूर्ण तथा उपयोगी हैं। हमने अभी यह तथ्य सामने रखा था कि मानव जीवन की अभिरचना में भाषा का स्थान सर्वोपरि होता है, अब इसके साथ यह तथ्य भी जोड़ दें कि कई मानव विज्ञानों में भी भाषाविज्ञान की भूमिका महत्त्वपूर्ण होती है। ये दोनों तथ्य मिलकर इस बात को प्रमाणित करते हैं कि मानव-जीवन में भाषाविज्ञान शैक्षिक (academic) और व्यावहारिक (social) इन दोनों दायित्वों को सफलता के साथ निभाता है। इस प्रकार अनुप्रयुक्त भाषाविज्ञान सामाजिक दृष्टि से अर्थवान एक शैक्षिक गतिविधि के रूप में हमारे समक्ष उभरता है। वह भाषावैज्ञानिक को चुनौती देता है कि वह अपने भाषा संबंधी ज्ञान एवं कौशल का उपयोग उन अंतनिर्हित ढाँचों (Implicit patterns) को सामने लाने के लिए करे जिन्हें वक्ता/लेखक निर्मित करता है तथा इन्हें भाषा के सामान्य और विशिष्ट प्रयोक्ता के लाभार्थ प्रस्तुत करे।

अब यह प्रश्न उठता है कि अनुप्रयुक्त भाषा-विज्ञान क्या यह चुनौती केवल भाषावैज्ञानिकों को ही देता है या भाषावैज्ञानिक ज्ञान की आवश्यकता क्या केवल भाषावैज्ञानिकों को है? इसमें संदेह नहीं कि स्वयं भाषा वैज्ञानिकों को भाषाविज्ञान की सर्वाधिक आवश्यकता है, लेकिन प्रमुख रूप से इस ज्ञान की आवश्यकता देशी और विदेशी भाषाओं के शिक्षकों को, साहित्य अध्येताओं को और उन लोगों को भी है जो मानसिक विकृतियों के निदान के क्षेत्र में कार्य कर रहे हैं। इनके साथ ही भाषाविज्ञान की आवश्यकता उन्हें भी है जो अनुवाद विज्ञान, कोश विज्ञान, साक्षरता-अभियान, लेखन-व्यवस्था के विकास आदि कार्यों में संलग्न हैं। इतना ही नहीं लिपि-वर्तनी सुधार, भाषा नीति, कंप्यूटर तकनीक से संबंधित लोग भी भाषाविज्ञान के ज्ञान के अभाव में अपने लक्ष्य तक पहुँचने में कठिनाई का अनुभव करते हैं। यह अवश्य है कि भाषावैज्ञानिक का दायित्व इन भिन्न क्षेत्रों में कार्य करने वालों से अधिक है। उसके ऊपर यह दायित्व भी होता है कि वह भाषाविज्ञान को निरंतर प्रौढ़ बनाता चले तथा 'भाषा सामान्य' एवं 'भाषा विशेष' के परिणामों को इस प्रकार उपलब्ध कराता चले कि जो लोग भाषा-शिक्षण, भाषा नियोजन, भाषा कला, भाषा प्रयोग आदि क्षेत्रों में कार्य कर रहे हैं, उन्हें यह भान हो सके

कि उन्हें भाषा-अध्ययन की भिन्न तकनीकें तथा भाषा संरचना संबंधी परिणाम उपलब्ध हैं जिनका उपयोग वे अपने कार्य, अध्ययन एवं शोध में निःसंकोच भाव से कर सकते हैं। भाषाविज्ञान के इन्हीं व्यापक धरातलों की उपलब्धता से ही यह संभव हुआ है कि भाषा ने मनुष्य और समाज से संबंधित अध्ययन में केंद्रीय स्थान प्राप्त कर लिया है। इस स्थान पर पहुँच कर ही आज भाषाविज्ञान मिथकों, वर्जित भाषाव्यवहारों, नाते-रिश्ते की भूमिकाओं और विवाह संबंधों के परिप्रेक्ष्य में भाषा अध्ययन का फ्रेमवर्क प्रदान करने वाले एक शास्त्र के रूप में अपने को स्थापित करने में भी समर्थ बन सका है। भाषाविज्ञान की इस विकास दक्षता की ओर सपीर (1921)[12] ने बरसों पहले संकेत किया था "आज आधुनिक भाषावैज्ञानिक के लिए अपने आपको परंपरागत विषय सामग्री तक सीमित रखना कठिन हो गया है। वह सीमा में तभी रह सकता है, जबकि कल्पनाशीलता से वह पूरी तरह मुक्त हो, अन्यथा वह भाषाविज्ञान को उन कुछ या सभी पारस्परिक रुचि क्षेत्रों, जैसे, नृत्तत्त्वशास्त्र और संस्कृति के इतिहास, समाजशास्त्र, मनोविज्ञान और दर्शनशास्त्र से अवश्य जोड़ेगा।" आधुनिक भाषाविज्ञान की पीठिका सपीर के इस कथन की पुष्टि करती है। आज नृत्तत्त्वशास्त्री भाषा के संप्रेषणपरक व्यवहार की महत्त्वपूर्ण अभिरचनाओं के सूक्ष्म विश्लेषण (micro-analysis) के लिए अपेक्षाकृत अधिक बोधगम्य फ्रेमवर्क के विकास में संलग्न हैं। इसी प्रकार मनोवैज्ञानिक भी भाषा के भीतर निहित मूलाधार (underlying) संकल्पनाओं के अध्ययन को गहराई देने का प्रयास कर रहे हैं तो दार्शनिक भिन्न रीतियों (modes) के संदर्भ में एक ऐसी अंतर्दृष्टि प्रदान कर रहे हैं जिसका संबंध 'शब्द' से है, इत्यादि। भाषा-अध्ययन के इस विस्तीर्ण चिंतन का लाभ भाषा-शिक्षण को मिला या भाषा-शिक्षण संबंधी अवधारणाओं के सकारात्मक परिवर्तन में इनका पूरा योगदान रहा, यह बात आगे स्पष्ट दिखाई देगी।

अब इस बात पर भी चर्चा होनी चाहिए कि जिस भाषाविज्ञान की उपयोगिता, विस्तार एवं भूमिकाओं को हम देख रहे हैं, वह वास्तव में क्या है? व्यापक परिभाषा के रूप में भाषाविज्ञान भाषा के वैज्ञानिक अध्ययन का शास्त्र है। ऐतिहासिक दृष्टि से भाषाविज्ञान की एक लंबी परंपरा को रेखांकित किया जा सकता है। भारत की प्राचीन भाषावैज्ञानिक परंपरा को विकसित और समृद्ध करने में पाणिनि, यास्क, कात्यायन, पतंजलि, भर्तृहरि आदि का योगदान अप्रतिम है। आधुनिक भाषाविज्ञान का प्रारंभ स्विस विद्वान सस्यूर और पोलिश विद्वान बदुएन-द-कुर्तुने की रचनाओं से माना जाता है। भाषाविज्ञान की प्रकृति, उसके उद्देश्यों एवं उसके

कार्यों को श्रीवास्तव (1980)[13] ने विस्तार के साथ विवेचित किया है जिसे संक्षेप में इस रूप में रखा जा सकता है–

1. **भाषाविज्ञान भाषा की आंतरिक प्रकृति पर प्रकाश डालता है।**
2. **उसका मूल उद्देश्य भाषा संबंधी सिद्धांत का प्रतिपादन और विवेचन है।**
3. **सिद्धांतों के औचित्य और उनकी सार्थकता की सिद्धि के लिए ही वह भाषा संबंधी तथ्यों का संकलन और विश्लेषण करता है।**
4. **भाषावैज्ञानिक सिद्धांत यह बताता है कि 'भाषा क्या है'।**
5. **वह हमें भाषा संबंधी सैद्धांतिक और व्यावहारिक अंतर्दृष्टि देने में समर्थ है।**
6. **भाषाविज्ञान की विषयवस्तु 'भाषा' है और अध्ययन प्रणाली वैज्ञानिक।**

भाषा की आंतरिक प्रकृति का तात्पर्य है उसकी संरचनात्मक व्यवस्था। भाषा की संरचनात्मक व्यवस्था भाषिक इकाइयों का नियमबद्ध एवं क्रमबद्ध समुच्चय होती है। इसलिए भाषाविज्ञान भाषा को एक संश्लिष्ट व्यवस्था मानता है जिसमें विभिन्न भाषिक इकाइयों का समंजन होता है। भाषा व्यवस्था की पाँच इकाइयाँ या उपव्यवस्थाएँ हैं। इनके आधार पर हम भाषा की संरचनात्मक इकाइयों या उसके अंगों को भी देख सकते हैं और भाषाविज्ञान के विषय क्षेत्र को भी–

इकाइयाँ	**विषय क्षेत्र**
स्वन	**स्वनविज्ञान**
स्वनिम	**स्वनिमविज्ञान**
रूप	**रूपविज्ञान**
वाक्य	**वाक्यविज्ञान**
अर्थ	**अर्थविज्ञान**

श्रीवास्तव (1992)[14] ने इन उपव्यवस्थाओं को दो वर्गों में रख कर विवेचित किया है–केंद्रीय और परिधीय। केंद्रीय उपवर्ग की संरचनात्मक उपव्यवस्था का सीधा संबंध भाषिक संसार और उसकी रूपात्मक प्रकृति से रहता है। इस उपव्यवस्था के अध्ययन क्षेत्र को सूक्ष्म या केंद्रीय भाषाविज्ञान (Micro-linguistics) कहा जाता है। जिसके अंतर्गत स्वनविज्ञान, रूपविज्ञान और वाक्यविज्ञान आते हैं। परिधीय उपवर्ग की संरचनात्मक उपव्यवस्था का संबंध द्विमुखी होता है–एक ओर भाषेतर संसार से और दूसरी ओर केंद्रीय उपव्यवस्था के साथ, जिसके अंतर्गत स्वनिम-विज्ञान और अर्थविज्ञान आते हैं। संरचनात्मक भाषाविज्ञान स्वनविज्ञान

को पूर्वापेक्षी भाषाविज्ञान (Prelinguistics) और अर्थविज्ञान को इतर विषयी भाषाविज्ञान (Meta-linguistics) के रूप में देखता है।

आज भाषाविज्ञान ने अपने क्षेत्र को स्वायत्त बना लिया है और ज्ञान के अन्य क्षेत्रों के अंतस्संबंधों के आधार पर उसकी कुछ अन्य शाखाएँ भी विकसित हुई हैं, यथा—सामाजभाषाविज्ञान, मनोभाषाविज्ञान, नृत्तत्त्वभाषाविज्ञान, शैलीविज्ञान आदि। जैसा कि हमने अभी चर्चा की, आज ज्ञान-विज्ञान के विभिन्न क्षेत्रों में भाषावैज्ञानिक सिद्धांतों का अनुप्रयोग हो रहा है। अनुप्रयुक्त भाषाविज्ञान का क्षेत्र इस तथ्य पर प्रकाश डालता है कि ''भाषा से हम क्या काम ले सकते हैं।'' जो लोग भाषा से 'काम लेते हैं' या भाषा-सिद्धांतों का अनुप्रयोग करते हैं, इनमें से कोई भी भाषा का अध्ययन उस परंपरागत अर्थ में नहीं करता कि 'भाषा क्या है', यह कार्य भाषावैज्ञानिक का है। ये सभी भाषा पर प्रकाश डालते हैं और भाषा का प्रयोग भी करते हैं पर 'किसी और' को उद्‌घाटित करने या साधने के लिए। अर्थात् इनका मूल उद्देश्य यह देखना और पता लगाना होता है कि भाषा/भाषाएँ कैसे काम करती हैं या हम उससे/ उनसे क्या काम ले सकते हैं। इस प्रयोजनीयता के कारण ही भाषा को प्रकार्य से संबद्ध रूप (form of activity) माना गया है। विशेष रूप से मानव समाज में भाषा प्रकार्यों से बँधी होती है जिसमें अपनी अभिरचनाएँ निर्मित करने के गुण निहित होते हैं। अतः 'भाषा क्या काम करती है' का अध्ययन करने का अर्थ है उन अभिरचनाओं और उनके मदों (items) का अध्ययन करना जो भाषा-व्यवहार में निहित हैं, यह देखना कि लोग कैसे इनका प्रयोग करते हैं और यह पता लगाना कि कैसे ये भिन्न समय पर, भिन्न स्थानों पर और भिन्न लोगों के समूह में कार्य करते हैं। इस प्रकार यह अध्ययन 'शुद्ध' एवं 'अनुप्रयुक्त' भाषाविज्ञान के बीच के भेद के साथ-साथ इन दोनों की उपादेयता भी सिद्ध करता चलता है।

अतः यह भी कहा जा सकता है कि भाषा के वैज्ञानिक अध्ययन का आधुनिक भाषाविज्ञान द्वारा प्रदत्त तात्पर्य है, 'भाषा कैसे काम करती है' के सिद्धांत का निर्माण तथा इनके माध्यम से भाषा-विवेचन की पद्धतियों की व्युत्पत्ति। अब भाषा का वैज्ञानिक अध्ययन केवल इसलिए उत्तम नहीं माना जाता कि वह 'शुद्ध' अध्ययन करता है, अनुप्रयोग की क्षमता और संभावना के कारण भी इसका महत्त्व और उपयोगिता है। अनुप्रयोग की यह दृष्टि बीसवीं शताब्दी में उभरती दिखाई देती है। अन्यथा भाषाविज्ञान के बाहर के क्षेत्रों में काम करने वाले भाषा के विषय में जो कुछ कहते रहे हैं वह अवैज्ञानिक भी था और व्यावहारिक धरातल पर

अनुपयोगी भी। भाषाविज्ञान तथा भिन्न ज्ञान-क्षेत्रों के बीच सहयोग की इस कमी के कई कारण थे। कोई भी व्यक्ति अपने को उन सभी विषयों का विशेषज्ञ नहीं बना सकता जो उसके अपने ज्ञान-क्षेत्र से कहीं-न-कहीं जुड़ते हैं। उदाहरण के लिए एक मनोवैज्ञानिक से यह अपेक्षा नहीं की जा सकती कि वह भाषाविज्ञान को उसके सर्वथा आदर्श रूप में अपनाए, क्योंकि भाषाविज्ञान, मनोविज्ञान की परिधि से जुड़े हुए अनेक विषयों में से मात्र एक विषय है। दूसरे, इस बात की संभावना से भी इनकार नहीं किया जा सकता कि मनोवैज्ञानिक यह जानता ही न हो कि कोई ऐसा विज्ञान भी है जिसके पास भाषा को सिद्ध करने के सिद्धांत और पद्धतियाँ हैं तथा जिनका अनुप्रयोग वह अपने प्रयोजनों के लिए कर सकता है। तीसरे यह कि यदि वह इस तथ्य से परिचित भी है तो संभवतः इन दोनों को सह-संबद्ध कर पाना उसके लिए कठिन हो। फिर भी ऐसे विषय जिनकी परिधि पर भाषा अवस्थित है या जो भाषाविज्ञान से जुड़ सकते हैं अपने अध्येता से निश्चित ही यह अपेक्षा रखते हैं कि उन्हें यह जानकारी हो कि भाषा-विश्लेषण-सिद्धांत के ऐसे औजार (tools) उपलब्ध हैं जिनका अनुप्रयोग वे अपने अध्ययन में कर सकते हैं। यह विचार कि भाषावैज्ञानिक अध्ययन की वस्तु 'मानव-भाषा' है और भाषाविज्ञान की संबद्धता अन्य शास्त्रों से भी है, कोई नए विचार नहीं हैं। लेकिन यह बात कुछ ही अर्से पहले सामने आई है कि भाषाविज्ञान एक ऐसा विषय है जिसका मूलभूत प्रयोजन भाषा सिद्धांतों का अनुप्रयोग करते हुए भिन्न प्रकार के कार्यों को संपन्न करना है। जैसा कि किसी भी शास्त्र के संबंध में होता रहा है, भाषाविज्ञान के विकास में भी प्रचार और सहयोग की भावना तभी से बढ़ी है जब यह पता चला कि इसका अनुप्रयोग संभव है। जब तक 'भाषा' का अध्ययन 'शुद्ध' विज्ञान के आधार पर होता रहा और यह स्पष्ट नहीं था कि भाषावैज्ञानिक सिद्धांत किसी विशेष अनुप्रयोग में कैसे लाए जा सकते हैं तब तक इसके प्रचार और लोकप्रियता की मात्रा सीमित ही थी। लेकिन यह स्पष्ट होते ही कि कुछ ऐसे निश्चित क्षेत्र हैं जिनमें भाषावैज्ञानिक सिद्धांतों का अनुप्रयोग संभव है और जिसके द्वारा इस विषय-क्षेत्र को व्यावहारिक बनाया जा सकता है, भाषापरक शोध एवं भाषा-शिक्षण के क्षेत्र में क्रांतिकारी परिवर्तन आया।

अनुप्रयुक्त भाषाविज्ञान और भाषा-शिक्षण

इतनी चर्चा के बाद अनुप्रयुक्त भाषाविज्ञान के विषय में जिज्ञासा और प्रश्नों का उठना स्वाभाविक है कि अनुप्रयुक्त भाषाविज्ञान क्या है? कोई क्या अनुप्रयोग

करता है जब वह भाषाविज्ञान का अनुप्रयोग करता है? भाषाविज्ञान का अनुप्रयोग कब, कैसे और क्यों किया जाता है? आदि।

भाषाविज्ञान, या कहें आधुनिक भाषाविज्ञान के क्षेत्र में 'अनुप्रयुक्त भाषाविज्ञान' की संकल्पना चौथे दशक में सामने आई। इसी समय एक ज्ञान-क्षेत्र (discipline) के रूप में भी उभरी। इसके इस रूप में उभरने का एक कारण वह प्रयास था जिसमें आधुनिक भाषाविज्ञान के अनुप्रयोग का प्रयास किया गया और दूसरा वह मान्यता थी कि भाषाविज्ञान एक अनुप्रयुक्त विज्ञान बनकर भिन्न ज्ञान-क्षेत्रों को एक साथ ला सकता है। श्रीवास्तव (1980) के विचारों के परिप्रेक्ष्य में अनुप्रयुक्त भाषाविज्ञान की प्रवृत्ति, स्वरूप और प्रयोजन को इस प्रकार देखा जा सकता है :

1. **अनुप्रयुक्त भाषाविज्ञान उपभोक्ता सापेक्ष होता है।**
2. **यह उपभोक्ता की आवश्यकताओं द्वारा नियंत्रित लक्ष्य का परिणाम होता है।**
3. **इसका क्षेत्र भाषा के उपभोक्ताओं की आवश्यकताओं द्वारा निर्धारित लक्ष्य के संदर्भ में भाषा संबंधी सिद्धांतों के अनुप्रयोग का क्षेत्र है।**
4. **इसका क्षेत्र उस तथ्य पर प्रकाश डालता है कि 'भाषा से हम क्या काम ले सकते हैं।'**
5. **यह अपने सिद्धांत और प्रणाली के आधार पर भाषा से संबंधित ज्ञान के अन्य क्षेत्रों के अध्ययन-विश्लेषण के लिए संक्रियात्मक दक्षता का रास्ता खोलता है।**

इन बिंदुओं में ही प्रश्नों के उत्तर छिपे हैं। जब कोई भाषाविज्ञान का अनुप्रयोग करता है तो जिसका अनुप्रयोग होता है वह एक भाषा-सिद्धांत भी हो सकता है और/या किसी भाषा का विवरण भी। यदि भाषा-सिद्धांत का अनुप्रयोग किया जा रहा है तो निश्चित ही परिणाम उस सिद्धांत के स्वरूप पर निर्भर करेंगे या उससे प्रभावित होंगे। उदाहरण के लिए यदि सिद्धांत 'अर्थगत इकाइयों के अस्तित्व' पर आधारित है तो इसके अनुप्रयोग का परिणाम उन सिद्धांतों के अनुप्रयोग से निकले परिणामों से भिन्न होगा जो ऐसी इकाइयों के अस्तित्व को नकारते हैं। हमें भाषा अध्ययन की ऐसी अनेक दिशाएँ मिलती हैं जहाँ एक सिद्धांत दूसरे सिद्धांत से एकदम अलग दिखाई देता है। इसी प्रकार हमें कई ऐसे भाषा-सिद्धांत भी मिलते हैं जो परस्पर विरोधाभासी हैं। वास्तव में, ऐसे ही कुछ विरोधाभासी सिद्धांत 'भाषा-संप्रदाय' के रूप में उभरते हैं। यदि हम भिन्न संप्रदायों या व्यक्तियों द्वारा प्रतिपादित सिद्धांतों का परीक्षण करें तो यह पाते हैं कि इनमें से बहुत ही कम ऐसे हैं जिनका कभी किसी क्षेत्र में अनुप्रयोग हुआ हो। हम यह भी पाते हैं कि जिन सिद्धांतों का अनुप्रयोग हुआ है उनमें से कई अपेक्षाकृत अनुप्रयोग

योग्य सिद्धांत नहीं हैं। किसी ज्ञान क्षेत्र में किसी भाषा सिद्धांत का अनुप्रयोग न होने या अपेक्षाकृत कम महत्त्वपूर्ण सिद्धांत का अनुप्रयोग होने का यह अर्थ नहीं लगाना चाहिए कि अन्-अनुप्रयुक्त सिद्धांतों का प्रयोग हो ही नहीं सकता या कम महत्त्वपूर्ण सिद्धांत अपनी सीमाओं से मुक्त नहीं हो सकते। कुछ अति महत्त्वाकांक्षी, अभ्यावर्तक (inclusive) और प्रासंगिक सिद्धांतों का अनुप्रयोग भी नहीं हुआ है, लेकिन इन्हें इस आधार पर अनुप्रयोग के लिए अयोग्य घोषित नहीं किया जा सकता।

यदि भाषा-विवरण का अनुप्रयोग किया जा रहा है तो वह भाषा की इकाइयों, यथा—ध्वनि, शब्दावली, व्याकरण में से किसी एक या सभी को सम्मिलित कर सकता है। भाषा-विवरण की प्रकृति की भिन्नता भी अनुप्रयोग के परिणामों को प्रभावित करती है। समान सिद्धांत पर आधारित भाषा-विवरण भी भिन्न हो सकते है। संभवतः यही कारण है कि विवरण के प्रकारों की संख्या सिद्धांतों के प्रकारों की संख्या से अधिक होती है। भिन्न विवरण अपने प्रयोजन, विस्तार और प्रस्तुतीकरण में भी भिन्न होते हैं। कुछ विवरणों का लक्ष्य सीमित (concize) होना होता है तो कुछ का विस्तृत (extensive) होना। कुछ भाषा का विश्लेषण उसे खंडित करते हुए करते हैं तो कुछ उसे जोड़ते या समायोजित करते हुए। कुछ भाषा-विवरणों में विश्लेषण इस तरह किया जाता है जैसे विवरणित भाषा का कोई परिचय ही उसके अध्येता को न हो, तो कुछ इस तरह करते हैं जैसे पहले से ही पाठक को काफी कुछ मालूम हो। कुछ विवरण भाषा को व्याकरण और स्वनिम विज्ञान इन दो स्तरों पर प्रस्तुत करते हैं तो कुछ लगभग सभी चौदह स्तरों पर। हमें यहाँ ध्यान रखना चाहिए कि किसी विवरण के स्तरों की संख्या उसके भाषाई रेंज का द्योतक नहीं होती। एक त्रि-स्तरीय विवरण का क्षेत्र (scope) उस आठ स्तरीय विवरण से अधिक हो सकता है जो अपने विवरण में शब्दावली, अर्थ और संदर्भ को स्थान नहीं देता। कुछ विवरण लिखित सामग्री पर आधारित होते हैं तो कुछ वाक् सामग्री पर। कुछ उन सभी क्षेत्रों को अपने भीतर समेटते हैं जिनमें भाषा बोली जाती है तो कुछ केवल शहर तक ही सीमित हो सकते हैं। कुछ विवरण मात्र संरचना-नियम पर आश्रित होते हैं तो कुछ प्रयोग के नियमों को भी महत्त्व देते हैं। अतः भाषाविज्ञान का अनुप्रयोग करने वाले की समस्या केवल यह नहीं है कि वह भाषाविज्ञान का अनुप्रयोग करे या नहीं, बल्कि यह है कि वह 'किसके' और 'किस प्रकार के' भाषाविज्ञान का अनुप्रयोग करे।

इस विवेचना द्वारा परोक्षतः हमें यह संकेत भी मिलता है कि अनुप्रयुक्त

भाषाविज्ञान या भाषा का अनुप्रयोग तब प्रारंभ होता है जब किसी भाषा-सिद्धांत या भाषा-विवरण का उपयोग एक ऐसे उद्देश्य/प्रयोजन के लिए किया जाता है जो भाषाविज्ञान के बाहर माना जाता है। इस दृष्टि से ही अनुप्रयुक्त भाषावैज्ञानिक सिद्धांतों का उपभोक्ता होता है और अनुप्रयुक्त भाषाविज्ञान उपभोक्ता सापेक्ष। अतः अनुप्रयुक्त भाषाविज्ञान की यह परिभाषा सर्वथा उचित है। (सपोर्टा : 1960) "अनुप्रयुक्त भाषाविज्ञान, भाषाविज्ञान की वह शाखा है जिसका मुख्य लक्ष्य भाषावैज्ञानिक सिद्धांतों एवं प्रणाली द्वारा उन भाषाई समस्याओं का पता लगाना और उनका समाधान ढूँढ़ना है जो भाषा से इतर विषय क्षेत्रों के अनुभव से संबद्ध होती हैं।"[15] अतः भाषा-विवरण के लिए प्रयुक्त भाषा-सिद्धांतों को अपने में भाषाविज्ञान का अनुप्रयोग नहीं माना जा सकता। यदि किसी भाषा या पाठ का विवरण इस उद्देश्य से दिया जाता है कि उसके माध्यम से भाषा या भाषा-रूप के विषय में अधिकाधिक जानकारी मिल सके तब इसे भाषावैज्ञानिक सिद्धांत का **उपयोग** कहा जाएगा, उसका **अनुप्रयोग** नहीं।

अब यह सिद्ध हो चुका है कि भाषाविज्ञान के विशिष्ट (specific) एवं व्यावहारिक अनुप्रयोग हैं जो मानव समुदाय के बड़े भाग को प्रभावित करते हैं। आज भी जब भाषावैज्ञानिक सिद्धांतों के अनुप्रयोग की उपादेयता स्वतः सिद्ध है, कई लोग ऐसे हैं या हो सकते हैं जो 'सैद्धांतिक' या 'शुद्ध' भाषाविज्ञान के क्षेत्र में कार्य कर रहे हैं। इसका कारण वे संभावनाएँ हैं जहाँ एक निर्धारित सिद्धांत को उससे भी अच्छे सिद्धांत द्वारा प्रतिस्थापित किया जा सकता है, भाषा संबंधी नए तथ्य सामने लाए जा सकते हैं और नया संश्लेषण (synthesis) निर्मित किया जा सकता है। उदाहरण के लिए चॉम्स्की के 'भाषा क्षमता' के सिद्धांत ने भाषावैज्ञानिक चिंतन को कई सार्थक मोड़ दिए। किसी भी सैद्धांतिक अध्ययन के लिए अनुप्रयोग फीड बैक का काम करते हैं, क्योंकि सिद्धांतों की परख निरंतर उन विचारों के आधार पर होती रहती है जो अनुप्रयोग के दौरान सामने आते हैं। यह एक सच्चाई है कि स्थिर होने के बाद सिद्धांतों की उपयोगिता समाप्त होने लगती है। इसीलिए स्थिर होने के बाद जो सिद्धांत अनुप्रयोग की ओर मुड़ते हैं वे मान्यता प्राप्त करते हैं, लोकप्रिय बनते हैं और अपनी उपादेयता सिद्ध करते हैं। अनुप्रयोग के पहले कोई सिद्धांत अल्पसंख्यक (भाषाविदों) लोगों की ही रुचि का विषय होता है पर बाद में उससे कई लोग आ जुड़ते हैं। उदाहरण के लिए भाषावैज्ञानिक अनुप्रयोग को प्रमुखता से अपनाने वाले 'मशीनी अनुवाद' को देखा जा सकता है जिससे भाषावैज्ञानिकों के अतिरिक्त वैयाकरण, गणितज्ञ, कंप्यूटर

प्रोग्रामर आदि अन्य कई लोग जुड़े हैं, जो अपने-अपने क्षेत्र के विशेषज्ञ हैं। अनुप्रयोग सिद्धांत को कुछ-न-कुछ प्रदान करता है, अतः अनुप्रयोग के आयामों को दृढ़ करने के लिए 'शुद्ध' भाषाविज्ञान संबंधी शोध एवं अध्ययन को रोकने की नहीं, उसे और विकसित करने तथा बहु उपयोगी बनाने की आवश्यकता है। यहाँ हमें यह भी नहीं भुलाना चाहिए कि अपने अनुप्रयुक्त पक्ष में भाषाविज्ञान की उपादेयता सिद्ध करने में उन विद्वानों की अंतर्दृष्टि एवं गंभीर कार्य का योगदान सर्वोपरि है जो ज्ञान के विस्तार के लिए कटिबद्ध थे। भाषावैज्ञानिक सिद्धांत अन्य विज्ञानों/शास्त्रों के सिद्धांतों के ही समान हैं; इस अर्थ में कि जिन्होंने इन सिद्धांतों की खोज की वे इनके अनुप्रयोग को कभी नहीं देख सके।

भाषा-शिक्षण का संदर्भ अनुप्रयुक्त भाषाविज्ञान का सर्वाधिक प्रचलित संदर्भ है, मातृभाषा और अन्य भाषा-शिक्षण, शैक्षिक व्याकरण और शिक्षण सामग्री, शिक्षण प्रणाली और शिक्षण तकनीक आदि सभी में भाषावैज्ञानिक अंतर्दृष्टि ने अपनी अनिवार्यता सिद्ध कर ली है। भाषाओं के शिक्षण का क्षेत्र भी उन अनुप्रयोगात्मक क्षेत्रों में से एक है जिनके साथ अनेक लोग संबद्ध हैं, चाहे वह मातृभाषा-शिक्षण हो या अन्य भाषा (द्वितीय/विदेशी) शिक्षण। यदि भाषावैज्ञानिक सिद्धांतों का प्रयोग भाषाओं के बेहतर विवरण प्रस्तुत करने के लिए किया जा सकता है, और हमने देखा कि किया जा सकता है तो इन सिद्धांतों का अनुप्रयोग हर उस परिस्थिति में संभव है जिसमें भाषा सिखाई जा रही है।

भाषा-शिक्षण में भाषाविज्ञान की भूमिका भाषा-शिक्षकों को यह बताना नहीं है कि वे भाषा किस तरह पढ़ाएँ। भाषा-शिक्षक अपने क्षेत्र का उतना ही विशेषज्ञ होता है जितना कि कोई भाषावैज्ञानिक अपने क्षेत्र का। भाषा-शिक्षक, भाषाविज्ञान नहीं पढ़ाता, वह एक ऐसी चीज (भाषा) पढ़ाता है जो भाषाविज्ञान की 'अध्ययन वस्तु' है और जिसका विवेचन भाषावैज्ञानिक प्रणाली द्वारा ही संभव हो पाता है। लेकिन यह जरूर है कि भाषा-शिक्षक के लिए भाषावैज्ञानिक सिद्धांतों पर आधारित अच्छे-से-अच्छे भाषा-विवरण की उपलब्धता अनिवार्य है और इसे उपलब्ध कराना, यही भाषाविज्ञान का भाषा-शिक्षण के लिए प्रमुख योगदान हो सकता है। किसी भी भाषा का कैसा भी विवरण अनिवार्यतः भाषाविज्ञान ही देता है। यह संबद्धता भाषा को एक निश्चित अभिवृत्ति (attitude) प्रदान करती है, यह निश्चित मत भी देती है कि 'भाषा कैसे काम करती है' और यह भी कि भाषा को किस तरह देखना चाहिए। अध्येय भाषा के संदर्भ में भाषा-शिक्षक जब भी 'संरचना' या 'क्रिया' या 'सर्वनाम' शब्द का प्रयोग करता है तो वास्तव में वह

भाषाविज्ञान का अनुप्रयोग ही कर रहा होता है। भाषा-शिक्षण का क्षेत्र, सिद्धांत और अनुप्रयोग के बीच किसी द्वंद्व के अस्तित्व को स्वीकार नहीं करता, क्योंकि उसकी यह मान्यता है कि भाषा-शिक्षण की जो पद्धतियाँ अपने अनुप्रयोग में अति उपयोगी सिद्ध हुई हैं वे अपने सिद्धांत में भी सर्वाधिक वैज्ञानिक और शक्तिशाली हैं।

भाषा-शिक्षक अनुप्रयुक्त भाषावैज्ञानिक सिद्धांतों का उपभोक्ता होता है क्योंकि वह भाषा-प्रकृति के विषय में प्रदत्त विवरणों का प्रयोग भाषा-शिक्षण कार्यक्रम की योजना बनाने के लिए करता है। वह स्वयं इन सिद्धांतों या विवरणों का सर्जक या निर्माता नहीं होता, यह कार्य सिद्धांतवादियों का होता है। फिर भी भाषा-शिक्षक को अनिवार्य रूप से एक समीक्षक उपभोक्ता होना चाहिए अर्थात् उसे यह निश्चित करने में समर्थ होना चाहिए कि उसके प्रयोजन की दृष्टि से कौन-सा सैद्धांतिक उपागम (approach) प्रासंगिक है और कौन-सा नहीं। इस निर्णय के लिए उसका केवल भाषा के बहुआयामी संभावित सिद्धांतों से परिचित होना ही पर्याप्त नहीं है। उसे यह भी जानना चाहिए कि ये सिद्धांत भाषा की किन विशेषताओं को स्पष्ट करने का प्रयास कर रहे हैं, ऐसा करने के लिए वे किन विधियों को अपना रहे हैं तथा इन सिद्धांतों के पीछे कौन-सी दार्शनिक धारणाएँ निहित हैं। द्वितीय विश्वयुद्ध के दौरान विदेशी भाषा-शिक्षण को बेहतर बनाने के उपायों में अनुप्रयुक्त भाषाविज्ञान ने सबसे अधिक ध्यान आकर्षित किया और यह धारणा पुष्ट हुई कि जो भाषा-शिक्षक अनुप्रयुक्त भाषाविज्ञान में प्रशिक्षित नहीं है वह सफलतापूर्वक भाषा-शिक्षण नहीं कर सकता।

इस तथ्य की स्वीकृति के बाद कि भाषाविज्ञान का 'शुद्ध' के साथ-साथ अनुप्रयुक्त पक्ष भी है। भाषाविज्ञान के कई शोध एवं शिक्षणपरक आयाम खुले और इसकी पूरी संभावना है कि आगे भी इनमें वृद्धि और विकास होता रहेगा। इस विकास के कारण भाषा के वे विवरण भाषा-शिक्षण के संदर्भ में अपर्याप्त सिद्ध होने लगे जो परंपरागत विवरण के असंबद्ध वर्गों में बँधे हुए थे। यह निश्चित है कि भाषाविज्ञान द्वारा प्रदत्त विवरण भाषा-शिक्षण की पाठ्यपुस्तकें नहीं बन सकते। भाषाविज्ञान यह बताने में तो समर्थ है कि किसी भाषा का कौन-सा विवरण बेहतर है या फिर वह बेहतर विवरण प्रस्तुत भी कर सकता है। लेकिन वह यह नहीं बता सकता है कि 'भाषा कैसे पढ़ाई जानी चाहिए।' यह कार्य भाषा-शिक्षकों का है, या फिर उनका है जो भाषा-शिक्षकों को प्रशिक्षित करते हैं। पाठ्यपुस्तकें भाषावैज्ञानिकों द्वारा प्रदत्त विवरणों पर आधारित हो सकती हैं, लेकिन पाठ्यपुस्तक

लेखन अपने में एक विशेषीकृत क्षेत्र है। यह उसी तरह का काम नहीं है जैसे कि किसी भाषा का विवरण देना। इसमें संदेह नहीं कि पाठ्यपुस्तक लेखक को भाषा के प्रति एक जागरूक दृष्टि और उन भाषावैज्ञानिक सिद्धांतों की मूलभूत जानकारी रखने की आवश्यकता होती है जो भाषा के 'अच्छे विवरण' को रेखांकित करते हैं, अन्यथा वह उन शैक्षिक (pedagogical) विधियों के सर्वोत्तम उपयोग को साधने में पूरी तरह असफल हो जाएगा जिन्हें वह पाठ्यपुस्तकों में समाहित करना चाहता है या जिनका अनुप्रयोग करना चाहता है। अतः भाषा-शिक्षक, पाठ्यपुस्तक एवं शिक्षण-सामग्री लेखक के लिए भाषावैज्ञानिक अनुप्रयोग प्रत्यक्षतः अथवा परोक्षतः अभीष्ट ही नहीं, अनिवार्य भी है।

वास्तव में, यही उस विषय की पृष्ठभूमि है जिसे हम अनुप्रयुक्त भाषाविज्ञान के नाम से अभिहित करते आ रहे हैं। यह संकल्पना भाषाओं के शिक्षण से संबंधित संपूर्ण शोध एवं प्रशिक्षण क्षेत्र से भी आबद्ध है। भाषा-शिक्षण का क्षेत्र सामान्य भाषाविज्ञान तक ही संकुचित होकर नहीं रह सकता। सामान्य भाषाविज्ञान भाषा के उन अनेक क्रियाकलापों को अपने भीतर नहीं समेट पाता जो वास्तव में भाषावैज्ञानिक अनुप्रयोग का परिणाम हैं यथा—समाज-भाषाविज्ञान और शैलीविज्ञान, जबकि भाषा-शिक्षण इन्हें ही अपने भीतर नहीं समेटता, बल्कि उन विषयों के कुछ अंशों को भी महत्त्व देता है जो भाषा-शिक्षण के संदर्भ में उपयोगी और प्रासंगिक हैं, जैसे, मनोविज्ञान और शिक्षा-सिद्धांत के कुछ पक्ष।

भाषा-शिक्षण के क्षेत्र में अनुप्रयुक्त भाषाविज्ञान का लक्ष्य भाषाविज्ञान के विशेषज्ञ तैयार करना नहीं है। उसका कार्य उन विषयों या उनके उन पक्षों को एक दृढ़ धरातल प्रदान करना है जो कक्षा की पृष्ठभूमि में कार्य करते हैं। उसका कार्य भाषावैज्ञानिक को भी इस दृष्टि से सक्षम बनाना है कि जरूरत पड़ने पर वह भाषा-विवरणों एवं पाठ्यपुस्तकों का मूल्यांकन कर सके, यदि आवश्यक हो तो स्वयं भी शिक्षण-सामग्री तैयार कर सके, किसी भाषा-पाठ्यक्रम को नियोजित कर सके और चला सके, अपने शिक्षार्थियों की अभिवृत्ति का परीक्षण कर सके तथा इन सबकी पृष्ठभूमि में गहराई से यह समझ-समझा सके कि भाषा काम कैसे करती है। भाषा-शिक्षक के लिए तो ये दक्षताएँ अनिवार्य ही हैं। ऐसा होने पर ही वह पाठ्यपुस्तकों या भाषा-शिक्षण-सामग्री का मूल्यांकन करने में समर्थ हो सकेगा। इस प्रकार भाषा-शिक्षण के संदर्भ में जुड़े भाषावैज्ञानिक और भाषा-शिक्षक दोनों के लिए अनुप्रयुक्त भाषाविज्ञान की अवधारणा से परिचित होना अनिवार्य है।

अब तक यह स्पष्ट हो चुका है कि भाषा-शिक्षण में भाषाविज्ञान के अनुप्रयोग

का प्रमुख योगदान अध्येय भाषा का सर्वोचित विवरण उपलब्ध कराना है, चाहे वह शिक्षार्थी की अपनी मातृभाषा का हो या किसी विदेशी भाषा का। अन्य भाषा-शिक्षण में इस योगदान की एक संभावना और भी है, अन्य भाषा की मातृभाषा से तुलना। विवरण और तुलना इन दोनों अनुप्रयोगों से संबद्ध विषय अपनी प्रकृति में विवरणात्मक और तुलनात्मक होते हैं, अतः इन्हें विवरणात्मक और तुलनात्मक भाषाविज्ञान कहा गया है। भाषा-शिक्षण के संदर्भ में समाज भाषाविज्ञान को विवरणात्मक भाषाविज्ञान नहीं, अनुप्रयोगात्मक (applicable) माना जाता रहा है। इसीलिए मातृभाषा और विदेशी भाषा-शिक्षण में भी इसे काफी समय तक प्रासंगिक नहीं समझा गया। अब यह स्पष्ट हो चुका है कि कोई भी भाषा-विवरण समाज-संदर्भित हुए बिना अधूरा है। क्योंकि किसी भाषा का समाज-व्यवहृत विवरण इस दृष्टि से ही विशिष्ट बनता है कि वह सामाजिक विकल्प/विकल्पों (alternates) से किस सीमा तक संबद्ध है। इन विकल्पों की पहचान करने, इन्हें पारिभाषित करने या भाषा-शिक्षण योजना में इनका स्थान निर्धारित करने में निश्चित ही समाज भाषाविज्ञान की आवश्यकता पड़ती है। यदि हम यह स्वीकार करते हैं कि मातृभाषा अथवा विदेशी भाषा-शिक्षण का उद्देश्य शैक्षिक धरातल पर अभिकल्पित है, अर्थात् यदि हम इन्हें शिक्षार्थी द्वारा आंतरिक और बाह्य जगत को समझने में सहयोगी मानते हैं तो हमें सामाजिक विकल्पों के अध्ययन एवं उनके उपयुक्ततम प्रयोगों को भाषा-शिक्षण पाठ्यक्रमों में अनिवार्य रूप से स्थान देना ही होगा। आगे चलकर 'संप्रेषणपरक भाषा-शिक्षण' की अवधारणा ने ऐसा ही किया भी।

भाषा-शिक्षण के संदर्भ में अनुप्रयुक्त भाषाविज्ञान की भूमिका को लेकर कुछ भ्रांतियाँ भी हैं जिनका निराकरण यहाँ आवश्यक है। भाषा-शिक्षण के क्षेत्र में यह प्रश्न बार-बार उठता रहा है कि भाषावैज्ञानिक को किस बिंदु पर भाषा-शिक्षण के क्षेत्र में प्रवेश करना चाहिए। इस प्रश्न के समाधान की खोज में भाषावैज्ञानिक पर यह आरोप भी लगा कि वह भाषा-शिक्षण की प्रक्रिया में कक्षा में भाषाविज्ञान के शिक्षण की वकालत करता है। पहले तो यह प्रश्न ही निरर्थक लगता है कि किस बिंदु पर भाषावैज्ञानिक की भूमिका भाषा-शिक्षण में प्रारंभ होगी, क्योंकि भाषाविज्ञान की सार्थकता को भाषा-शिक्षण के प्रत्येक चरण पर स्वीकार ही नहीं कर लिया गया है बल्कि भाषा-शिक्षण और अनुप्रयुक्त भाषाविज्ञान को सहधर्मी और पर्यायवाची संकल्पनाओं के रूप में भी पहचाना और स्वीकारा जा चुका है। भाषा की कक्षा में भाषाविज्ञान के शिक्षण पर भाषावैज्ञानिक बल देते हैं, यह आरोप भी सही नहीं है क्योंकि ऐसी स्थिति है ही नहीं। वास्तव में, भाषाविज्ञान का स्थान

कक्षा अध्यापन की पृष्ठभूमि में है, उस प्रशिक्षण में है जिसे शिक्षक अपनी नौकरी के लिए प्राप्त करता है, पाठचर्या के निर्माण में है जिसके आधार पर शिक्षण-कार्यक्रम संगठित होता है और सभी प्रकार की शिक्षण-सामग्री के निर्माण में है जिनका उपयोग शिक्षक कक्षा में करता है। यही वे बिंदु हैं, जिन पर भाषाविज्ञान, भाषा-शिक्षण को प्रभावित करता है, इन्हें दिशा देता है।

अनुप्रयुक्त भाषाविज्ञान को पूरी तरह भाषा-अधिगम या उसका उपागम मान कर चलने वाली दिशा भी उचित नहीं है। इस संदर्भ में अधिगम की सीमा को भाषाविज्ञान की सीमा मानने वाले विचारों की कमी भी नहीं है। भाषा-शिक्षण में सीमाकरण (limitation) की प्रक्रिया भाषा विश्लेषण और भाषा-शिक्षण दोनों के लिए अनिवार्य है। यह इसलिए कि 'संपूर्ण भाषा' न तो शिक्षण योग्य होती है और न ही उपयुक्त। भाषा-शिक्षण में सीमाकरण की प्रक्रिया के दो अंग स्पष्ट देखे जा सकते हैं—किसी विशिष्ट बोली (वाक्) या प्रयुक्ति के भीतर से ही उन मदों का चयन जिन्हें पढ़ाया जाना है। भाषा-शिक्षण में इस प्रक्रिया के भाषा के सभी स्तरों पर शिक्षणीयता (teachability) तथा कक्षा की आवश्यकताओं (needs) के अनुरूप अपनाया जाता है। वास्तव में भाषा-शिक्षण के मदों की खोज की प्रक्रिया ही 'सीमाकरण' की प्रक्रिया है जिसके लिए भाषावैज्ञानिक अनुप्रयोग अपेक्षित होता है। इन मदों को शिक्षण की दृष्टि एवं प्रयोजन के अनुरूप सर्वथा उपयुक्त क्रम में रखने की प्रक्रिया को ही अनुस्तारण (grading) कहा गया है जिसे दो भिन्न संक्रियाओं के रूप में विभाजित करके भी देखा जा सकता है। पहली संक्रिया शिक्षण के मदों की सूची देती है और उन्हें शिक्षण-पाठ्यक्रम की दृष्टि से सही आकार के वर्गों (blocks) में भिन्न-भिन्न वर्षों, महीनों, सप्ताहों, दिनों और कक्षाओं में व्यवस्थित करती है। जबकि दूसरी संक्रिया वर्गों के उन मदों को अनुक्रम (sequence) देती है जिन्हें पढ़ाया जाना है। अनुक्रम प्रक्रिया की इन दोनों संक्रियाओं को भाषा-शिक्षण भिन्न टेबल के रूप में रखता है जिसके लिए 'स्टेजिंग' शब्द का प्रयोग किया गया है, अर्थात् पाठ्यक्रम को समयबद्ध करके रखना। भाषा-शिक्षण और अधिगम को सहज और व्यवस्थित बनाने वाली ये प्रक्रियाएँ पूरी तरह भाषावैज्ञानिक अनुप्रयोग पर ही निर्भर करती हैं।

यह तो हम जानते हैं कि यदि किसी भाषा को जीवित रहना है तो लोगों द्वारा उसका सीखा जाना आवश्यक है। लेकिन किसी भाषा को सीखने का तात्पर्य यह नहीं है कि भाषा अध्येता को भाषा-विश्लेषण की पद्धतियों से भी परिचित

कराया जाए। किसी भाषा की अधिगम प्रक्रिया उसकी विश्लेषण प्रक्रिया से सर्वथा भिन्न होती है। इस बात की पुष्टि उस तथ्य से भी होती है कि वे लोग जो कभी स्कूल नहीं गए, भाषा को भाषिक तत्त्वों (parts of speech) जैसे वर्गों में बाँटकर देखने में तो असमर्थ होते हैं, लेकिन अपनी मातृभाषा पूरी क्षमता के साथ धाराप्रवाह बोल लेते हैं। भाषावैज्ञानिक विश्लेषण की विधियों का निर्माण भाषावैज्ञानिक ही करता है लेकिन वह यह दावा नहीं कर सकता कि अमुक विधि/विधियाँ भाषा अधिगम के लिए सर्वाधिक उपयुक्त हैं क्योंकि भाषाविज्ञान का लक्ष्य भाषा है, भाषा अधिगम नहीं। अतः अधिगम, भाषावैज्ञानिक का प्रयोजन नहीं है, चाहे वह 'शुद्ध' भाषावैज्ञानिक हो या अनुप्रयुक्त भाषावैज्ञानिक। इसलिए अनुप्रयुक्त भाषाविज्ञान भाषा अधिगम नहीं है। यह अवश्य है कि अधिगम प्रक्रिया, शिक्षण-प्रणाली और शिक्षण-सामग्री को सहज, वैज्ञानिक और फलप्रद बनाने में भाषावैज्ञानिक सिद्धांतों का अनुप्रयोग हर चरण पर किया जाता है।

आज भाषा-शिक्षण के क्षेत्र में भाषावैज्ञानिक की भूमिका इस बात से भी आँकी जाती है कि वह शिक्षार्थी की मातृभाषा और सीखी जाने वाली भाषा की तुलना करते हुए किस सीमा तक त्रुटियों का अनुमान लगा सकता है। इस भेदपरक (differential) विवरण को कभी-कभी भ्रमवश हम 'व्यतिरेकी भाषाविज्ञान' कहते हैं जबकि इस शब्द या संकल्पना का एक अर्थ यह भी है, 'एक ही भाषा का विश्लेषण जो मूलतः उसकी इकाइयों के परस्पर व्यतिरेक पर आधारित हो।' कोई भी व्यक्ति जो भाषा पढ़ा चुका है अपने अनुभव से यह जानता है कि उसके शिक्षार्थी कौन-सी गलतियाँ करते हैं या कर सकते हैं। इन पक्षों पर गंभीरता के साथ विचार न करने के कारण कई भ्रांतियाँ फैली हुई थीं। इसीलिए अनुप्रयुक्त भाषाविज्ञान के एक सिद्धांत के रूप में यह स्थापित किया गया कि भाषा अध्येता की सभी त्रुटियाँ उसकी मातृभाषा के व्याघात का ही परिणाम नहीं होतीं। अन्य भाषा की इकाईगत अनेक त्रुटियाँ ऐसी होती हैं जिनके समकक्ष मातृभाषा में कोई इकाई होती ही नहीं, ये गलतियाँ वास्तव में उन क्षेत्रों का विस्तार होती हैं जहाँ मातृभाषा की इकाइयाँ आती ही नहीं।

अतः किसी भाषा अथवा मातृभाषा और अन्य भाषा का तुलनात्मक विश्लेषण करना भाषा-शिक्षक की सबसे आवश्यक अर्हता नहीं मानी जा सकती। व्यावहारिक भाषाविज्ञान में आवश्यक प्रशिक्षण उसे यह देखने में समर्थ बना सकता है जिन भाषाओं के साथ वह संबद्ध है उनमें क्या समान और क्या असमान है।

इस प्रशिक्षण और ज्ञान से उसे भाषा-विवरणों को समझने, उनका मूल्यांकन करने तथा उनका प्रयोग करने में मदद मिल सकती है जिन्हें वह आदर्श रूप में पढ़ाना चाहता है। इस प्रकार के प्रशिक्षण द्वारा शिक्षक के लिए उस अपेक्षित स्थिति तक पहुँच पाना भी संभव होता है जहाँ वह सभी भाषावैज्ञानिक तथ्यों को विश्लेषित करते हुए उनका अनुप्रयोग भाषा-शिक्षण में कर सके। इस धरातल पर विश्लेषण में भाषा के छोटे-छोटे विवरणों (details) से लेकर उसमें अंतर्भुक्त समाज-सांस्कृतिक तथ्य तक आ सकते हैं। अतः भाषा-तुलना में भाषावैज्ञानिक अनुप्रयोग की व्यापक तथा प्रत्यक्ष भूमिका के साथ-साथ उसकी अप्रत्यक्ष भूमिकाओं को देखने-परखने पर बल दिया गया।

कुल मिलाकर यह कहा जा सकता है कि औपचारिक भाषा-शिक्षण के आद्यंत इतिहास में अनुप्रयुक्त भाषाविज्ञान का कोई-न-कोई आधार अवश्य रहा है। भाषा-शिक्षक भी भाषा-विश्लेषण का अनुप्रयोग अपने भाषा-शिक्षण में हमेशा से करता रहा है। यह अवश्य है कि भाषाविज्ञान का अनुप्रयोग भाषा-अधिगम के 'भाषा अंश' में होता है जबकि उसके 'अधिगम अंश' में मनोविज्ञान का अनुप्रयोग होता है। अतः यह स्पष्ट है कि भाषा-अधिगम में मनोवैज्ञानिक सिद्धांतों के अनुप्रयोग तथा भाषिक-विश्लेषण के अनुप्रयोग की समान भूमिका होती है। भाषा-शिक्षण अपने प्रयोजन एवं उद्देश्य के अनुरूप इन दोनों अनुप्रयोगों में से कभी एक तो कभी दूसरे को महत्त्व देता रहता है। भाषा-शिक्षण एवं सामग्री निर्माण प्रक्रिया में भाषाविज्ञान एवं मनोविज्ञान के इस भूमिकापरक परिवर्तन (shift) को 'अनुप्रयोग' के एक मोड़ के रूप में देखा जा रहा है। क्योंकि अनुप्रयुक्त भाषाविज्ञान आज यह दावा करने की स्थिति में है कि भाषा-शिक्षण में भाषा-विश्लेषण की प्रमुखता होती है और यह भी कि अनुप्रयुक्त भाषा-शिक्षण की सभी समस्याओं का समाधान कर सकता है क्योंकि अधिगम का पक्ष भी उसकी शाखा मनोविज्ञान द्वारा पूरी दक्षता के साथ साधा और नियंत्रित किया जा सकता है।

संदर्भ

1. Language Teaching : Focus on Form and Function. T.R. Publications : Madras.
2. Applied Linguistics, Kalinga : Delhi
3. Competence and performance in Linguistic Theory. <u>IN</u> R. Huxeley and E. Ingram, (Eds.) Language Acquisition : Modes and Methods, London : Academic Press.
4. Language as social Semiotic, London : Edward Arnold.

5. Multilingualism in India. Philadelphia, Multilingual matters Ltd.
6. a Fundamentals of Language, The Haugue : Mouton.
   b Grammer, Society and the Noun. London; University College.
   c Structure and system : A point of view. Bulletin of CIEFL: Hyderabad.
7. R.M. Coulthard, 1975, Towards an Analysis of Discourse, Oxford : OUP.
8. The Prague School of Linguistics and Language Teaching, Oxford : OUP.
9. Language and Communication, New York : Mc Graw Hill.
10. Aspects of the Theory of Syntax. Boston : MIT Press.
11. Explorations in the Functions of Language, London : Edward Arnold.
12. Language : An Introduction to the study of Speech. New York : Harcourt, Brace and World.
13. Societal Bilingualism and Language. Teaching. IJAL. 6:2
14. Stylistics. Kalinga : Delhi.
15. Psycholinguistics : A book of readings. New York : Holt, Rinehart and Winston.

भाषा-शिक्षण

आज हम एक ऐसी दुनिया में जी रहे हैं जहाँ विश्व की सीमाएँ सिमटती जा रही हैं। भिन्न भाषाओं और भाषा-समाजों में निकटता बढ़ी है। अपरिचित भाषाओं और संस्कृतियों को जानने की ललक भी बढ़ी है। इन स्थितियों ने सारे विश्व में भाषा को देखने की दृष्टि में व्यापक परिवर्तन किया। इस परिवर्तन के आयामों पर हमने आरंभ में दृष्टिपात किया है। संक्षेप में पुनः कहें तो पिछले तीन-चार दशकों में भाषाविज्ञान के लक्ष्य तेजी से बदले जिसमें संकेत प्रयोगविज्ञान (pragmatics) और संकेतविज्ञान (semiotics) की सहभागिता बढ़ी तथा अनुप्रयुक्त भाषाविज्ञान की प्रत्येक शाखा में यह जोर देकर कहा गया कि अर्थ-संदर्भ पर भी ध्यान दिया जाए, केवल वाक्य रचना या कोशों में निहित शब्दों-पदबंधों तक अपने को सीमित रखना उचित नहीं होगा। इस प्रकार भाषाविज्ञान के व्यावहारिक प्रतिफलन अथवा अनुप्रयोग में भाषा-विवरण को प्रयोजनमूलक, प्रकार्य-बाधित और प्रयोक्ता-सापेक्ष बनाने पर बल दिया गया (लैंकास्टर : 1977)[1] ताकि भाषा-विवरण विध्यनुसारी (formalized) होने के साथ-साथ मानव-भाषा के व्यावहारिक तथ्य उपभोक्ता को देने में समर्थ हो सके। जॉन लायंस (1977)[2] की इस धारणा ने भाषा-शिक्षण के रुख को बदलने में महत्त्वपूर्ण भूमिका निभाई कि किसी भी भाषिक तत्त्व को हम तब तक व्यवस्थित और बोधनीय ढंग से नहीं पढ़ा सकते जब तक कि उसका वाक्यविन्यासात्मक विवरण सामाजिक स्वीकार्यता और संदर्भ में नहीं दिया जाता (We can not teach systematically what we can not describe sociolinguistically)।

इस दौरान यह भी स्पष्ट कर दिया गया कि भाषावैज्ञानिक अध्ययन का एक उद्देश्य मानव-भाषा की प्रकृति पर दृष्टिपात करना है, और इसे जारी भी रहना चाहिए। लेकिन यह भी एक तथ्य है कि मानव-भाषा प्राकार्यात्मक होती है। वह अपने भिन्न-भिन्न समाज-संदर्भित परिवर्तों में ढल कर ही भिन्न प्रकार्यों

को पूरा करती है। अतः किसी भाषा या उसके अंश के विवरण को भाषाई और भाषेतर (internal and external to linguistics : Halliday : 1975)[3] दोनों तथ्यों से जोड़ना अनिवार्य है। इस तरह मानव-भाषा का विवरण देने में कोटियों, मदों और इनके परस्पर संबंधों के विश्लेषण को प्रमुखता मिली और यहीं से अनुप्रयुक्त भाषाविज्ञान की भूमिका प्रारंभ होती है। अनुप्रयुक्त भाषाविज्ञान अपनी प्रकृति में एकात्मपरक शास्त्र (intergrative descipline) है जिसमें भाषा-अध्ययन के भिन्न उपागमों से प्राप्त भाषिक तथ्यों को एकत्रित करके इसकी शाखाएँ आवश्यकतानुसार उपयोग में लाती हैं। भाषा-शिक्षण इनमें से अधिकाधिक उपागमों (approaches) का इस्तेमाल करता है ताकि वह शिक्षार्थी के भाषा-अधिगम को अधिकाधिक सक्षम, समर्थ, उपयोगी और व्यापक बना सके। भाषा-शिक्षण का परिप्रेक्ष्य एकाधिक चरणों में बँटा हुआ है जिसे उसका इतिहास या विकासक्रम भी कहा जा सकता है। इस पर विचार करना जरूरी है। भाषा-शिक्षण का विकासक्रम भाषाविज्ञान या अनुप्रयुक्त भाषाविज्ञान के विकास क्रम का भी प्रतिबिंब है, यह भी हमें साफ-साफ दिखाई देता चलेगा।

भाषा का समाज भाषावैज्ञानिक अध्ययन करने वाले भाषाविदों का यह अनुमान है कि आज के विश्व की कुल जनसंख्या की लगभग सत्तर प्रतिशत जनसंख्या द्विभाषी है। ऐतिहासिक और सामयिक दोनों ही धरातलों पर द्विभाषिकता और बहुभाषिकता इस दुनिया का भाषिक यथार्थ रहे हैं, और आज भी हैं। भारतीय बहुभाषिकता एक प्रतिमान (norm) है, अपवाद (exception) नहीं, यह भी सिद्ध किया जा चुका है (श्रीवास्तव : 1994)। यह कहना भी सही होगा कि दुनिया के इतिहास में अन्य भाषा-शिक्षण एक लंबे अर्से से प्रमुख चिंता और चिंतन का विषय बना हुआ है क्योंकि द्विभाषिक या बहुभाषिक समाज के निर्माण में भाषा-शिक्षण भी अपनी उपयोगी और सार्थक भूमिका निभाता आ रहा है। आज दुनियाभर में विश्व की कई भाषाएँ अन्य भाषा के रूप में सीखी-सिखाई जाती है। इनमें से अंग्रेजी सबसे ज्यादा सीखी-सिखाई जाने वाली भाषा है। कुछ सदियों पहले ऐसी व्यापक शिक्षणीय भाषा लैटिन थी। पश्चिमी जगत में वह शिक्षा की प्रबल भाषा ही नहीं, वाणिज्य, धर्म और प्रशासन की भी प्रमुख भाषा थी, जैसे कि आज अंग्रेजी है। सोलहवीं शताब्दी में यूरोप में आए राजनीतिक परिवर्तनों के कारण फ्रेंच, इटैलियन और अंग्रेजी जैसी आधुनिक भाषाओं का महत्त्व बढ़ा और लैटिन क्रमशः मौखिक और लिखित संप्रेषण से दूर होती चली गई। टिटोने (1968)[4] ने इस तथ्य पर टिप्पणी करते हुए लिखा है कि 'जब लैटिन सामान्य

संप्रेषण की भाषा के स्थान से हट गई और स्थानीय (आधुनिक) भाषाओं ने उसकी जगह ले ली तो उसे मात्र **मानसिक तोष** की भाषा, यहाँ तक कि मृतभाषा माना जाने लगा। फिर भी उच्च शिक्षा, मानसिक अनुशासन और प्राचीन ग्रंथों के पढ़ने के इच्छुकों के लिए इसका शिक्षण जारी रहा। जैसा कि भारत में संस्कृत के साथ हुआ।

सोलहवीं शताब्दी में जब यूरोप के स्कूलों में आधुनिक भाषाओं का शिक्षण शुरू हुआ तो इन्हें पढ़ाने के लिए वही मूलभूत प्रक्रियाएँ अपनाई गईं जिन्हें पहले लैटिन पढ़ाने के लिए अपनाया जाता था। इस परंपरागत भाषा-शिक्षण-प्रविधि को अपनाने के कारण ही आधुनिक भाषाओं की पाठ्यपुस्तकों में भी व्याकरण के अमूर्त नियमों पर टिप्पणियाँ, शब्द-सूची और अनुवाद के लिए वाक्य भरे होते थे। अन्य भाषा को 'बोलना' सीखना-सिखाना इस प्रक्रिया का लक्ष्य नहीं था। उच्चारण अभ्यास सस्वर वाचन तक ही सीमित था, वह भी उन्हीं वाक्यों तक जिन्हें छात्र अनुवाद करके पढ़ते थे। ये वाक्य-संरचनाएँ छात्रों को व्याकरण-व्यवस्था के प्रति सजग करने के लिए चुनी जाती थीं अतः स्वाभाविक ही है कि इनका वास्तविक संप्रेषण-संसार से दूर-दूर तक कोई संबंध नहीं होता था। 19वीं शताब्दी के प्रारंभ में लैटिन शिक्षण के लिए निर्धारित यह प्रविधि पश्चिम के स्कूलों में विदेशी भाषा-शिक्षण की मान्य प्रविधि के रूप में लोकप्रिय थी। 19वीं शताब्दी के मध्य तक इसका प्रभाव तनिक क्षीण पड़ा पर उस समय भी जो पाठ्यपुस्तकें बनाई गईं उनमें अध्याय या पाठों का निर्धारण व्याकरणिक बिंदुओं के आधार पर ही किया जाता रहा। एक-एक व्याकरणिक बिंदु को सूचीबद्ध करना तथा उनके नियमों की व्याख्या करना, इन पुस्तकों की आधारभूत सामग्री होती थी जिन्हें नमूना वाक्य देकर समझाया जाता था। विदेशी भाषा-शिक्षण की इस विधि को 'व्याकरण-अनुवाद विधि' के नाम से जाना गया।

व्याकरण-अनुवाद विधि

इस विधि को मान्यता देने, इस पर व्यापक काम करने और इसे स्थिर करने वालों में जर्मनी के जोहान सीडेनस्टर,[5] कार्ल प्लाट्ज[6] और एच.एस. ऑलेन डाफ़[7] का नाम लिया जाता है। वास्तव में यह विधि जर्मन-चिंतन का ही परिणाम थी। इस विधि की आलोचना करते हुए राउज़ (1969)[8] ने कहा था कि "इस विधि का लक्ष्य है किसी वस्तु के बारे में सब कुछ जानने का प्रयत्न करना, न कि स्वयं उस वस्तु को जानने का" (To know everything about something rather than the thing itself) । अमरीका में इस विधि की सीमा और क्षुद्रता को देखते

हुए इसे 'अधर्म चर्चा'(Blasphemy) तक कहा गया। इस विधि के समर्थक हॉवेट (1984)[9] ने इसके निम्नलिखित लक्षण, प्रकार्य और लक्ष्य निर्धारित किए हैं–

1. इस विधि की सैद्धांतिक पीठिका के अनुसार विदेशी भाषा-शिक्षण के शिक्षार्थी का लक्ष्य भाषा$_2$ के साहित्य को पढ़ना, उस भाषा के माध्यम से भाषा-अनुशासन सीखना, मानसिक स्तर पर अनुशासित होना और बौद्धिक बनना है। इन उद्देश्यों की प्राप्ति के लिए इस विधि को सर्वाधिक उपयुक्त माना गया क्योंकि यह भाषा अध्ययन-अध्यापन की वह विधि है जिसमें भाषा-व्याकरण के विस्तृत विश्लेषण द्वारा 'भाषा' तक पहुँचने का यत्न किया जाता है। नियमों की इस जानकारी के बाद इनका उपयोग भाषा$_2$ के वाक्यों और पाठों का अनुवाद भाषा$_1$ में करने के लिए किया जाता है। इस प्रकार इस विधि का परम लक्ष्य भाषा नियमों और तथ्यों को याद करने, इन्हें समझाने तथा भाषा$_2$ की रूप संरचना और वाक्यावली को अपनी मातृभाषा में अनूदित करने की क्षमता पैदा करना है। इस विधि की भाषा$_1$ और भाषा$_2$ के साथ गहरी संबद्धता को एक गुण मानते हुए इसके समर्थक स्टर्न (1983)[10] ने यह कहा था कि "यह विधि द्वितीय भाषा अधिगम में प्रथम भाषा को संदर्भ-व्यवस्था के रूप में देखती और रखती है।"
2. यह विधि चारों भाषा कौशलों में वाचन और लेखन पर सर्वाधिक तथा उच्चारण और श्रवण पर बहुत कम या नहीं के बराबर बल देती है।
3. इस विधि में पढ़े-पढ़ाए जाने वाले पाठ के आधार पर ही शब्दावली-चयन किया जाता है और शब्द-शिक्षण द्विभाषिक शब्द-सूची के माध्यम से किया जाता है। यह विधि कोश देखने तथा शब्दों को याद रखने को शिक्षार्थी के लिए जरूरी मानती है। यही वजह है कि व्याकरण-अनुवाद विधि से संबद्ध पाठों में व्याकरण के नियमों को प्रस्तुत किया जाता है, उनकी व्याख्या मिलती है, शब्दों की सूची दी जाती है, शब्दों के अनुवाद समतुल्य दिए जाते हैं तथा व्याकरण और शब्द दोनों के अनुवाद-अभ्यास दिए जाते हैं।
4. वाक्य, इस विधि की महत्तम और मूलभूत इकाई है। इन्हें यह विधि भाषा-अभ्यास में भी पर्याप्त स्थान देती है। अधिकांश पाठों (lessons) में आए वाक्यों के अनुवाद (भाषा$_2$ $\rightarrow$ भाषा$_1$, भाषा$_1$ $\rightarrow$ भाषा$_2$) को इस विधि ने प्राथमिकता दी है। वाक्यों की केंद्रीयता इस विधि का

मूल लक्षण है क्योंकि इसका लक्ष्य है—व्याकरण के सहारे अन्य भाषा-पाठ का अधिगम। हॉवेट की यह भी मान्यता है कि वाक्य पर बल देने से भाषा-अधिगम सहज हो जाता है (focus on sentence make language learning easier)।

5. यह विधि भाषा-परिशुद्धता पर बल देती है और शिक्षार्थी से यह अपेक्षा रखती है कि वह अनुवाद में उच्च मानक दक्षता प्राप्त करने का प्रयास करे।
6. इस विधि में व्याकरण निगमन पद्धति से पढ़ाया जाता है, अर्थात् व्याकरणिक नियमों को प्रस्तुत करके उनका अभ्यास अनुवाद-कार्य के माध्यम से कराया जाता है। अधिकांश पाठों में व्याकरण सामग्री को क्रम से देने की परंपरा इस विधि में रही है। व्याकरण को नियोजित और व्यवस्थित ढंग से पढ़ाना इस विधि की विशेषता है।
7. इस विधि में भाषा अध्येता की मातृभाषा को माध्यम भाषा रखा जाता है। इसी का प्रयोग व्याख्या तथा नए भाषिक मदों का परिचय देने के लिए किया जाता है। इस विधि का अधिगम संबंधी लक्ष्य है भाषा अध्येता में मातृभाषा और अन्य भाषा के बीच तुलना कर पाने की दक्षता पैदा करना।

यूरोप में अन्य भाषा के शिक्षण के लिए व्याकरण-अनुवाद विधि 1840 से 1940 तक छाई रही। अनेक आलोचनाओं के बावजूद अपने परिवर्धित रूप में यह आज भी दुनिया के कई भागों में प्रचलित है। हॉवेट (1984) ने इसके पक्ष में कहा भी है कि "यह एक अच्छी विधि थी जिसे इसके आलोचकों ने हौवा बना दिया।" यह सच है कि इसके समर्थकों ने यह कहना शुरू कर दिया कि अर्वाचीन भाषाओं और आधुनिक भाषाओं में कोई अंतर नहीं है अतः इनकी शिक्षण विधि में भी कोई अंतर करने की जरूरत नहीं है। इस जिद ने इस विधि को (आधुनिक भाषाओं के शिक्षण के लिए भी) अप्रयुक्त (unusable) शब्दावली और व्याकरण नियमों को कंठस्थ करने का कठिन अभ्यास बना दिया तथा साहित्यिक पाठ का सटीक अनुवाद करने का माध्यम। आधुनिक भाषाएँ सीखने-सिखाने वालों के लिए निश्चित ही यह पद्धति थकाने और उदासीन (frustrate) करने वाली रही। फिर भी अन्य विधियों के स्थापित हो जाने के बाद भी साहित्यिक पाठों को समझने जैसी परिस्थितियों में आज भी इस विधि की जरूरत पड़ती है, अर्थात् उन परिस्थितियों में जहाँ बोले जाने की दक्षता अपेक्षित नहीं होती। भारत में तो आज

भी स्कूली स्तर से लेकर स्नातक स्तर तक द्वितीय भाषा के रूप में हिंदी शिक्षण के लिए जो पुस्तकें तैयार की जा रही हैं वे व्याकरण-अनुवाद सिद्धांत पर ही आधारित हैं। इसका मूल कारण यह है कि इन पुस्तकों का निर्माण साहित्य में प्रशिक्षित ऐसे लोग करते हैं जिन्हें भाषा-शिक्षण की अधुनातन प्रवृत्तियों और अनुप्रयुक्त भाषाविज्ञान का ज्ञान बिलकुल नहीं है। भाषा-शिक्षण की कुछ स्थितियों में इस विधि का सहारा यदाकदा लिया जाता है पर प्रभावी विधि के रूप में आज इसका पक्षधर कोई नहीं है।

19वीं शताब्दी के मध्य तक व्याकरण-अनुवाद विधि पर प्रश्नचिह्न लगने शुरू हो गए थे और इसे अस्वीकार करने की आवाज भी तेज हो गई थी। 19वीं शताब्दी के अंत तक तो पूरे यूरोप में इसका विरोध अपनी चरम सीमा तक पहुँच चुका था। इस अवधि में भाषा-शिक्षण के क्षेत्र में एक तरह का सुधार आंदोलन (reform movement) चला। इसकी एक बड़ी वजह यह थी कि पूरी दुनिया में भाषा-संपर्क और संप्रेषण का माहौल बनने लगा था जिसमें 'वार्तालाप' का महत्त्व पहचाना जाने लगा था। उस समय यूरोप में वार्तालाप और अभिव्यक्ति की किताबों के प्रकाशन की बाढ़-सी आ गई थी, इनकी माँग भी तेजी से बढ़ने लगी थी। अब भाषा-शिक्षण विशेषज्ञ भी अन्य भाषा-शिक्षण (आधुनिक भाषाओं के) की स्थिति और भविष्य पर गहराई से विचार करने लगे थे। इस अवधि में ही अन्य भाषा-शिक्षण के नए-नए उपागम विकसित करने के प्रयत्न शुरू हुए। सी. मार्सेल, टी. प्रेंडरग्रास्ट और एफ. गोविन ने इन उपागमों पर काम करने की पहल की। उस समय संधिकाल की स्थिति में इनका बहुत असर नहीं पड़ा लेकिन अन्य भाषा-शिक्षण के आगामी विस्तार में ये विचार ऐतिहासिक महत्त्व के अथवा नींव के पत्थर माने जा सकते हैं।

फ्रेंच विद्वान सी. मार्सेल (1798-1886)[11] ने मानव शिशु के भाषा अधिगम को पहली बार अन्य भाषा-शिक्षण के प्रारूप के रूप में देखा। 'अधिगम' में अर्थ के महत्त्व पर भी उन्होंने पर्याप्त बल दिया था। उन्होंने यह सुझाव भी दिया था कि वाचन को अन्य कौशलों के पहले विकसित करना चाहिए। ब्रिटिश विद्वान प्रेंडरग्रास्ट (1806-1886)[12] ने पहली बार यह संकेत किया कि मातृभाषा-अर्जन की प्रक्रिया में बच्चे उक्तियों का प्रयोग करते समय संदर्भ और परिस्थितिजन्य तथ्यों का उपयोग भी करते हैं। इन्हें वे अपने भाषा-समाज से अर्जित करते हैं। इसी कारण कई याद की गई अभिव्यक्तियों और शब्दों का वे बोलचाल में यथावश्यक परिवर्तन करके प्रयोग करते हैं। फ्रेंच विद्वान गोविन (1831-1896)[13] एक सुधारक के रूप में सर्वाधिक प्रसिद्ध हैं। उन्होंने अन्य भाषा-शिक्षण के लिए

एक ऐसी विधि भी ईजाद की जो बच्चों के 'भाषा-व्यवहार' पर आधारित थी। उनका मानना था कि भाषा-अधिगम, भाषा प्रयोग से पुष्ट होता है और इसमें क्रमिक क्रियाओं (actions) को समायोजित करना चाहिए। उन्होंने अपनी शिक्षण विधि में परिस्थिति और कथ्य (theme) को संयोजित करके मौखिक भाषा-शिक्षण का एक प्रारूप भी तैयार किया। उनका यह प्रारूप 'गोविन सिरीज़' के नाम से प्रसिद्ध है जिसमें वाक्य-शिक्षण-विधि के अनुसार आए हैं, जैसे—लकड़ी काटना, दरवाजा खोलना, रसोई में कोई चीज पकाना आदि। उन्होंने अपनी शिक्षण-विधि की भरपूर वकालत की। यूरोप के स्कूलों में इसका बरसों तक उपयोग किया जाता रहा। अन्य भाषा-शिक्षण (अंग्रेजी) के लिए उनकी तीसरी कक्षा की पुस्तक के पहले पाठ में क्रियाओं के शिक्षण की यह पद्धति दी गई है—

I walk toward the door	I walk
I draw near the door	I draw near
I draw nearer to the door	I draw nearer
I get to the door	I get to
I stop at the door	I stop
I stretch out my arm	I stretch out
I take hold of the handle	I take hold
I turn the handle	I turn
I open the door	I open
I pull the door	I pull
The door moves	moves
The door turns on its hing	turns
The door turns and turns	turns
I open the door wide	I open
I let go of the handle	Let go

टिटोनी : 1968 से उद्धृत

गोविन ने नए शिक्षण मदों को संदर्भ के साथ देने पर बल दिया ताकि उनका अर्थ स्पष्ट हो सके। इसके साथ ही उन्होंने अंग-विक्षेप और ऐक्शन को भी अर्थ-प्रेषण के लिए जरूरी माना। उनकी शिक्षण-विधि ने बाद में विकसित **स्थितिपरक भाषा-शिक्षण विधि** को बहुत कुछ दिया। इन तीनों विद्वानों के कार्य उस समय भाषा-शिक्षण के क्षेत्र में हो रही हलचलों का संकेत देते हैं। भारत

में, खासकर हिंदी भाषा-शिक्षण पर जो अध्ययन उपलब्ध हैं उनमें इन कार्यों का उल्लेख नहीं मिलता, जबकि परंपरागत और नवीन भाषा-शिक्षण-चिंतन के बीच ये खासी मजबूत कड़ियाँ हैं। व्याकरण-अनुवाद केंद्रित वाचन, बोधन और साहित्यिक बोध के स्थान पर व्यवहारपरक मौखिक भाषा अधिगम को भाषा-कार्यक्रमों में स्थान इन्हीं की प्रेरणा से मिला। बच्चे भाषा कैसे सीखते हैं यह देखने और उसके अनुरूप अन्य भाषा-शिक्षण और अधिगम सिद्धांत विकसित करने की दिशा भी इन महानुभावों के प्रयास से ही प्रशस्त हुई । कुल मिलाकर कहा जाए तो इन तीनों ने कुछ ऐसी दूरगामी अवधारणाएँ प्रदान कीं जिनसे भाषा-शिक्षण को वैकल्पिक दिशाएँ मिलीं। 1880 के आसपास से कई एक मत और व्यावहारिक बुद्धि के भाषाविद सामने आए, जैसे हेनरी स्वीत (इंगलैंड)[14], विल्हम वीटर (जर्मनी)[15], पॉल पेटी (फ्रांस)[16] जिनके भाषा-चिंतन ने भाषा-शिक्षण के क्षेत्र में भी अगुवाई की तथा सुधारवादी विचारों को ख्यात और स्वीकार्य बनाया। इन्होंने भाषाविज्ञान में नई जान फूँकी। स्वनविज्ञान, अर्थात् भाषा की ध्वनि व्यवस्था के वैज्ञानिक विश्लेषण और विवरण को इन्होंने स्थापित किया जिससे कि वाक्-प्रक्रिया को देख पाने की नई दृष्टि पैदा हुई जिसके परिणामस्वरूप तत्कालीन भाषाविज्ञान ने यह बल देकर कहना शुरू किया कि लिखित शब्द से कहीं अधिक महत्त्व वाक् का होता है और वाक् ही भाषा का आधारभूत रूप है। इसी अविध में 'इंटरनेशनल फोनेटिक सोसाइटी' की स्थापना हुई (1886) तथा IP Alphabet तय किए गए जिससे किसी भी भाषा की किसी भी ध्वनि को लिप्यंकित कर पाना संभव हुआ। फोनेटिक एसोसिएशन के प्रारंभिक लक्ष्यों में आधुनिक भाषाओं के शिक्षण को परिष्कृत करना भी एक प्रमुख लक्ष्य था। भाषा-शिक्षण के परिष्करण के लिए एसोसिएशन ने प्रमुखतः इन बातों पर बल दिया–

1. **बोली जाने वाली भाषा का अध्ययन-अध्यापन हो।**
2. **स्वन प्रशिक्षण पर बल दिया जाए ताकि शिक्षार्थी में सटीक उच्चारण-आदत विकसित की जा सके।**
3. **वार्तालाप पाठों का प्रयोग किया जाए और संवादों पर बल दिया जाए ताकि शिक्षार्थी बातचीत की अभिव्यक्ति और जीवंत मुहावरों का प्रयोग कर सके।**
4. **व्याकरण शिक्षण के लिए आगमनात्मक पद्धति का प्रयोग किया जाए।**
5. **नये मदों और अर्थों को भाषा$_2$ से ही जोड़कर सिखाया जाए, न कि भाषा$_1$ से।**

इस तरह इस कालखंड के शीर्षस्थ भाषाविद भी उन लोगों में शामिल हो गए जो अन्य भाषा-शिक्षण की सर्वोत्तम विधि की खोज में संलग्न थे। इन भाषाविदों ने इस संदर्भ में कई किताबें लिखीं। आलेख प्रकाशित किए और मोनोग्राफ तैयार

किए। हेनरी स्वीट (1845-1912) ने यह जोर देकर कहा कि भाषा-शिक्षण के लिए ध्वनि-प्रविधि सिद्धांतों को भाषा के वैज्ञानिक विश्लेषण और मनोविज्ञान से जोड़ना चाहिए। अपनी किताब The practical study of language (1899) में उन्होंने इसी परिप्रेक्ष्य में भाषा-शिक्षण-विधि के विकास से संबंधित ये सिद्धांत भी दिए–

1. **जो पढ़ाया जाना है उसका सतर्क चयन करना,**
2. **जो पढ़ाया जाना है उसकी सीमा निर्धारित करना,**
3. **चारों कौशलों के संदर्भ में जो पढ़ाया जाना है उसे संयोजित करना तथा**
4. **शिक्षण सामग्री को सरल से जटिल की ओर अनुस्तरित करना।**

विल्हम वीटर ने भी अपने भाषावैज्ञानिक सिद्धांतों को भाषा-शिक्षण की दृष्टि से रूपाकार दिया। उन्होंने यहाँ तक कहा कि भाषा-शिक्षक को भी स्वन-प्रशिक्षण देना चाहिए ताकि वह भाषा का सटीक उच्चारण सिखा सके। उनका मानना था कि वाक्-अभिरचनाएँ, व्याकरण की तुलना में अधिक महत्त्वपूर्ण तो होती ही हैं, भाषा का मूलभूत प्रयोग संदर्भित तत्त्व भी होती हैं। 1882 में उन्होंने अपने इन विचारों को एक मोनोग्राफ में जाहिर किया था जिसका शीर्षक था–Language teaching must start afresh । इसमें उन्होंने व्याकरण-अनुवाद विधि की कमियों पर खुली चर्चा की थी। भाषा-शिक्षण की विधि को बेहतर बनाने के संकल्प में जुटे इन सुधारवादियों का यह विश्वास था कि–

1. **बोली जाने वाली भाषा प्रमुख होती है और मौखिक भाषा-शिक्षण में यह तथ्य प्रतिबिंबित होना चाहिए।**
2. **स्वनविज्ञान की खोजों का अनुप्रयोग भाषा-शिक्षण और भाषा-शिक्षक प्रशिक्षण में करना चाहिए।**
3. **भाषा अध्येता के सामने भाषा का लिखित रूप रखने के पहले उसे भाषा सुनने का पर्याप्त अवसर देना चाहिए।**
4. **शब्दों को वाक्यों में प्रस्तुत करना चाहिए और वाक्यों का अभ्यास अर्थवान संदर्भों में कराना चाहिए, पृथक या असंबद्ध तत्त्व के रूप में नहीं।**
5. **व्याकरणिक नियम तभी बताना चाहिए जब अध्येता व्याकरण बिंदुओं का अभ्यास संदर्भ के साथ कर चुके हों, अर्थात् व्याकरण को आगमनात्मक पद्धति से पढ़ाना चाहिए।**
6. **अनुवाद से बचना चाहिए। मातृभाषा का प्रयोग केवल नए शब्दों की व्याख्या और बोधन की जाँच के लिए करना चाहिए।**

भाषा-शिक्षण संबंधी इन स्थापनाओं से अनुप्रयुक्त भाषाविज्ञान की नींव पड़ने के संकेत भी हमें मिलने लगते हैं—अनुप्रयुक्त भाषाविज्ञान, अर्थात् भाषा-अध्ययन की वह शाखा जो द्वितीय और विदेशी भाषा-शिक्षण अधिगम के वैज्ञानिक अध्ययन से संबद्ध है। इस भाषिक अनुप्रयोग ने भाषा-शिक्षण की 'प्राकृतिक विधि' का आविष्कार किया जो बाद में 'प्रत्यक्ष विधि' के नाम से विकसित और चर्चित हुई। इसमें कोई संदेह नहीं कि गोविन वह पहले 'सुधारक' थे जिन्होंने अपने सिद्धांत का निर्माण उस धारणा के इर्द-गिर्द किया जो बालक के मातृभाषा-अधिगम से संबद्ध थी। सदी के अंत में आने वाले विद्वानों ने इसीलिए भाषा-अधिगम के प्राकृतिक नियमों की ओर ध्यान दिया और यह प्रयत्न भी शुरू हुआ कि द्वितीय भाषा-शिक्षण को भी विदेशी भाषा-शिक्षण की तरह का ढाँचा प्रदान किया जाए। प्राकृतिक विधि में विश्वास रखने वाले सॉवियर जैसे कई विद्वानों ने यह तर्क दिया कि विदेशी भाषा-शिक्षण बिना अनुवाद की सहायता के होना चाहिए और यह भी कि अध्येता की मातृभाषा का सहारा लिए बिना अर्थ को निर्देश (demonstration) और ऐक्शन के सहारे सीधे प्रेषित करना चाहिए। अपनी विचारधारा में **प्राकृतिक/प्रत्यक्ष विधि** निम्नलिखित पद्धतियों और प्रक्रियाओं पर केंद्रित थी—

1. **कक्षा में निर्देश सिर्फ भाषा$_2$ में दिए जाते थे।**
2. **केवल रोजमर्रा के प्रयोग में आने वाले शब्द और वाक्य संरचनाएँ ही पढ़ाई जाती थीं।**
3. **मौखिक वार्तालाप बनाए गए और उन्हें सावधानी के साथ अनुस्तरित किया गया। इन वार्तालापों में प्रश्न-उत्तर, पूछताछ, भिन्न विषयों/जगहों पर बातचीत आदि को संयोजित किया जाता था।**
4. **व्याकरण आगमनात्मक पद्धति से पढ़ाया जाता था।**
5. **नए शिक्षण-बिंदु का परिचय मौखिक रूप से दिया जाता था।**
6. **मूर्त शब्दावली को विचार से जोड़ कर सिखाया जाता था।**
7. **बोलना और सुनकर समझना दोनों सिखाए जाते थे।**
8. **सही उच्चारण और व्याकरणिक शुद्धता पर बल दिया जाता था।**

इस प्रकार उन्नीसवीं शताब्दी में भाषा-शिक्षण की विधियों और उपागमों की संकल्पना में विस्तार करने वाले कई दृष्टिकोण सामने आए। इनमें मैके[17] का प्रारूप सर्वाधिक जाना-माना है जिसे उन्होंने अपनी पुस्तक Language Teaching Analysis (1965) में प्रस्तुत किया था और जिसे छठे दशक का

महत्त्वपूर्ण मॉडल माना जाता है। मैके का प्रारूप चयन, अनुस्तरण, प्रस्तुतीकरण और दुहराव पर बल देते हुए एक 'नीड बेस्ड' शिक्षण-विधि को विस्तार देने वाला है। वैसे मैके की दृष्टि प्रमुखतः पाठ्यपुस्तक विश्लेषण तथा उसके संयोजन को देखने से जुड़ी थी। अमरीका के अनुप्रयुक्त भाषाविज्ञानी एडवर्ड एंटोनी (1963)[18] ने संकल्पना और संयोजन के तीन स्तर निर्धारित किए—उपागम, विधि और तकनीक। उपागम का सीधा संबंध उन्होंने भाषा तथा भाषा-अधिगम सिद्धांतों से जोड़ा। इसके साथ ही उन्होंने भाषा और भाषा-दक्षता से संबंधित तीन भिन्न सैद्धांतिक दृष्टिकोणों की भी चर्चा की।

इन तीनों में **पहला** और परंपरागत दृष्टिकोण है—**संरचनात्मक दृष्टिकोण,** जो यह मानता है कि अर्थ के कोडीकरण के लिए भाषा, संरचनात्मक दृष्टि से आबद्ध तत्त्वों की व्यवस्था है अतः भाषा-अधिगम का तात्पर्य इस 'व्यवस्था' के उन तत्त्वों पर अधिकार हासिल करने से है जिन्हें भाषाविज्ञान भाषिक इकाइयों के रूप में पारिभाषित करता है। संरचनात्मक दृष्टि भाषा-अधिगम के लिए इन भाषा-तत्त्वों का समावेश अनिवार्य मानती है—स्वनिमिक इकाइयाँ (स्वनिम), व्याकरणिक इकाइयाँ (पद, पदबंध, वाक्य), व्याकरण केंद्रित संक्रियाएँ (जोड़ना, परिवर्तन, रूपांतरण आदि) तथा कोशगत इकाइयाँ (प्रकार्य-शब्द, संरचना शब्द)। भाषा के प्रति **दूसरा** दृष्टिकोण है **प्राकार्यात्मक दृष्टिकोण,** जो यह मानता है कि भाषा **प्राकार्यात्मक** अर्थ को अभिव्यक्त करने का माध्यम है। यह दृष्टिकोण अर्थ और संप्रेषणपरक आयामों पर बल देता है, न कि केवल भाषा के व्याकरणिक लक्ष्यों पर। इस दृष्टिकोण का भाषा-शिक्षण के संदर्भ में सबसे प्रबल और व्यावहारिक रूप विलकिंस (1976)[19] में दिखाई देता है जिसमें उन्होंने स्पष्ट शब्दों में यह कहा है कि भाषा-पाठ्यचर्या में केवल व्याकरण और शब्द-समूह को ही नहीं, उन विषयों, अवधारणाओं और संकल्पनाओं को भी समेटना चाहिए जो अध्येता की संप्रेषणपरक जरूरतों के अनुकूल हों, दैनंदिन संप्रेषण में उसकी मदद कर सकें और उसके संप्रेषण को स्वाभाविक बना सकें। विलकिंस के इस दृष्टिकोण को अन्य भाषा के रूप में अंग्रेजी शिक्षण कार्यक्रमों में उत्साह के साथ अपनाया गया और जिसकी स्वीकार्यता और सफलता को देख कर राबिंसन (1980)[20] ने यह घोषणा करने में भी संकोच नहीं किया कि "द्वितीय भाषा के रूप में अंग्रेजी-शिक्षण-आंदोलन का प्रारंभ भाषा के संरचनात्मक सिद्धांत पर आधारित भाषा-शिक्षण विधि से नहीं, बल्कि अध्येता की प्राकार्यात्मक जरूरतों को ध्यान में रखकर विकसित शिक्षण-विधि से मानना चाहिए।"

भाषा के प्रति **तीसरे** दृष्टिकोण को **अंतःक्रियात्मक** कहा गया। यह दृष्टिकोण भाषा को लोगों के बीच सामाजिक कार्य संपादन के व्यवहार का साधन मानता है। इस दृष्टिकोण के अनुसार भाषा सामाजिक संबंधों को स्थापित और उनका निर्वाह करने का एक प्रभावी औजार भी है। इसलिए यह सिद्धांत वार्तालाप के बीच संचलन, कार्य, विचार-विनिमय और वार्ता की अभिरचनाओं पर विशेष ध्यान देता है। मैके ने यह भी स्पष्ट किया कि ये सभी भाषा-सिद्धांत या दृष्टिकोण तब तक अधूरे ही हैं जब तक कि इन्हें भाषा-अधिगम सिद्धांतों का पूरक नहीं बनाया जाता। यह हम जानते हैं कि कोई भी अधिगम सिद्धांत किसी भी शिक्षण-विधि के बारे में दो प्रश्न करता है—1. भाषा-अधिगम में कौन-सी मनोवैज्ञानिक और बोधात्मक प्रक्रियाएँ सम्मिलित हैं और 2. अधिगम-प्रक्रिया को गति दे सकने वाली वे कौन-सी स्थितियाँ हैं जिन पर विशेष ध्यान देना चाहिए। **प्रकिया आधारित-सिद्धांत** अधिगम सिद्धांत के पूरक बनकर भाषा-शिक्षण के दौरान इन रूपाकारों में ढलने लगते हैं—आदत-निर्माण, प्रेरण, अनुमान, प्राक्कल्पना परीक्षण और सामान्यीकरण। क्रशन (1981)[21] का 'मॉनीटर मॉडल' अधिगम-सिद्धांत का अच्छा उदाहरण है। क्रशन ने अधिगम (acquisition) और सीखना (learning) में भेद भी किया। उन्होंने यह स्पष्ट किया कि अधिगम का संबंध संप्रेषण के लिए भाषा का प्रयोग करते हुए भाषा-नियमों से प्रकृतितः परिचित होते जाना है जबकि 'भाषा सीखना' भाषा-नियमों का औपचारिक अध्ययन है जिसे सायास प्रयत्न द्वारा अर्जित किया जाता है। क्रशन के इस मत पर विवाद भी रहा पर अधिगम-प्रक्रिया को गति देने में जिन सहायक तत्त्वों की चर्चा उन्होंने की उसे स्वीकारा भी गया तथा अन्य भाषा-शिक्षण कार्यक्रमों में सफलता के साथ अपनाया भी गया। इन सहायक तत्त्वों में सर्वाधिक महत्त्व क्रशन ने 'अनुदेश सामग्री की भूमिका' को दिया और यह माना कि अधिगम को कम-से-कम समय में अपेक्षित स्तर पर उपलब्ध करने में अनुदेश सामग्री (instructional material) का महत्त्व सबसे अधिक आँकना चाहिए।

क्रशन की इस मान्यता पर भाषा-शिक्षण के क्षेत्र में व्यापक कार्य हुए जिनका संक्षेप में यहाँ परिचय प्राप्त कर लेना उचित होगा। इन कार्यों के माध्यम से अनुदेश-सामग्री के लक्ष्य निर्धारित किए गए—कथ्य को प्रस्तुत करना, कथ्य का अभ्यास करना, अध्येताओं के बीच संप्रेषण की स्थितियाँ पैदा करना, बिना शिक्षक की सहायता के अध्येताओं को कथ्य का अभ्यास करने का अवसर प्रदान करना।

अन्य भाषा-शिक्षण की इस अधिगम केंद्रित चर्चा में सामग्री के तीन प्रमुख प्रकारों पर समय-समय पर हमें विचार मिलते हैं—पाठ्य-पुस्तकें, दृश्य-श्रव्य सामग्री, कंप्यूटर सॉफ्टवेयर। प्रयोजनमूलक/संप्रेषणपरक भाषा-शिक्षणविधि के लिए अनुदेश सामग्री की जो भूमिका निर्धारित की गई उसे यहाँ देख लेना चाहिए, क्योंकि अद्यतन अन्य भाषा-शिक्षण प्रयोजन और संप्रेषण केंद्रित बन चुका है—

1. **सामग्री संप्रेषणपरक क्षमता पर केंद्रित होगी जिसमें अभिव्यंजना, वार्ता और भाषेतर-संप्रेषण युक्तियों पर बल होगा।**
2. **सामग्री व्याकरणिक रूप के प्रस्तुतीकरण की जगह सुबोध, प्रासंगिक और रोचक सूचनाओं के आदान-प्रदान कर केंद्रित होगी।**
3. **सामग्री भिन्न प्रकार के पाठों और भिन्न संचार-माध्यमों को संयोजित करेगी ताकि भाषा अध्येता स्वतः पढ़-देख-सुनकर अपनी भाषा-दक्षता का विकास कर सकें।**
4. **अध्येता स्व-मूल्यांकन कर सके और वह अपनी अधिगम-प्रगति को खुद देख सके, सामग्री उसे यह अवसर देने वाली होगी।**

अनुदेश सामग्री के साथ ही अधिगम-प्रक्रिया को गति देने वाली स्थितियों में इन विचारकों ने भाषा-शिक्षण की क्रियाविधि (procedure) को भी महत्त्व दिया है। क्रियाविधि के तीन आयाम निर्धारित किए गए हैं—(1) शिक्षण क्रियाओं का उपयोग (जैसे ड्रिल्स, संवाद, सूचना का लेन-देन, नए भाषिक तत्त्व का प्रस्तुतीकरण तथा उसके औपचारिक, संप्रेषणपरक और अन्य पक्षों को स्पष्ट करना), (2) वे तरीके या प्रविधियाँ अपनाना जिनसे शिक्षण क्रिया को आगे बढ़ाने तथा भिन्न प्रकार के अभ्यास कराने में मदद मिल सकती है, और (3) अध्येता के भाषा-प्रयोग को स्वाभाविकता प्रदान करने वाली उक्तियों और वाक्य-संरचनाओं के रूप और कथ्य की जानकारी दे सकने वाली क्रियाविधि या तकनीक का विकास। इस प्रकार क्रियाविधि भाषा-शिक्षण के व्यावहारिक पक्ष से संबंधित है, अर्थात् भाषा-शिक्षण का वह ढंग जिसके माध्यम से भाषा-शिक्षण संबंधी प्रस्तुतीकरण, अभ्यास और फीडबैक को पुष्ट किया जा सके। एक क्रियाविधि स्टेविक (1980)[22] की है—Silent way course, जिसका एक विवरण उदाहरण के लिए यहाँ दिया जा रहा है—

1. **अध्यापक दीवार पर कुछ ध्वनि-प्रतीकों का चार्ट टाँग दे। ध्वनि प्रतीक, अर्थात् उच्चरित भाषा के अक्षर। छात्र इन्हें सस्वर पढ़ें, पहले अध्यापक के साथ सामूहिक रूप से फिर अलग-अलग।**
2. **जब छात्र इन अक्षरों का सही उच्चारण करने लगें तब अध्यापक एक दूसरा चार्ट**

टाँगे जिस पर भाषा$_2$ में अतिप्रयुक्त शब्द लिखे हों और जो पहले चार्ट में आए अक्षरों से बने हों। इस चार्ट में अंक (numbers) भी दिए जाएँ। लंबे शब्दों और अंकों के उच्चारण में अध्यापक सहायता करे।

3. अब अध्यापक भिन्न वर्ग के शब्दों के लिए अलग-अलग रंगों के रॉड्स का इस्तेमाल चार्ट और अंग-विक्षेप के साथ करते हुए छात्रों से शब्दों के उच्चारण कराए और इन्हें छोटे-छोटे वाक्यों में बाँध कर अभ्यास कराए।

क्रियाविधि की प्रक्रिया को अधिकाधिक बोधात्मक और प्राकार्यात्मक बनाने के लिए फिनोशिरो तथा ब्रुंफिट (1983)[23] ने अनुदेश के साथ एक प्रक्रिया की भी रचना की जिसमें उन्होंने क्रियाविधि को सामग्री, अध्यापक और भाषा-अध्येता तीनों की दृष्टि से देखते हुए इन बातों को समेटने पर बल दिया है—

1. छोटे या छोटे-छोटे कई संवादों का प्रस्तुतीकरण।
2. इन संवादों में आई प्रत्येक उक्ति का उच्चारण अभ्यास।
3. इन संवादों के विषय, परिस्थिति और संदर्भ पर आधारित प्रश्न-अभ्यास।
4. संवाद में निहित थीम पर केंद्रित छात्रों के निजी अनुभवों पर आधारित प्रश्न-उत्तर।
5. संवाद की मूल संप्रेषणपरक उक्ति या उस संरचना पर बल जो प्रकार्य की दृष्टि से महत्त्वपूर्ण लगे।
6. भाषिक और भाषेतर तत्त्वों की पहचान, जिससे कि उच्चारण सहज लगे।
7. मौखिक उच्चारण से संबंधित अभ्यास जो बद्ध (Guided) से मुक्त (free) की ओर जाएँ।

भाषा-शिक्षण के संदर्भ में अभी हमने मौखिक क्रियाविधि पर विचार किया। इसके सूत्र हमें **संदर्भपरक भाषा-शिक्षण** (Situational Language Teaching) में दिखाई देते हैं। भाषा-शिक्षण की इस विधि का विकास ब्रिटिश अनुप्रयुक्त भाषावैज्ञानिकों ने 1930-1960 के बीच किया था। इस विधि का लक्ष्य था—अध्येता द्वारा भाषा$_2$ की शब्दावली और व्याकरण पर पूर्ण अधिकार प्राप्त करना। इस विधि के प्रणेता पॉमर[24] का यह मानना था कि विदेशी भाषा-शिक्षण में शब्दावली सबसे महत्त्वपूर्ण घटक है। वाचन-दक्षता (Reading profeciency) के लिए तो उन्होंने शब्दावली को ही सबसे अधिक अनिवार्य भाषिक तत्त्व के रूप में विवेचित किया। पॉमर ने अपने लेखन में विदेशी भाषा अध्येता के लिए व्याकरणिक

समस्याओं से जुड़े पक्षों पर भी भाषावैज्ञानिक सिद्धांतों के परिप्रेक्ष्य में चर्चा की है। इस दृष्टिकोण के साथ अनुप्रयुक्त भाषाविज्ञानी हॉर्नबी[25] का नाम भी जुड़ा है। इन दोनों ने अंग्रेजी भाषा को विश्लेषित करके उसकी प्रमुख वाक्य संरचनाओं को शिक्षणीय वाक्य-अभिरचनाओं में वर्गीकृत करने का महती कार्य किया जिसे बाद में 'सब्सटेंशियल टेबुल्स' कहा गया।

भाषा-शिक्षण की यह विधि ब्रिटेन में एक प्रचलित विधि बनी और 1950 के आसपास अंग्रेजी भाषा-शिक्षण के लिए इसे पूरी तरह स्वीकार कर लिया गया था। उस समय की स्वीकृत पाठ्यपुस्तकों में इस विधि का वर्चस्व देखा जा सकता है। इस वर्चस्व को कई पाठ्यपुस्तकें स्वीकार करती हैं और जिन्हें आज भी इस विधि को प्रतिस्थापित करने वाले 'क्लासिक्स' की श्रेणी में रखा जाता है। 1948-1950 के दौरान एफ. जी. फ्रेंच ने तीन भागों में The teaching of English abroad तैयार की जो ऑक्सफोर्ड युनिवर्सिटी प्रेस से छपी थी। इसी तरह फ्रिस्बी (1957)[26], गरी (1955)[27] और बिलोज (1961)[28] की पुस्तकें इसी श्रेणी की हैं। ये सभी पाठ्यपुस्तकें हॉर्नबी (1954)[29] द्वारा प्रदत्त सैद्धांतिक पृष्ठभूमि में ही तैयार की गई थीं। मौखिक क्रियाविधि का सबसे जोरदार रूप साठ के दशक में आस्ट्रेलिया के जॉर्ज पिटमैन में मिलता है। पिटमैन और उनके सहयोगियों ने संदर्भपरक भाषा-शिक्षण के लिए श्रेष्ठ शिक्षण-सामग्री का विकास किया है। उन्होंने कॉमनवेल्थ शिक्षा संस्थान (सिडनी) के लिए भी संदर्भपरक अंग्रेजी पाठ्यक्रम आप्रवासियों को दृष्टि में रखकर श्रृंखला के रूप में बनाया—Situational English (1965) जिसका उपयोग दुनिया भर में हुआ। पिटमैन ने इस विधि की प्रक्रिया पर विस्तार से चर्चा की है, जिसका सार है—

1. **भाषा-शिक्षण का प्रारंभ मौखिक भाषा से किया जाता है; सामग्री को पहले मौखिक रूप में सिखाया जाता है, बाद में लिखित रूप में।**
2. **लक्ष्य भाषा (भाषा$_2$) ही कक्षा की भाषा (माध्यम भाषा) होती है।**
3. **भाषा के नए बिंदुओं को संदर्भ और परिस्थिति के परिप्रेक्ष्य में प्रस्तुत किया जाता है और अभ्यास भी इसी आधार पर कराया जाता है।**
4. **शब्दावली का चयन इस दृष्टि से किया जाता है कि आवश्यक कामकाज के मूलभूत शब्द आ जाएँ।**
5. **व्याकरण के मद अनुस्तरित ढंग से चुने जाते हैं; सरल से जटिल की ओर।**
6. **वाचन और लेखन शिक्षण तभी शुरू किया जाता है जब शब्दावली और व्याकरण**

की जरूरी नींव डाल दी जाती है।

संदर्भपरक भाषा-शिक्षण-सिद्धांत के पीछे उस समय तक विकसित भाषा-सिद्धांत की बड़ी भूमिका थी। इस तथ्य का एक बड़ा प्रमाण है अनुप्रयुक्त भाषावैज्ञानिकों का इस सिद्धांत-निर्माण के साथ पूरी गंभीरता के साथ जुड़ना। यह स्पष्ट है कि संदर्भपरक भाषा-शिक्षण का 'अधिगम सिद्धांत' उस 'संरचनावाद' से प्रभावित था जिसमें वाक् को भाषा का आधार माना गया है। इस विधि के प्रवर्तक लब्ध भाषाविद् फ्रिस्बी (1957) ने कहा भी था कि ''शब्द-क्रम, संरचनात्मक शब्द, विभक्तियों और पूर्णार्थ शब्दों (content words) से हमारी शिक्षण-सामग्री तैयार की जाती है।'' और पिटमैन (1965)[30] ने भी इस शिक्षण-प्रविधि की चर्चा करते हुए संकेत दिया था कि ''इस शिक्षण-विधि में संरचना को मौखिक अभ्यास के माध्यम से कक्षा में प्रस्तुत किया जाता है। इस मौखिक अभ्यास में नियंत्रित वाक्य-साँचों को परिस्थिति में ढाल कर दिया जाता है और भरपूर अभ्यास कराया जाता है।'' यह विदित ही है कि भाषा-विज्ञान के 'संरचनावादी दृष्टिकोण' में फर्थ और हैलिडे ने भाषा के प्रति एक ठोस विचारधारा सामने रखी थी जिसमें अर्थ, संदर्भ और परिस्थिति को सबके ऊपर स्थान दिया गया था। हैलिडे (1986)[31] के शब्दों में–''अब बल भाषाप्रयोग के विवरण पर है–वे प्रयोग जो भाषा संबंधी घटनाओं की जटिलता में प्रयुक्त होते हैं तथा प्रयोक्ता, संदर्भ और उपयुक्त वस्तुओं से जुड़ कर भाषा को वास्तविक परिस्थिति में संप्रेषणीय बनाते हैं।'' इस तरह यह भाषावैज्ञानिक दृष्टिकोण भाषा को एक उपयोगी क्रिया (activity) मानता है जिसका लक्ष्य है कि उसका प्रयोक्ता अपने आसपास की परिस्थितियों को सफलता के साथ साध सके क्योंकि ''भाषा का प्रवर्तन मनुष्य ही करता है लेकिन उसका प्रयोग हमेशा किसी-न-किसी प्रयोजन के लिए ही होता है'' (फ्रिस्बी : 1957)।

यह भी माना गया है कि संदर्भपरक भाषा-शिक्षण व्यवहारवादी आदत-अधिगम सिद्धांत का ही एक प्रतिफलित प्रकार है, क्योंकि वह अधिगम की प्रक्रिया को प्रमुखता देता है, सीखने के अनुबंधों को नहीं। पॉमर का मत भी अधिगम की ही वकालत करता है और अपने आप में पर्याप्त दृढ़ भी है। उन्होंने भाषा-अधिगम की तीन प्रक्रियाओं का जिक्र किया है–ज्ञान या सामग्री को प्राप्त करना, इसे दुहराव द्वारा स्मृति-कोश में सुरक्षित करना और इसका प्रयोग तब तक वास्तविक परिस्थिति में करते रहना जब तक कि यह व्यक्तिगत भाषा कौशल का हिस्सा न बन जाए। फ्रेंच ने भी भाषा-अधिगम को आदत-निर्माण से ही जोड़ कर देखा

था–"इसका मूलाधार है वाक्-आदत को निर्मित करना...भाषा अध्येता को शब्दों को सही वाक्य साँचों में इस तरह रखना आना चाहिए कि वे बिना किसी अचकचाहट के और बिना सोचे-समझे भी सही संदर्भ में सटीक उक्ति का प्रयोग कर सके।" और बिलोज (1961) ने भी 'आदत' का पक्ष लेते हुए कहा था कि "यदि हम नए शब्दों का अर्थ $भाषा_1$ में अनुवाद करके देंगे या $भाषा_2$ में ही किसी समतुल्य शब्द द्वारा देने का प्रयत्न करेंगे तो शब्द हमारे मस्तिष्क पर जो असर डालते हैं उनकी तीक्ष्णता कम हो जाएगी।" कुल मिलाकर संदर्भपरक भाषा-शिक्षण का उद्देश्य था चारों भाषा-कौशलों पर **व्यावहारिक नियंत्रण** प्राप्त कराना। ये कौशल भाषा-संरचना के माध्यम से ही कराया जाता था। उच्चारण और व्याकरण की परिशुद्धता इसमें जरूरी मानी गई और त्रुटियों से हर कीमत पर बचना भी। वाचन और लेखन विधि के लिए यह विधि मूलभूत संरचनाओं तथा संरचना-अभिरचनाओं पर स्वचालित नियंत्रण को जरूरी मानती थी और इस नियंत्रण को वाक्-शिक्षण द्वारा दे पाने का दावा करती थी–"इसके पहले कि हमारे छात्र नई संरचनाओं और नई शब्दावली को पढ़ें, हमें इन्हें मौखिक रूप में भी सिखा देना चाहिए क्योंकि लेखन वाक् से ही उत्पन्न होता है" (पिटमैन : 1963)। फ्रिस्बी (1957) में संदर्भपरक भाषा-शिक्षण पर आधारित जो पाठ्यक्रम निर्मित किया था, उसके प्रारूप को उन्हीं द्वारा किए गए कुछ संरचनात्मक बिंदुओं के शिक्षण के संदर्भ में देख लिया जाए–

	वाक्य अभिरचना	शब्द
पाठ:I	This is That is	book, pencil, ruler, desk, chair
पाठ:II	These are Those are	chair, picture, door, window
पाठ:III	Is this? Yes it is Is that? Yes it is	watch, box, pen, black board

2. **Repetition (दुहराना)** : **This is the seventh month-This is the seventh month**

3. **Inflection (विभक्ति)** : **I bought the ticket-I bought the tickets**

4. **Replacement (प्रतिस्थापन)** : **He bought this house cheap-He bought**

it cheap

5. **Restatement (पुनः कथन)** : **Tell him to wait for you-Wait for me**
Ask her how old she is -How old are you?
6. **Completion (पूर्ण करना)** : **I will go my way and you go YOURs**
7. **Transposition (विपर्यय)** : **I am hungry-(so) am I**
8. **Expansion (विस्तार)** : **I know him (Hardly) -I hardly know him**
9. **Contraction (संकुचन)** : **Put your hand on the table-Put your hand there**
10. **Other rejoinders (अन्य प्रत्युत्तर)** : **Be polite**
agree
Agree emphatically
express surprise
Disagrees
Question what is said.
Fail to understand
Answer the Question

साठ के बाद यह बात क्रमशः सामने आने लगी थी कि संदर्भपरक उपागम का वक्त समाप्त हो चुका है। यह भी महसूस किया जाने लगा था कि भाषा को संरचना के संदर्भ में देखने के दिन अब बीत चुके हैं—"अब जरूरत है कि भाषा को नजदीक से देखा जाए और इस बात पर बल दिया जाए कि उक्तियों में स्वतः अर्थ छिपा होता है, संरचना में नहीं क्योंकि उक्तियाँ समाज-सांस्कृतिक संदर्भों से संबद्ध होती हैं अतः अर्थ और भाव (वक्ता, लेखक के) इसमें बँधे होते हैं" (हॉवेट : 1984)। संदर्भपरक भाषा-शिक्षण पर नोम चॉम्स्की की स्थापना का प्रभाव था। उन्होंने अपनी पुस्तक syntactic structures (1957) में संरचनागत भाषा सिद्धांत को वरीयता दी थी। उस समय ब्रिटेन के कई अनुप्रयुक्त भाषाविज्ञानी भाषा के कुछ अलग आधारभूत आयामों पर भी चर्चा कर रहे थे लेकिन उनकी ओर अधिक ध्यान नहीं दिया गया। ये आयाम थे—भाषा की प्रयोजनमूलकता और उसकी संप्रेषणपरक शक्ति। इन भाषा चिंतकों ने भाषा-शिक्षण को 'संप्रेषणपरक दक्षता' से जोड़ा, न कि मात्र संरचना पर अधिकार से। भाषा के संप्रेषणपरक

पक्ष को विकास देने वाले भाषाविदों क्रिस्टोफर केंडलिन और हेनरी विडोसन[32] ने ब्रिटेन के प्राकार्यात्मक भाषाविदों फर्थ और हैलिडे के चिंतन के कुछ बिंदुओं के आधार पर यह विशाल भवन खड़ा किया। इतना ही नहीं, इन्होंने अमरीकी समाज भाषाविदों डेल हाइम्स[33], जॉन गंपर्ज़[34] और विलियम लेबॉव[35] के सैद्धांतिक प्रस्तावों को भी भाषा-शिक्षण की इस प्रविधि में शामिल किया या कहें कि इन्होंने समाज भाषावैज्ञानिक सिद्धांतों का भी अनुप्रयोग किया। इसके साथ ही इन्होंने जॉन ऑस्टिन[36] और जॉन सिले[37] के भाषा-दर्शन पर किए कार्यों को भी अपनाया। भाषा-शिक्षण की इस विधि को **संप्रेषणपरक भाषा-शिक्षण** नाम दिया गया। हॉवेट ने संप्रेषणपरक भाषा-शिक्षण के दो रूपों को देखा—एक कमज़ोर और दूसरा मजबूत। संदर्भपरक भाषा-शिक्षण को उन्होंने इसका कमजोर रूप कहा क्योंकि यह भाषा-संरचना को परिस्थिति संदर्भित करके पढ़ाने को प्रमुखता देता है। और उस रूप को मजबूत कहा जिसमें संप्रेषणपरक प्रयोजन को केंद्रीय स्थान देते हुए यह माना जाता है कि भाषा-अर्जन संप्रेषण के माध्यम से ही होता है अतः भाषा-शिक्षण का लक्ष्य Learning to use न हेकर using to learn it होना चाहिए। इस पूरी चर्चा को फिनेशिएरो और ब्रुंफिट (1983) ने संदर्भपरक भाषा-शिक्षण की सीमाओं का उल्लेख करते हुए इस विधि में प्रयुक्त श्रव्य भाषा-शिक्षण तथा संप्रेषणपरक भाषा-शिक्षण के भेदों को इस प्रकार प्रस्तुत किया है—

श्रव्य भाषा-शिक्षण (Audiolingual teaching)	**संप्रेषणपरक भाषा-शिक्षण (Communicative language teaching)**
1. अर्थ से अधिक संरचना और रूप पर बल।	1. अर्थ सर्वाधिक महत्त्वपूर्ण।
2. संरचना-आधारित संवादों को याद करने पर बल।	2. यदि संवाद का उपयोग किया भी जाता है तो उसके संप्रेषणपरक प्रकार्यों को केंद्र में रखा जाता है जिसे याद कराने की जरूरत ही नहीं पड़ती।
3. सामान्यतः भाषा मदों को संदर्भ में नहीं देखा जाता।	3. भाषा-मदों को संदर्भित करना प्रमुख लक्ष्य है।
4. भाषा-अधिगम का तात्पर्य संरचना, शब्दों और ध्वनियों को सीखना है।	4. भाषा-अधिगम का तात्पर्य है यह सीखना कि संप्रेषण कैसे किया जाए।
5. पूर्ण अधिकार या 'अतिशय अधिगम' पर बल।	5. प्रभावी संप्रेषण पर बल।

6. ड्रिलिंग मूल तकनीक।	6. ड्रिलिंग हो सकती है पर परिधीय स्तर पर।
7. इस पर बल कि उच्चारण मातृभाषावत हो।	7. समझ में आने लायक उच्चारण हो तो भी पर्याप्त है।
8. व्याकरणिक व्याख्या से बचा जाता है।	8. कोई भी अधिगम युक्ति जो अध्येता की उम्र और रुचि के अनुकूल हो और जो संप्रेषण में उसकी मदद कर सके, अपनाई जाती है।
9. संप्रेषणपरक कार्य (activities) रूढ़ ड्रिलों और अभ्यासों के बाद आते हैं, वह भी अत्यंत सीमित परिप्रेक्ष्य में।	9. प्रभावी संप्रेषण को प्रारंभ से ही वरीयता दी जाती है।
10. अध्येता की मातृभाषा के प्रयोग को प्रतिबंधित किया जाता है।	10. जहाँ आवश्यक हो वहाँ अध्येता की मातृभाषा को पूरा महत्त्व दिया जाता है।
11. प्रारंभिक स्तर पर अनुवाद को प्रतिबंधित किया जाता है।	11. जिन अधिगम स्थलों पर अनुवाद अध्येता के लिए लाभप्रद हो, वहाँ इसे अपनाने में कोई संकोच नहीं।
12. वाचन-लेखन से तब तक बचा जाता है जब तक कि उच्चारण पर अधिकार न हो जाए।	12. यदि वांछनीय हो तो वाचन-लेखन पहले दिन से ही शुरू किया जा सकता है।
13. यह मान्यता कि लक्ष्य भाषा-व्यवस्था का अधिगम गहन संरचना-अभिरचना के माध्यम से ही हो सकता है।	13. यह मान्यता कि लक्ष्यभाषा- व्यवस्था को सर्वाधिक सफलता के साथ संप्रेषण के लिए संघर्ष करते हुए ही सीखा जा सकता है।
14. भाषाई-दक्षता परम लक्ष्य है।	14. संप्रेषणपरक-क्षमता लक्ष्य है (भाषाई-व्यवस्था का प्रभावशाली ढंग से और उपयुक्तता के साथ प्रयोग करने की क्षमता।)
15. भाषा-भेदों की पहचान तो कराई जाती है पर उन पर पर्याप्त बल नहीं दिया जाता।	15. भाषा-भेद को सामग्री-निर्माण और शिक्षण-विधि दोनों में पर्याप्त स्थान दिया जाता है।

16. इकाइयों के क्रम का निर्धारण भाषावैज्ञानिक सिद्धांतों पर ही आधारित होता है।	16. क्रमबद्धता का निर्धारण कथ्य, प्रकार्य और अर्थ के आधार पर किया जाता है। ऐसी क्रमबद्धता कि अध्येता की रुचि बनी रहे।
17. अध्यापक, अध्येता पर नियंत्रण रखता है और उन्हें सिद्धांत के बाहर जाकर कुछ भी करने की अनुमति नहीं देता।	17. अध्यापक छात्र की हर तरह से मदद करता है कि वे भाषा के साथ तरह-तरह के प्रयोग कर सकें।
18. 'भाषा आदत है' अतः त्रुटियों से हर कीमत पर बचना चाहिए।	18. भाषा त्रुटि और सुधार पद्धति द्वारा ही सीखी जाती है, इसी तरह वह व्यक्ति द्वारा सर्जनात्मक भी बनाई जाती है या सृजित की जाती है।
19. रूपात्मक सटीकता के संदर्भ में भाषापरिशुद्धता प्रमुख लक्ष्य है।	19. प्रवाह और स्वीकार्यता भाषा का प्रमुख लक्ष्य है क्योंकि परिशुद्धता की जाँच अमूर्तता में नहीं, संदर्भ में ही की जा सकती है।
20. छात्रों से 'भाषा-व्यवस्था' की सीमा में रहकर ही प्रतिक्रिया करने को कहा जाता है—कभी इलेक्ट्रॉनिक-माध्यम के सहारे तो कभी शिक्षण-सामग्री के सहारे।	20. छात्रों को अन्य लोगों के साथ (कक्षा में भी और कक्षा के बाहर भी) प्रतिक्रिया करने के लिए प्रोत्साहित किया जाता है-या तो आमने-सामने, या समूह में या लोगों के लेखन के साथ भी।
21. अध्यापक से यह उपेक्षा की जाती है कि वह भाषा$_2$ अर्थात् जिस भाषा का प्रयोग छात्र सीखने वाले हैं, का परिचय उन्हें दें।	21. अध्यापक यह नहीं जानता कि छात्र किस तरह की भाषा का प्रयोग करेंगे, या उन्हें करना चाहिए अतः भाषा$_2$ के बारे में बताने का प्रश्न ही नहीं उठता।
22. यह मान्यता है कि आंतरिक अभिप्रेरणा भाषा-संरचना में रुचि जाग्रत कराने से आती है।	22. यह मान्यता है कि आंतरिक अभिप्रेरणा इस बात से आती है कि भाषा के माध्यम से क्या संप्रेषित किया जा रहा है या क्या संप्रेषित करना है और कैसे?

भाषा-शिक्षण के संप्रेषणपरक उपागम की शुरुआत उस भाषा-सिद्धांत के अनुप्रयोग से हुई जो भाषा को 'संप्रेषण' मानकर देखता है। इसके अनुसार भाषा-शिक्षण का लक्ष्य डेल हाइम्स (1972)[38] की 'संप्रेषणपरक क्षमता' की संकल्पना को विकसित करना है। हाइम्स की यह संकल्पना चॉम्स्की (1965) की 'भाषा-क्षमता' की संकल्पना के विरोध में प्रस्तुत की गई थी। चॉम्स्की ने भाषा की नियम-व्यवस्था के अध्ययन से भाषा के सामाजिक नियम के अध्ययन को अलगा दिया था, उन सामाजिक नियमों को जो भाषा के संदर्भपरक प्रयोग को नियंत्रित करते हैं। उनकी यह मान्यता थी कि "भाषावैज्ञानिक सिद्धांत" का संबंध आदर्श वक्ता-श्रोता (प्रयोक्ता) के साथ होता है जो पूरी तरह समरूपी भाषा-समुदाय के सदस्य होते हैं। ये प्रयोक्ता अपनी भाषा को 'आदर्श' रूप में जानते हैं और उन व्याकरणिक विकल्पों को महत्त्व नहीं देते जो अप्रासंगिक परिस्थितियों की उपज होते हैं।" चॉम्स्की के भाषावैज्ञानिक सिद्धांतों का बल वक्ता की उस अमूर्त क्षमता पर आधारित है जो उसे व्याकरणिक दृष्टि से सही/शुद्ध वाक्यों के प्रयोग में समर्थ बनाता है। परिस्थितिपरक भाषा-शिक्षण पूरी तरह भाषा-व्यवस्था या 'भाषा-क्षमता' के सिद्धांत का हामी था। हाइम्स ने भाषा को 'समरूपी' और 'आदर्श' मानने वाले सिद्धांत की सीमाएँ तय करते हुए यह कहा है कि "चॉम्सकियन दृष्टिकोण भाषा-सिद्धांत को जड़ बनाने वाला है जबकि भाषा-सिद्धांत को गत्यात्मक होना चाहिए और सिद्धांत गत्यात्मक तभी बन सकता है जब उसमें संप्रेषण तथा संस्कृति की केंद्रीयता हो।"

यहाँ यह भी जान लें कि 'संप्रेषण' को आज के भाषा-शिक्षण में केंद्रीय मान लिया गया है। समाज भाषाविज्ञान और शैलीविज्ञान के विकास ने 'संप्रेषण सिद्धांत' को बहुआयामी बनाया। इस सिद्धांत को रोमन याकोब्सन[39] ने खोलने का प्रयत्न किया। संप्रेषण की शुरुआत उस प्रक्रिया से होती है जिसमें कोई व्यक्ति किसी संदेश (संप्रेषणपरक अभिप्राय) को समझ कर उसे अपेक्षित भाषा-रूप में इस तरह कोडीकृत करता है कि और लोग उसे समझ सकें, उसे विकोडीकृत कर सकें। संदेश सामान्यतः प्रयोग-क्षेत्र के संदर्भ में ही समझा जा सकता है। प्रयोग-क्षेत्र अर्थ को भी नियंत्रित करता है तथा संप्रेषण के तात्कालिक संदर्भ को भी। ये सभी संप्रेषण घटक वक्ता-श्रोता/पाठक-लेखक में साझा-ज्ञान के रूप में उपस्थित होने चाहिए तभी संप्रेषण-शृंखला टूटती नहीं। यहीं संप्रेषण का वह पक्ष भी आ जुड़ता है जिसे हाइम्स ने 'उपयुक्तता' और याकोब्सन ने 'प्रासंगिक' कहा है।

संप्रेषण के इस प्रारूप में एक बात बार-बार कही जाती रही है कि हम भाषा के द्वारा कुछ-न-कुछ करते हैं—We do things with words । संप्रेषण-सिद्धांत में यह बात भी उभरी कि संप्रेषण निःशब्द भी हो सकता है, होता है। अभी हमारे यहाँ गोष्ठी हुई। चाय का समय हो गया था। सभी इंतजार में थे। मैंने उप संयोजक से बाहर जाकर देखने को कहा कि चाय लग गई है या नहीं। वे बाहर से देखकर आए और दरवाजे से ही सबकी ओर देखकर हाथ के इशारे से बाहर आने का अनुरोध किया और चेहरे के भाव से यह भी कह दिया कि 'चाय तैयार है'। अर्थात् इस सिद्धांत ने भाषेतर (Non-verbal) संप्रेषण को भी महत्त्व दिया और भाषा-शिक्षण में भी इसे समेटने को अनिवार्य माना। यह मैंने फ्रांस में अनुभव भी किया। शुरू में पेरिस पहुँचने पर जब तक मैं फ्रेंच भाषा नहीं सीख सका था, अपनी संप्रेषणपरक जरूरतें फ्रेंच-अंग्रेजी कोश से शब्द लेकर और उस एक शब्द को बोलते हुए अंग-विक्षेप और हाव-भाव से सामान्य संदेश संप्रेषित कर पाने में सफल हो पाता था, अपनी survival needs पूरी कर पाता था। यह तो नहीं कहा जा सकता कि मैं भाषा 'बोल' लेता था, पर संप्रेषण के लिए भाषा का प्रयोग कर पाता था, इसमें कोई संदेह नहीं। और यह संभव हो पाता था भाषेतर युक्तियों द्वारा।

भाषा को संप्रेषणपरक मानने वाले इस दृष्टिकोण ने संप्रेषणपरक भाषा, संप्रेषणपरक भाषा के स्तरों और संप्रेषण के लक्षणों पर विस्तृत विचार-विमर्श किया है। सार रूप में इन्हें देखते चलें—

1. संप्रेषणपरक भाषा : (हाइम्स : 1972)

(क) भाषा, अर्थ की अभिव्यक्ति की व्यवस्था है।

(ख) भाषा का प्रमुख प्रकार्य विचार-विनिमय और संप्रेषण है।

(ग) भाषा की संरचना उसके प्राकार्यात्मक और संप्रेषणपरक प्रयोगों को ही प्रतिबिंबित करती है।

(घ) भाषा की मूलभूत इकाइयाँ व्याकरणिक या संरचना केंद्रित नहीं, प्रोक्ति के संदर्भ में प्राकार्यात्मक और संप्रेषणपरक अर्थ को द्योतित करने वाली उपश्रेणियाँ होती हैं।

2. संप्रेषण के चार स्तर : (हैलिडे : 1973)

(क) संप्रेषण, जो हाव-भाव तथा भाषेतर स्थितियों द्वारा नियंत्रित होता है।

(ख) संप्रेषण, भाषा के मदों का इस्तेमाल करने के साथ-साथ भाषेतर स्थितियों को

भी महत्त्व देता है।

(ग) संप्रेषण, भाषा-व्यवस्था के स्रोतों का उनकी 'पूर्णता' में उपयोग किया जाता है।

(घ) संप्रेषण, जो भाषा के सभी स्रोतों तथा भिन्न प्रोक्ति प्रकारों को लेकर चलता है।

3. संप्रेषण के लक्षण : (ब्रुंफिट : 1983)

(क) संप्रेषण, लिखित-मौखिक विचार-विनिमय में गुँथा होता है।

(ख) संप्रेषण, भाषेतर यथार्थ से संबद्ध होता है।

(ग) संप्रेषण, पूर्णतः अर्थ-केंद्रित होता है।

(घ) संप्रेषण, Real time अर्थात् तात्कालिक प्रतिक्रिया का परिणाम होता है।

(च) संप्रेषण, संदेश के प्रभावशाली प्रेषण और ग्रहण से संबद्ध होता है।

संप्रेषण के इन्हीं घटकों से मिलकर बनती है—संप्रेषणपरक क्षमता। संप्रेषणपरक क्षमता के अर्जन का तात्पर्य है—भाषा कौशलों का ऐसा विकास जिसमें संज्ञानात्मक और व्यवहारवादी दोनों ही पक्ष समाहित हों। संज्ञानात्मक पक्ष भाषा प्रयोग को भाषा-व्यवस्था से ही प्राप्त करता है, इस बात से संप्रेषण-सिद्धांत को इनकार नहीं है। संभवतः इसलिए एक ओर इसमें व्याकरणिक नियमों, शब्दावली चयन आदि को भी प्रतिबंधित नहीं किया गया है तो दूसरी ओर सामाजिक नियमों से नियंत्रित वाक् को भी यह अपने भीतर समेटता है। "इसका व्यवहारवादी पक्ष भाषा-संरचना को धाराप्रवाह प्रयोग में ढालने का यत्न करता है" (लिटिलवुड : 1984)[40]। पीफो (1981)[41] ने भाषा-शिक्षण के संदर्भ में संप्रेषणपरक उपागम के स्तरों को इस तरह देखा है—

1. एकात्मपरक और कथ्य का स्तर (अभिव्यक्ति माध्यम के रूप में भाषा)
2. भाषावैज्ञानिक और साधनपरक स्तर (संकेत और अधिगम वस्तु के रूप में भाषा)
3. परस्पर संबंध और अनुबंधन का स्तर (अपने तथा औरों के बारे में मूल्यों और धारणाओं की अभिव्यक्ति के रूप में भाषा)
4. व्यक्तिगत अधिगम का स्तर (त्रुटि विश्लेषण पर आधारित निदानात्मक भाषा अधिगम)
5. भाषेतर लक्ष्य का स्तर (भाषा अधिगम की स्वाभाविकता)

इसके साथ ही संप्रेषणपरक क्षमता के पहलुओं पर स्टर्न (1983) ने प्रकाश डालते हुए इसके निम्नलिखित पक्ष निर्धारित किए हैं—

1. समाज-मनोवैज्ञानिक पक्ष—साझा ज्ञान के अनुमान तथा इसमें आने वाले परिवर्तन

के अनुसार निर्वाह की क्षमता।

2. संज्ञानात्मक पक्ष–संप्रेषण के लिए अर्थ को कोटिबद्ध करने की क्षमता।

3. व्याकरणिक और शाब्दिक पक्ष--वक्ता और श्रोता के रूप में भाषा-व्यवस्था को साधने की क्षमता।

4. सामाजिक पक्ष–परिस्थिति की सामाजिक प्रकृति का अनुमान करने की क्षमता।

5. मानसिक बोध का पक्ष–ध्वनियों तथा पाठ के उच्चारण और ग्रहण की क्षमता।

इनके साथ ही संप्रेषणपरक क्षमता को और इससे संबद्ध अवधारणा को भी भाषाविज्ञान की दो शाखाओं से जोड़ा जा सकता है–(1) संकेत प्रयोगविज्ञान और (2) समाज भाषाविज्ञान। ऑस्टिन और सिले जैसे भाषादार्शनिकों ने हमारा ध्यान इस तथ्य की ओर आकर्षित किया कि भाषा और भाषा-अधिगम संबंधी अध्ययन केवल शब्द या वाक्य केंद्रित नहीं होता। संकेत प्रयोगविज्ञान यह तथ्य भी सामने लाया कि वाक्य भाषा की लघुतम इकाई नहीं है। लघुतम इकाई है कि 'हम शब्दों-वाक्यों के साथ करते क्या हैं' अर्थात् वाक्-व्यापार। ऑस्टिन और सिले ने वाक्-व्यापार में 'परिशुद्धता को नहीं, प्रभावी संप्रेषण' को अनिवार्य माना। अतः भाषा-शिक्षण में भी अध्येता के भीतर यह क्षमता पैदा करने का यत्न होना चाहिए कि वह एक वाक्-व्यापार को दूसरे से जोड़ना सीख सके, वाक्-व्यापार को शुरू और समाप्त करना सीख सके और यह भी कि अनिच्छा, अस्वीकार, असहमति आदि के लिए वाक्-व्यापार को किसी तरह संयोजित किया जाए।

समाज भाषाविज्ञान के पक्ष को ठोस रूप तथा विस्तार देने में अमरीकी भाषाविद् डेल हाइम्स का अप्रतिम योगदान है जिन्होंने संप्रेषणपरक क्षमता का समाज भाषावैज्ञानिक सिद्धांतों की पृष्ठभूमि में वैज्ञानिक विश्लेषण प्रस्तुत किया। उन्होंने यह स्पष्ट कर दिया कि भाषा और भाषा-अधिगम दोनों ही प्रमुखतः सामाजिक क्रियाएँ हैं। हमें एक ओर यह सीखना होता है कि हम अपनी भाषा का निर्वाह भिन्न स्थिति-संदर्भों में किस तरह करें और दूसरी ओर यह भी कि हम अपनी भाषा का प्रयोग इच्छाओं, विचारों, आकांक्षाओं को व्यक्त करने के लिए कर सकें। इस प्रकार यदि हम भाषा-अध्येता से यह अपेक्षा करते हैं कि वह 'भाषा-व्यवहार' में दक्ष बने तो हमें उसे भाषा-व्यवहार संबंधी कई बातें सिखानी होंगी–उसे वाक्-व्यवहार के संदर्भ में उसकी भूमिका, वाक्-व्यापार के स्थान, समय, माध्यम की जानकारी देनी होगी और उनकी भी जिनसे वह बातचीत करना चाहता है। इसके लिए वाक्-व्यापार के प्रयोजन को जानना-समझना तो जरूरी होगा ही।

माइकेल कैंडल और मेरिल स्वेन (1980)[42] ने ये प्रश्न भी उठाए कि संप्रेषणपरक क्षमता के घटक कौन-कौन से हैं तथा प्रभावी संप्रेषण के लिए वे कौन-से कौशल और क्षेत्र अनिवार्य हैं जिनका ज्ञान समर्थ भाषा-प्रयोक्ता को होना चाहिए। उनके विचारों का खाका इस रूप में प्रस्तुत किया जा सकता है–

संप्रेषणपरक क्षमता

व्याकरणिक क्षमता | **समाज भाषावैज्ञानिक क्षमता** | **युक्तिगत क्षमता**

शब्द-समूह
रूपात्मक संरचना
वाक्य विन्यास
वाक्य-व्याकरण
शब्दार्थ विज्ञान
स्वनिमविज्ञान

समाज-सांस्कृतिक नियम : संसक्ति
संगति
संबद्धता

प्रतिपूर्ति युक्तियाँ

संप्रेषणपरक भाषाविज्ञान की एक पद्धति Total physical response (TPR) अन्य भाषा-शिक्षण की अत्यंत लोकप्रिय और सफल पद्धतियों में से एक है। इसमें वाक् और शारीरिक क्रिया के समन्वय पर बल दिया गया है। यह पद्धति शारीरिक क्रिया को प्राथमिकता देते हुए भाषा सिखाने का प्रयत्न करती है। यह पद्धति सेंट जोंस स्टेट युनिवर्सिटी, कैलिफोर्निया में मनोविज्ञान के प्रोफेसर जेम्स एशर[43] ने विकसित की। एशर ने बोधन कौशल को त्वरित गति से विकसित करने में इस पद्धति को सर्वोत्तम सिद्ध करते हुए यह भी स्थापित किया कि अध्येता को वाक् और शारीरिक संचालन को उपयुक्त ढंग से संयोजित करना सिखाना जरूरी है। अपनी इस पद्धति को उन्होंने 'बोधात्मक उपागम' नाम दिया तथा भाषा-शिक्षण के लिए इस पद्धति की मूलभूत अवधारणाओं पर भी चर्चा की–

1. **बोधन-कौशल को स्थापित करने के बाद ही उच्चारण-शिक्षण प्रारंभ करना चाहिए।**
2. **बोधन-क्षमता का विकास उच्चारण-कौशल को स्वतः दृढ़ता और स्वाभाविकता प्रदान कर देता है।**
3. **सुनकर प्राप्त कौशल क्रमशः अन्य कौशलों में अंतरित होता जाता है।**

4. **भाषाशिक्षण को रूप पर नहीं, अर्थ पर बल देना चाहिए।**
5. **भाषाशिक्षण का यह लक्ष्य होना चाहिए कि वह अध्येता पर पड़ने वाले दबाव को कम-से-कम करने का प्रयत्न करने की ओर सक्रिय हो।**

जैसा कि स्पष्ट है कि यह पद्धति बोधन और शारीरिक क्रिया की उपयोगिता पर केंद्रित है। एशर के अनुसार "अधिकांश संरचनाओं और सैकड़ों शब्दों का अधिगम अध्यापक आज्ञार्थक वाक्यों का कौशल युक्त प्रयोग करते हुए अंग-विक्षेप या इशारों की सहायता से करा सकता है।" उन्होंने यह विश्वास भी प्रकट किया कि क्रिया, विशेषकर आज्ञार्थक क्रिया को अधिगम के केंद्र में रख कर संप्रेषणपरक क्षमता के कई उद्देश्य सिद्ध किए जा सकते हैं। TPR भाषा-शिक्षण के प्रारंभ से ही अर्थ की ओर ध्यान दिलाने लगता है, न कि रूपात्मक मदों पर। व्याकरणिक अभिलक्षणों और शाब्दिक मदों का चयन यहाँ उनकी बारंबारिता या प्रयोग के आधार पर नहीं, इन परिस्थितियों को देखते हुए किया जाता है जिनमें इनका प्रयोग कक्षा में किया जा सके और उन संदर्भों में जिनमें कोई-न-कोई अंग-विक्षेप जरूरी होता है। एशर ने यह भी स्पष्ट किया कि एक समय की सीमा में निर्धारित मदों को कक्षा में रखा जा सकता है। एशर ने यह भी बताया कि TPR के माध्यम से एक घंटे में यह संभव है कि छात्र को 12 से 36 नए कोशीय मदों का समीभवन (Assisimilation) कराया जा सकता है। संख्या का अनुपात समूह के आकार और प्रशिक्षण के 'स्टेज' पर निर्भर करेगा। एशर ने TPR पद्धति को सूचना देने, आज्ञा देने, अनुरोध करने आदि का प्रभावी स्रोत बताते हुए वयस्क आप्रवासियों के लिए 159 घंटे का एक अनुदेशपरक भाषा-कार्यक्रम भी विकसित किया—छठी कक्षा के स्तर पर बनाए कोर्स की शुरुआत इस तरह होती है जिसके प्रारंभ में ही एशर ने यह टिप्पणी भी लिखी है कि "यह तेज गति से चलने वाला **वार्म अप** है जिसमें एक-एक छात्र से अलग-अलग से समादेशों को पूरा करने के लिए कहा गया है।"

सिखा दिए गए समादेशों की समीक्षा	**नए समादेश**	**अन्य मद जिनका परिचय कराया गया**
Poblo, move to Mari's seat, give her a pen, ask her to write. Jeffe, Throw the red flower to Maria. Maria, Scream.	**Wash : Your hands, your face, your hair, the cup. Look for : A towel, the soap, a comb. Hold : The book, the cup,**	**Rectangle Draw a R on Blackboard. Pick up a R from the table. Give the R to me. Put the R next to the square.**

Rita, Pickup the knife and spoon and put them in the cup. **Jim, Take a drink of water and give the glass to David.**	**the soap.** **Comb : Your hair, Maria's hair.** **Brush : Your teeth, your coat, the table.**	**Triangle** **Pick up the T.** **Catch the R and T.** **Quickly** **Walk quickly to the door and hit it.** **Quickly run to the table and touch the R. Sit down Quickly and laugh.** **Slowly Walk slowly to the window and jump three times.** **Slowly standup. Slowely walk to me and hit me on the arm.**

इसके बाद अधिगम-प्रक्रिया को भी एशर ने निर्धारित किया है जिसे हम कक्षा में प्रयुक्त शिक्षण तकनीक भी कह सकते हैं। प्रक्रिया इस प्रकार है—अध्यापक छोटे-छोटे प्रश्न पूछता है जिसका उत्तर छात्र इशारे और अंग-विक्षेप की सहायता से देते हैं, जैसे—Where is the towel. What am I doing with towel. एक छात्र से किसी समादेश का उच्चारण करने को कहा जाता है और दूसरे छात्र से उसे पूरा करने के लिए। अध्यापक नए शब्द ब्लैक बोर्ड पर लिखता है, स्वयं हर मद को बोलता है और उनमें से कुछ शब्दों की सहायता से छोटा वाक्य बना कर उन्हें अभिनय करते हुए बोलता है। इसी प्रक्रिया का थोड़ा-बहुत उपयोग करते हुए पहले भी गैटग्नो (1972)[44] ने The silent way पद्धति का विकास किया था। उनका नाम रंगीन छड़ियों के प्रयोग के लिए जाना जाता है। शब्दों-सरंचनाओं को भिन्न रंग की छड़ियों से व्यंजित करने की इस पद्धति को उन्होंने बोधन के लिए उपयुक्ततम सिद्ध किया था। एशर ने यह भी समझाया है कि TPR पद्धति में शब्दों का चयन इस आधार पर किया जाता है कि वे संप्रेषण में कितने उपयोगी हो सकते हैं। अंक, सर्वनाम, परिमाणवाचक, कालसूचक, रंग शब्द, तुलनावाले

शब्द प्रारंभ में ही चीजें दिखाकर, अभिनय द्वारा और भाषा$_1$ के पर्याय देकर समझा बता दिए जाते हैं क्योंकि ''लोगों के रोजमर्रा के भाषा-व्यवहार में इनकी प्रमुख भूमिका होती है'' (स्टेविक : 1980) ।[45] इन शब्दों को ही भाषा की 'प्राकार्यात्मक शब्दावली' कहा गया है। जोस विस्किन (1989)[46] ने हर घंटे में से पंद्रह मिनट इन शब्दों के उच्चारण और इन्हें समझाने पर लगाने की बात भी कही और एक प्रारंभिक प्रारूप भी 'शब्द-परिचय' के लिए दिया जो 'स्थानापत्ति' पर आधारित है, उन शब्दों का जिनके प्रकार्य समान हों–

पाठ	शब्दावली
1. Wood, Colour, <u>Red</u>.	**Wood, red, green, yellow, brown, pink, white, orange, black, colour.**
2. Using the numbers.	**One, two .....,ten.**
3. Take (Pick up) Wood, colour, Red two pieces.	**Take. pick up**
4. Wood, red, Where?	**Where, on, under, near, far, over, next to, here, there**
5. Take (Pickup) wood, colour, red, give him.	**give, object pronouns.**
6. Wood, colour, red, on table	**Q-forming rules, yes-no.**
7. Wood, colour, red, is it?	**adjectives of comparison.**
8. Wood, colour, red, long, longer, longest	

समाज भाषाविज्ञान की भूमिका धीरे-धीरे भाषा-शिक्षण में बहुत अहम बनती चली गई। अब तक यह स्थापित हो चुका था कि (समाज) भाषाविज्ञान ही वास्तविक भाषाविज्ञान है। मॉलिनोवस्की, रोमन याकोब्सन, डेल हाइम्स आदि ने यह स्पष्ट कर दिया था कि चाहे भाषा का अध्ययन सीमित हो या भाषा-समुदाय की संस्कृति तक व्यापक, नृत्तत्त्वशास्त्र का ही विषय है। नृत्तत्त्वशास्त्र, जो भाषा को एक ऐसे

संरचनात्मक प्रारूप के रूप में देखता है जिसका प्रयोग भाषा-व्यवहार के भाषेतर रूपों तक फैला होता है। समाज भाषाविज्ञान के प्रभाव में विकसित भिन्न उपागमों की दृष्टि से भाषा-शिक्षण का तात्पर्य है भाषा अध्येता के भीतर वह दक्षता पैदा करना कि वह सामाजिक स्वीकार्यता की दृष्टि से भाषा का उपयुक्त प्रयोग कर सके। संप्रेषणपरक भाषा-शिक्षण ने यह तो स्वीकार किया कि व्याकरण की दक्षता परंपरागत व्याकरण-शिक्षण पद्धति से प्राप्त कराई जा सकती है लेकिन यह बल देकर कहा कि भाषा-प्रयोग की दक्षता (संप्रेषणपरक क्षमता) या भाषा के अनेकानेक विकल्पों के चयन और प्रयोग की दक्षता अथवा भिन्न स्थिति-संदर्भों में भाषा को बोल-लिख पाने की दक्षता संप्रेषणपरक भाषा-शिक्षण के भिन्न-भिन्न उपागमों को आवश्यकतानुसार अपना कर ही प्राप्त कराई जा सकती है।

रोमन याकोब्सन ने 'संप्रेषण सिद्धांत' का पक्ष लेते हुए एक प्रेरक बात कही थी कि "शब्दों की खोज विचारों के संप्रेषण के लिए की गई।" अपने इस कथन की पुष्टि के लिए उन्होंने 'संप्रेषण-अभिप्राय' को भी पारिभाषित किया कि मनुष्य सिर्फ भाषा के माध्यम से ही संप्रेषण करते हैं। हमने अभी देखा भी कि TPR उपागम इसी समाज भाषावैज्ञानिक चिंतन पर आधारित था कि वाक्-व्यापार में भाषेतर उपादान भी कम महत्त्व के नहीं होते। यह भी प्रश्न उठा कि वह 'क्या' है जिसे हम भाषा के माध्यम से संप्रेषित क़रना चाहते हैं, और विचार आए कि इच्छा, भाव, सोच और मत को और यह भी कि भाषा$_2$ का अध्येता भाषा$_1$ में संप्रेषणपरक क्षमता को अर्जित कर चुका होता है। जिस तरह भाषा$_1$ और भाषा$_2$ में व्याकरणिक स्तर पर व्यतिरेक होता है, उसी तरह या उससे भी कहीं अधिक व्यतिरेकों के आयाम (समाज भाषावैज्ञानिक) सामने आए और इन सबने मिलकर 'प्रत्यक्ष विधि' को संप्रेषणपरक भाषा-शिक्षण के विभिन्न उपागमों से जोड़कर एक उपादेय प्रारूप तैयार करने में सफलता प्राप्त की। भाषा-चिंतन के कुछ प्रमुख आधारों पर यहाँ चर्चा कर ली जाए, जिन्होंने भाषा-शिक्षण को समाज भाषावैज्ञानिक सिद्धांतों के अनुप्रयोग द्वारा व्यावहारिक रूप धारण करने में सहायता की।

1. पराभाषाविज्ञान (Paralinguistics)–इसके संदर्भ में समाज भाषावैज्ञानिक मान्यता है कि भाषेतर होने के बावजूद यह भाषा-व्यवहार अथवा वार्तालाप का प्रमुख हिस्सा है। पराभाषावैज्ञानिक तत्त्व न तो विलक्षण (ideosyncratic) होते हैं और न ही व्यक्तिगत, बल्कि ये समाज-सांस्कृतिक होते हैं और सांस्कृतिकता

द्वारा ही नियंत्रित-निर्धारित होते हैं। यह भी पाया गया कि एक ही भाषा-समुदायों के भिन्न सामाजिक समूहों में ये भिन्न भी हो सकते हैं। इतना ही नहीं एक ही भाषा के बोली-समुदायों में भी इनमें भिन्नता पाई जाती है। कभी-कभी ये अपने भाषा या बोली क्षेत्र का अतिक्रमण भी करते हैं। ये बोली जाने वाली भाषा के साथ आबद्ध और पूरी संप्रेषण क्रिया के साथ सन्नद्ध होते हैं। पराभाषा के स्तर पर दो चीजें अवमिश्रित होती हैं—संचलन (movement) और स्वन या ध्वनि (sound), अर्थात् दिखाई देने वाले संचलन और मुद्राएँ जैसे, **न जानने, परवाह नहीं** का भाव व्यक्त करने के लिए कंधे सिकोड़ना या मजाक करने, शरारत में आँख मींचना या दबाना आदि। तथा सुनाई देने वाले संचलन और मुद्राएँ जैसे, 'हाँ' बोलते हुए सिर को एक विशेष प्रकार से हिलाना या 'नहीं' बोलते हुए दूसरे प्रकार से। पराभाषाविज्ञान के तीन उपक्षेत्रों में काफी शोध मिलता है—

(क) मुद्रा/आसन—पैरों को एक-दूसरे पर चढ़ाकर बैठना या उन्हें अलग-अलग रखकर सावधानी से बैठना भिन्न अर्थ प्रेषित करते हैं। इसी तरह पसर कर बैठना या टेबुल पर पैर फैला कर बैठना भी अलग भाव के द्योतक हो सकते हैं। मशहूर हिंदी फ़िल्म 'दीवार' में तमाम उपेक्षाओं के बाद जब नायक (अमिताभ बच्चन) को अंडरवर्ल्ड की सत्ता दी जाती है तो वह कुर्सी पर बैठ कर बारी-बारी से दोनों पैर टेबुल पर एक-दूसरे पर चढ़ाते हुए रखता है, मानो सारी दुनिया उसके कदमों में आ पड़ी हो। आगे झुक कर बैठना (यह प्रकट करने के लिए हम श्रोता की बात में रुचि ले रहे हैं), पीछे टिक कर बैठना (अपनी सत्ता या ओहदे का भान कराने के लिए), कोहनी टेबुल पर टिका कर बात करना (कि श्रोता से आपके संबंध अनौपचारिक हैं) आदि अनेकानेक आसन और मुद्राएँ संप्रेषण-अभिप्राय को रंजक बनाने में मदद करती हैं। डेल हाइम्स ने मुद्रा/आसन पर आधारित पराभाषावैज्ञानिक अध्ययन को 'शरीरी-अर्थ विज्ञान' नाम दिया है जो संप्रेषण में इसके महत्त्व का स्वतः प्रमाण है। मुद्रा और आसन के द्वारा बात शुरू करने (आगे की ओर झुकना), बात खत्म करने (पीठ टेक लेना), बात को हल्के लेना (ओंठ बिचकाना), बात को गंभीरता से लेना (आँख मिलाकर, गर्दन हिला-हिलाकर हाँ-हूँ करते हुए सुनना) आदि, आदि भाव प्रकट होते हैं।

(ख) अंग-विक्षेप (Gesture)—इसका सीधा संबंध चेहरे के हाव-भाव तथा हाथों और उँगलियों के संचालन से है। इसका एक प्रमुख पक्ष यह भी है कि संप्रेषण-सहभागी आँख-से-आँख मिलाकर बात कर रहा है या नहीं। यह भी

प्रतिपादित किया गया है कि अंगविक्षेप, मुद्रा पर अध्यारोपित होता है लेकिन मुद्रा की तुलना में यह अधिक तेजी से बदलता है।

(ग) काकु (Sublinguistic characteristics) –काकु से तात्पर्य है बोलते समय उतार-चढ़ाव में परिवर्तन, जैसे–फुसफुसाकर, भर्राई आवाज में, जोर से, समझाते हुए, कलपते हुए, झल्लाते हुए बोलना। उतार-चढ़ाव में परिवर्तन के साथ-साथ चेहरे के हावभाव और शारीरिक मुद्राएँ भी बदलती रहती हैं। इनके सम्मिलन की मात्रा और तीव्रता को भी पराभाषावैज्ञानिक अध्ययन में समेटा गया है।

2. भाषा-प्रकार्य (Language Function)–भाषा प्राकार्यात्मक होती है क्योंकि वह संप्रेषण के किसी-न-किसी प्रयोजन को पूरा करती है। भाषा की प्रयोजनमूलकता, प्रयोजनमूलक भाषा वर्गों तथा भाषा के प्रकार्यों पर हैलिडे ने विस्तृत अध्ययन प्रस्तुत किया और भाषा के भीतर निहित इन उपव्यवस्थाओं के अस्तित्व का आकलन करते हुए उसे मात्र 'व्यवस्था' मानकर नहीं, 'व्यवस्थाओं की व्यवस्था' के रूप में देखा। उनका एक बीज वाक्य है जो भाषा को ही नहीं बल्कि भाषा-अधिगम को भी पारिभाषित करता है–"मानव शिशु यह जानता है कि भाषा क्या है क्योंकि वह यह जानता है कि भाषा क्या करती है और इससे वह कौन-कौन से काम ले सकता है।" उन्होंने भाषा-प्रकार्य के सामाजिक पक्ष से संबंधित जो प्रारूप निर्धारित किए उनसे संप्रेषणपरक मौखिक भाषा-शिक्षण को ही नहीं, साहित्य-शिक्षण तथा प्रयुक्ति शिक्षण को भी दिशा मिली। संक्षेप में उनके प्रारूप या दृष्टिकोण की रूपरेखा इस प्रकार है–

(क) साधनपरक (Instrumental) प्रारूप–द्वितीय भाषा-शिक्षण में इस प्रकार्य को हैलिडे ने सबसे ऊपर रखा है। भाषा के इस प्रकार्य का लक्ष्य होता है भाषा का प्रयोग कुछ पाने के लिए करना–मुझे चाहिए, मैं चाहता हूँ, मैं करूँ, मैं देखूँ, मेरी इच्छा है कि ....,आदि। हैलिडे के अनुसार to want (चाहना) भाषा का प्रमुख प्रकार्य है।

(ख) नियंत्रक (Regulatory) प्रारूप–भाषा का प्रयोग दूसरे के व्यवहार को नियंत्रित करने के लिए करना–देखो, दौड़ो, खाओ, पकड़ो, चलो आदि। एशर के उपागम में इसे ही 'आज्ञार्थक' के रूप में रखा गया जिसकी ओर हम पहले ही संकेत कर चुके हैं। हैलिडे ने इसके अंतर्गत चेतावनी, सुझाव, धमकी को भी स्थान दिया तथा कुछ अन्य उपवर्ग भी निर्धारित किए–

(i) दूसरों की चीज़ नहीं छूनी चाहिए। (स्वामित्व–Ownership)

(ii) अगर फिर गाली दी तो पीटूँगा। (धमकी–Threat)

(iii) सिगरेट पीना मना है। (नियम–Rule)

(iv) घास पर न चलें। (चेतावनी–Warning)

(v) अच्छा साहित्य पढ़ना चाहिए। (सुझाव–Suggestion)

(ग) अंतःक्रियात्मक (Interactional) प्रारूप—भाषा का प्रयोग दूसरों से बातचीत के लिए करना—मजाक करना (किससे किया जाए किससे नहीं, मात्रा और तरीका क्या हो), हँसी उड़ाना, मनाने, तर्क करने, सहमति-असहमति जताने के लिए भाषा-प्रयोग।

(घ) व्यक्तिगत (Personal) प्रारूप—भाषा, प्रयोक्ता की निजता से भी संबद्ध होती है। अपने भावों, विचारों, इच्छाओं, आकांक्षाओं के लिए भाषा का प्रयोग करना। हैलिडे ने प्रकार्य की दृष्टि से इसे 'अभिव्यक्तिपरक भाषा' कहा है।

(च) अन्वेषणात्मक (Heuristic) प्रारूप—भाषा यथार्थ की खोज का भी माध्यम है। वह एक साधन भी है, चीजों के बारे में जानने-समझने का। यह प्रारूप संबद्ध है—जानने, समझने, प्रश्न-उत्तर के प्रकार्य से।

(छ) कल्पनात्मक (Imaginative) प्रारूप—भाषा के माध्यम से अपनी दुनिया, अपना परिवेश खड़ा करना। चीजों के बारे में सिर्फ जानना ही नहीं, बल्कि उन्हें महसूस भी करना। उन्हें अपने ढंग से देखना और अभिव्यक्त करना, जैसे, कहानी, कविता, अनुमान, प्रतीक-रचना आदि। इसे हैलिडे ने भाषा का 'अभिव्यक्तिपरक प्रकार्य' कहा है।

(ज) प्रतिनिधानात्मक (Representational) प्रारूप—भिन्न प्रयोग–क्षेत्र में भाषा के विशिष्ट रूप का प्रयोग करना। जैसे भाषा के बारे में भाषा, साहित्य आलोचना की भाषा, समाचार भाषा, विज्ञापन की भाषा आदि। हैलिडे ने इसे भाषा का 'प्रयोजनमूलक प्रकार्य' कहा और 'प्रयुक्ति' के माध्यम से इस संकल्पना को विवेचित किया।

भाषा क्योंकि प्रयोक्ता की सभी जरूरतों को पूरा करती है अतः उसके भीतर ये सभी प्रारूप सम्मिलित होते हैं। यह भी कहा जा सकता है कि भाषा के ये भिन्न प्रकार्य ही उसे संप्रेषणपरक बनाते हैं इसीलिए हैलिडे ने इन प्रारूपों/प्रकार्यों को भाषा के प्रति 'प्रयोक्ता की माँग' का परिणाम माना और यह घोषित किया कि "हम भाषा से जो और जितना माँगते हैं, वह हमें देती है।" हाइम्स (1968)[47] का भी यह कहना है कि चाहे हम भाषा-रूप की चर्चा करना चाहें, चाहे वाक्-प्रकारों

की, बोलियों की, भाषा की या इनके भिन्न स्तरों की, केवल भाषावैज्ञानिक धरातल पर नहीं कर सकते। हम भाषा-कोटियों की परिभाषा भी मात्र व्याकरणिक धरातल पर नहीं दे सकते। इनका समाज-सांस्कृतिक धरातल पर विश्लेषण आवश्यक होगा क्योंकि ये सभी भाषा-समाज से संबद्ध होते हैं। भाषा-प्रकार्य भी समाज-सांस्कृतिक तथ्यों से निरपेक्ष नहीं होते, इनसे पूरी तरह आबद्ध होते हैं।

3. शैलीविज्ञान (Stylistics)–भाषा-शिक्षण का अर्थ साहित्य-शिक्षण और रचना सिखाने से भी है। भाषा$_2$ का साहित्य पढ़ाना और उसमें रचना कर सकने की क्षमता उत्पन्न करना भी एक महत्त्वपूर्ण पक्ष है। शैलीविज्ञान के दो संदर्भ हैं–साहित्य शैलीविज्ञान तथा भाषा शैलीविज्ञान। साहित्य शैलीविज्ञान की यह मान्यता है कि भाषाविज्ञान को साहित्य के सौंदर्यशास्त्रीय मूल्यों की व्याख्या करनी चाहिए। और यह भी कि साहित्य दैनंदिन भाषा का परिष्कृत रूप है, सामान्य भाषा ही है, अतः भाषाविश्लेषण की वस्तु है। कुछ लोग जरूर हैं जो साहित्य के भाषावैज्ञानिक विश्लेषण को आज भी वक्र दृष्टि से देखते हैं, उन्हें देखने दीजिए। शैलीविज्ञान के इस संदर्भ की विस्तृत चर्चा 'साहित्य-शिक्षण' पर बातचीत के समय की जाएंगी। यहाँ हम भाषा शैलीविज्ञान की दृष्टि पर विचार करेंगे। क्रिस्टल डेवी[48] ने यह साफ शब्दों में कहा है कि शैलीवैज्ञानिक विश्लेषण की संकल्पना मात्र साहित्य भाषा पर नहीं, भाषा-प्रकार्य पर भी आधारित है। और निश्चित ही भाषा-शिक्षण में यह संदर्भ कहीं ज्यादा उपादेय और सार्थक माना गया है। क्रिस्टल और डेवी ने 'भाषा शैली' का समूहन करते हुए इसके तीन घटक तथा घटकों के उपघटक निर्धारित किए हैं–

(I) भाषा-शैली के घटक :

(क) निजता, बोली, समय

(ख) प्रोक्ति–(i) सामान्य/जटिल-माध्यम (वाक्, लेखन)

(ii) सामान्य/जटिल-सहभागिता (एकालाप, संवाद)

(ग) क्षेत्र, सामाजिक पद, प्रकारता, विशिष्टता

(II) भाषा-शैली के उप-घटक :

(i) निजता (Individuality)–वाक् या लेखन शैली जो किसी व्यक्ति की पहचान होती है। अस्मिता से संबद्ध यह घटक एक ही भाषा-समाज या एक ही भाषा के भेदों के स्तर पर एक भाषा प्रयोक्ता को दूसरे से अलग करता है।

(ii) बोली (Dialect)–वे अभिलक्षण जो प्रयोक्ता के जन्मस्थान और भौगोलिक मूल का संकेत करते हैं। इन अभिलक्षणों से बद्ध भाषा भेद को क्षेत्रीय

बोली/क्षेत्रीय शैली कहा गया है। यह भेद शब्द-चयन और खास तरह के स्वन चयन से उत्पन्न होता है।

(iii) समय (Time)–भाषा के कालसूचक और ऐतिहासिक तत्त्व।

(iv) प्रोक्ति (Discourse)–वाक्-लेखन में अंतर (माध्यम भेद), एकालाप-संवाद (सहभागिता)।

(v) क्षेत्र (Province)–भाषेतर संदर्भ–वाक्-व्यापार की परिस्थिति, वक्ता/श्रोता का सामाजिक पद, वक्ता-श्रोता का पारस्परिक संबंध।

(vi) पद (Status)–सहभागियों की सामाजिक स्थिति।

(vii) प्रकारता (Modality)–भाषण के रूप में लेखन, रपट, निबंध, पाठ्य-पुस्तक, कविता बनाम गद्य, निबंध बनाम लघु कथा आदि।

(viii) विशिष्टता (Singularity)–पाठ-आधारित शैली भेद।

4. भाषा-शिक्षक–संप्रेषण-परक भाषा-शिक्षण में शिक्षक और कक्षा में भाषा-शिक्षक की भूमिका पर भी गंभीर चर्चा की गई। पिट कॉर्डर ने भाषा-शिक्षण को सर्जनात्मक कहा क्योंकि एक अच्छा भाषा-शिक्षक सिर्फ नियमों पर नहीं चलता–विधि, तकनीक का पिछलग्गू नहीं बनता। एक सिद्ध रसोइए की तरह वह एक विधि तो अपनाता है पर केवल अपने काम को दिशा देने के लिए अंधानुकरण के रूप में नहीं। इसी तरह विडोसन[49] का भी कहना है कि शिक्षण जरूरी है, उसे सिद्धांतबद्ध करके चलना नहीं, इसीलिए भाषा-शिक्षण एक कला है। कई लोग भाषा-शिक्षण का तात्पर्य इतना ही लेते हैं–'जो कक्षा में चलता है', पर भाषा-शिक्षण का काम कक्षा से बाहर भी चलता है और इन कामों में भी भाषा-शिक्षक की भूमिका होनी चाहिए या उसे अपनी भूमिका निभानी चाहिए। ये काम हैं–पाठ-योजना, सुधार कार्य, क्षमता-जाँच, पाठ्य-सामग्री निर्माण आदि। कक्षा के बाहर चलने वाली इन प्रक्रियाओं को एलेन (1980)[50] ने 'शिक्षण-संक्रिया' नाम देते हुए महत्त्वपूर्ण सिद्ध किया। उन्होंने भाषा-शिक्षक की दृष्टि से इस संक्रिया की भूमिका को भी प्रतिपादित किया कि इसके साथ (भाषा-शिक्षक के संदर्भ में) कई सवाल आ जुड़ते हैं–मुझे क्या पढ़ाना है? उसे कैसे पढ़ाना है (चयन, संगठन, प्रस्तुतीकरण), क्या, कब और कैसे पढ़ाना है? हम किसे पढ़ा रहे हैं? भाषा-शिक्षण द्वारा हमें क्या लक्ष्य साधने हैं? आदि।

टिटोने (1986)[51] ने अन्य भाषा-शिक्षक से यह अपेक्षा की है कि कक्षा में उसकी शिक्षण प्रक्रिया उत्तम होनी चाहिए। एक प्रकार से इन्हें मौखिक भाषा-शिक्षण के लिए मार्गदर्शक कहा जा सकता है। ये मार्गदर्शक सिद्धांत

भाषा-शिक्षा को ही संबोधित हैं—

अनुवाद कभी मत कीजिए—	करके दिखाइए
व्याख्या कभी मत कीजिए—	अभिनय कीजिए
भाषण मत दीजिए—	प्रश्न पूछिए
छात्र की गलती की नकल मत कीजिए—	उसे सुधारिए
एक शब्द में कभी मत बोलिए—	वाक्य का प्रयोग कीजिए
बहुत अधिक मत बोलिए—	छात्रों को बोलने दीजिए
पुस्तक सामने मत रखिए—	भाषा मदों का ध्यान रखिए
भटकिए मत—	क्रम से आगे बढ़िए
गति बहुत तेज़ मत रखिए—	छात्रों की गति के साथ चलिए
बोलने की गति धीमी मत कीजिए—	सामान्य गति से बोलिए
बहुत जल्दी-जल्दी मत बोलिए—	प्राकृतिक ढंग से बोलिए
बहुत ऊँची आवाज़ में मत बोलिए—	प्राकृतिक ढंग से बोलिए
धीरज कभी मत खोइए—	सामान्य बने रहिए।

मैके (1985)[52] ने वाक्-क्रिया के विकास, वार्तालाप-दक्षता तथा वार्तालाप-अर्थ के बोधन के लिए भाषा-शिक्षक की भूमिका को सबसे अधिक महत्त्वपूर्ण माना। इसी प्रकार एलेन (1980) ने भी संप्रेषणपरक क्षमता के विकास में भाषा-शिक्षक को अनेक सुझाव देते हुए उसका एक अनिवार्यतः अपनाया जानेवाला प्रारूप तैयार किया—

1. कक्षा में हमेशा उत्साही, जीवंत और बल देकर कहने वाले बने रहें।
2. छात्रों से अच्छा उत्तर मिलने पर खुशी जताएँ।
3. जब छात्र के उत्तर की प्रतीक्षा कर रहे हों तो रुचि और सजगता दिखाएँ।
4. ध्वनियों का स्पष्ट उच्चारण करें। महत्त्वपूर्ण ध्वनियों-रूपों पर अधिक ध्यान दें और दिलाएँ।
5. कक्षा में गतिमान रहें। पूरी कक्षा पर भी दृष्टिपात करते रहें और अलग-अलग छात्रों पर भी।
6. छात्र द्वारा गलत उच्चारण को माफ कर दें। इसे बहुत गंभीर न बनाएँ।
7. हमेशा पूरे वाक्य बोलें और छात्रों को भी प्रोत्साहित करें कि वे हमेशा पूरे वाक्य ही बोलें।
8. हमेशा अंग-विक्षेप और हावभाव के साथ बोलें।
9. आवाज़ की गति, तेज़ी और अनुतान को जरूरत के अनुसार नियंत्रित करें।

10. कक्षा में जाने के पहले लेसन को कई बार पढ़ें। उसके साथ क्या अंग-विक्षेप होंगे, उसकी व्याख्या आप कैसे करेंगे, यह सब सोचकर कक्षा में जाएँ।
11. छात्रों के लिए समस्या उत्पन्न करने वाले शब्दों, पदबंधों को नोट कर लें। दूसरे दिन उनका ड्रिल या अभ्यास कराएँ।
12. कक्षा में हमेशा प्रसन्न, विनोदी और रुचि दिखाते हुए लगें।
13. अन्य भाषा-शिक्षण का यह सूत्र याद रखें—कान पहले मुँह उसके बाद, मुँह पहले आँख उसके बाद, आँख पहले हाथ उसके बाद, हाथ पहले जबान उसके बाद।

अन्य भाषा-शिक्षण के लिए स्निकर का प्रारूप काफी चर्चित है। इसके पीछे भाषा-शिक्षक को आगाह करने की अवधारणा भी छिपी है कि वह जाने कि भाषा वाक् है लेखन नहीं, वह इस बारे में सचेत हो कि भाषा व्यवहार है और व्यवहार का संबंध आदत से है, उसे यह पता हो कि भाषा सिखानी चाहिए भाषा के बारे में नहीं और उसे यह प्रयत्न करना चाहिए कि भाषा का विवरण स्वायत्त हो किसी दूसरी भाषा पर आधारित नहीं। संप्रेषणपरक भाषा-शिक्षण की दृष्टि से हमें स्निकर की धारणा को नया मोड़ देते हुए भाषा-शिक्षक का ध्यान कुछ और तथ्यों की ओर भी आकर्षित करना चाहिए जिनकी चर्चा यत्र-तत्र भाषा-संप्रेषण और संप्रेषणपरक भाषा-शिक्षण की अवधारणाओं पर प्रकाश डालते समय की भी गई है। सूत्र रूप में इन्हें देख लें—

1. भाषा केवल व्यवहार नहीं है, वह नियमबद्ध सर्जनात्मकता भी है।
2. कोई व्यवहार बोध से नियंत्रित होता है, यंत्रवत अभ्यास से नहीं।
3. बिना समझे सिर्फ अभ्यास करते जाना अर्थहीन है, और केवल दुहराते जाने से समझ नहीं बढ़ती।
4. शिक्षण का तात्पर्य है—चयन और सीखने की उपयुक्त स्थिति कक्षा में पैदा करना। और सीखने का तात्पर्य है—पुष्ट साधारणीकरण, अंतरों और संबंधों को सीखना, क्योंकि स्वयं भाषा, उसकी कोटियाँ और उसके वर्ग भी सामाजिक संबंधों से बँधे होते हैं।
5. भाषा[1] और भाषा[2] में व्यतिरेक तो होता है पर इनमें कई बातें समान भी होती हैं, अतः भाषा-शिक्षक को यह समझना चाहिए कि अन्य भाषा सीखना एक सीमा तक पुराने अनुभवों को दुहराना भी है।

5. शिक्षण-सामग्री—पिछले दो दशकों में अन्य भाषा-शिक्षण, और विशेष रूप से विदेशी भाषा-शिक्षण संबंधी अवधारणा में उल्लेखनीय परिवर्तन आया है।

भाषा-अध्येता की केंद्रीयता ने भाषा-शिक्षण और शिक्षण-सामग्री दोनों की नई भूमिकाएँ तय करने की दिशा दी। पिछले कुछ वर्षों में ही अधिक स्पष्टता और सूक्ष्मता के साथ इस बात पर ध्यान दिया गया है कि अन्य भाषा अध्येता को भाषा के प्रयोजनपरक प्रयोग के लिए कैसे प्रेरित किया जाए कि वह 'संप्रेषण परक क्षमता' को प्राप्त कर सके। हीलेनमैन और कैपलन (1985)[53] ने अन्य भाषा-शिक्षण में 'समझ' को सर्वोच्च स्थान देते हुए एक चीनी कहावत उद्धृत की है–I hear and forget, I see and remember, I do and understand, अर्थात् शिक्षण-सामग्री ऐसी हो कि भाषा-प्रयोग के माध्यम से अध्येता को 'कुछ करने' का अवसर दिया जाए। विदेशी-भाषा-शिक्षण के आठ स्तरों (तीन वर्ष के पाठ्यक्रम में) के लिए जो पाठ्यचर्या इन दोनों ने निर्मित की है वह आज पूरी दुनिया में आदर्श रूप में प्रचलित है। प्रारंभिक स्तर के पाठ्यक्रम में शिक्षण-सामग्री की योजना इस प्रकार है–

<u>शिक्षण-सामग्री</u>

लक्ष्य (Aim)	प्रकार्य (Functions)	विषय (Topic)	परिशुद्धता (Accuracy)
पूर्ण नियंत्रण	• सूची बनाना • चीज़ों को याद रखना • बीच-बीच में इन्हें किसी और चीज़ से जोड़ना	• दैनंदिन जीवन : चीजें जगहें रंग तारीखें आकार अंक • रोजमर्रा के काम	• मूलभूत शब्द-क्रम • अंक (1-20) • सामान्य • विशेषण/ क्रिया विशेषण • प्रश्न-शब्द • मैं-तुम • क्रिया का वर्तमान रूप (है/ता-है)
आंशिक नियंत्रण	• भाषा के माध्यम से कुछ सृजित करना • प्रश्न पूछना-	• जीवन की आवश्यकताएँ : भोजन घर	• उक्तियों में अस्तिववाचक उपपद • सभी कर्ता-

	उत्तर देना ● रोजमर्रा की बातचीत ● कंडक्ट करना ● वर्तमान काल में विवरण देना ● व्याख्या करना	काम खेल खाली समय के शौक पब्लिक प्लेसेज़ ● जानी पहचानी क्रियाएँ : काम से संबंधित शौक से संबंधित स्कूल के क्रियाकलाप से संबंधित मनोरंजन से संबंधित यातायात से संबंधित ● मौसम ● समय	सर्वनाम ● सामान्य विशेषणों/क्रिया विशेषणों के रूप ● अंक (1-100) ● वह-वे/यह-ये ● मैं-मेरा-मुझको, तुम-तुम्हारा-तुमको ● वर्तमान कालिक क्रियाएँ ● सामान्य क्रिया +है +ता है
संकल्पनात्मक नियंत्रण	याद की गई सामग्री के आधार पर सृजन करना	● किसी के साथ हम बातचीत क्यों करते हैं?	● कोई एक कर्ता-सर्वनाम ● विभाजन सूचक नकारात्मक उक्तियाँ ● निजवाचक क्रियाएँ (वर्तमान-भूत)

कौशल-विकास

बोधन	उच्चारण	वाचन	लेखन	संस्कृति
● याद की गई सामग्री को समझना ● भिन्न परिस्थितियों में संदर्भ के अनुरूप भाषा प्रयोग करना	● सीखी गईं अभिव्यक्तियों के द्वारा अपनी जरूरतें पूरी करना ● भाषा के माध्यम से सृजन का प्रयास करना	● निर्देश ● निर्धारित अभिव्यक्तियाँ : ● रूप स्तर पर प्रतीक कार्यक्रम	● याद की गई सामग्री को लिखना ● रूपगत सूचनाएँ देना ● याद की गई सामग्री को सूचीबद्ध करना	● अभिवादन ● विदा लेना ● इच्छा व्यक्त करना
● मूलभूत जरूरतों और सामाजिक पक्ष से संबंधित सामग्री को सुनना ● विस्तार से सुनना	● सामान्य परिस्थितियों में प्रयोग : ● प्रश्न पूछना ● अपने बारे में बताना ● वार्तालाप को जारी रखना ● सामान्य लेन-देन करना	● सामान्य पाठ प्रकार नोट्स स्मरण पत्र निमंत्रण पत्र सूची बनाना	● छोटे संदेश लिखना ● सामान्य निर्देश लिखना ● संरचना : शब्दों को अभिव्यक्तियों के रूप में जोड़कर लिखना	● अभिवादन ● खरीदारी ● रेस्तराँ में प्रयुक्त भाषेतर व्यवहार ● सामान्य संबोधन
● वाक्यीय मार्कर को सुनना	● उच्चारण ड्रिल	● लिखित संरचनात्मक मदों की पहचान	● रिक्त-स्थान पूर्ति	● सांस्कृतिक संकल्पनाओं पर चर्चा

संप्रेषणपरक भाषा-शिक्षण के अनेक उपागमों और विविध पक्षों के इस संक्षिप्त परिचय से यह साफ दिखाई देता है कि भाषा-विज्ञान के विकासमान संदर्भों ने भाषा-शिक्षण को गति, दिशा एवं नव्यता प्रदान की। यह भी कि भाषा-शिक्षण की अधिगम केंद्रित विधियों, दृष्टियों, तकनीकों और पद्धतियों के निर्माण में

भाषाविदों का योगदान सर्वोपरि रहा। कुछ ने समाजभाषिक सिद्धांत दिए तो कुछ ने भाषा-शिक्षण के प्रभावी निर्माण के लिए अपने सिद्धांतों का अनुप्रयोग भी किया। इस तथ्य को नीचे दी गई सूची पूरी तरह प्रमाणित करती है–

	भाषा-शिक्षण उपागम	भाषाविद्
1.	संरचना और प्रकार्य पर आधारित	विलकिंस (1976)
2.	संरचना कोर के इर्द-गिर्द लिपटी प्रयोजनमूलकता	ब्रुंफिट (1980)
3.	संरचनात्मक, प्राकार्यात्मक, अनुदेशक	एलेन (1980)
4.	प्रकार्यात्मक	जप और हॉडलि (1975)
5.	बोधात्मक	विलकिंस (1976)
6.	अंतःक्रियात्मक	विडोसन (1979)
7.	टास्क-आधारित	कैंडलिन (1970)
8.	अध्येता प्रजनित	हेनर, स्टैंक्लिया और रिले (1976)

कुल मिलाकर आज प्रचलित अन्य भाषा-शिक्षण की इन परिवर्धित शिक्षण विधियों में कई बातें महत्त्वपूर्ण हैं और इन्हें इसीलिए भिन्न उपागमों में किसी-न-किसी रूप में स्थान दिया गया और इन पर नए ढंग से भी चर्चा हुई। चलते-चलते इन पर दृष्टिपात करते चलें–

1. शिक्षण का प्रारंभ मूलभूत शब्दावली से किया जाए।
2. पहले रूप और अर्थ की दृष्टि से भाषा$_1$ के समान शब्दों का चयन करना चाहिए। इससे अधिगम गतिशील होता है।
3. अध्येता जो भाषा सीख रहा है उसमें पूर्ण दक्षता अथवा परिशुद्धता की बात बेमानी है।
4. साहित्यिक भाषा पर कम बल देते हुए भाषा के नए विकल्पनों को सिखाना चाहिए, जैसे अखबार की भाषा, संवाद की भाषा, संचार-माध्यमों की भाषा आदि।
5. बोलचाल की भाषा और वार्तालाप को भाषेतर संदर्भों के साथ सिखाया जाए।
6. भाषा-शिक्षण प्रक्रिया में इन बातों पर विशेष ध्यान देना चाहिए–
   (क) क्या और कितना पढ़ाना है (चयन)
   (ख) इन्हें पढ़ाने का क्रम क्या होगा (अनुस्तरण)
   (ग) रूप और अर्थ को कनवे कैसे किया जाए (प्रस्तुतीकरण)

(घ) नए मदों से परिचित कराने के लिए क्या करें (दुहराव)

7. चयन, भाषा-शिक्षण की सभी विधियों का सर्वाधिक महत्त्वपूर्ण पक्ष है। चयन के आधार हैं–

(क) भाषा प्रकारों का चयन

(ख) अतिप्रचलित प्रयोगों का चयन

(ग) आधुनिक शैली का चयन

(घ) अति महत्त्व के शब्दों का चयन

(च) प्रोक्ति-निर्माण के घटकों का चयन

(छ) उपयोगी अभिव्यक्तियों का चयन

8. अपनी मातृभाषा सीखते समय हम चयन की यह प्रक्रिया स्वतः तय करते हैं। भाषा प्रयोग करते हुए हम शब्द सीखते चलते हैं। जब, जैसे और जितनी हमें आवश्यकता पड़ती है, हम इनका प्रयोग करते हैं। यही उपागम भाषा[2] के शिक्षण के लिए भी अपनाना चाहिए।

9. यह भी ध्यान रखना चाहिए कि जो कुछ भी चुना गया है, सब एक साथ या एक ही बार में नहीं पढ़ाया जा सकता, अतः स्वाभाविक अनुस्तरण जरूरी है।

10. शब्दों, पदों और पदबंधों का समूहन, समागम और सापेक्षता के आधार पर हो, यह भी जरूरी है।

11. प्रयुक्ति-संबंधी कुछ विशिष्ट रूपों का चयन भी जरूरी होगा।

12. प्रस्तुतीकरण का अर्थ है किसी सीमा तक कुछ चीजों का संप्रेषण, अतः कथ्य और अभिव्यक्ति दोनों को संतुलित ढंग से लेकर चलना होगा।

13. अन्य भाषा-शिक्षक को कक्षा में अपनी सार्थक भूमिका निभानी होगी।

14. शिक्षण-सामग्री का प्रभावी-नियोजन आवश्यक है।

15. शिक्षण और अधिगम प्रक्रिया का अध्येता तथा उसकी भाषा क्षमता से सीधा जुड़ाव होना चाहिए।

इस प्रकार अद्यतन भाषा-शिक्षण प्रविधि में संकेत प्रयोगविज्ञान, समाज-भाषाविज्ञान, शैलीविज्ञान और प्रोक्ति-विश्लेषण की भूमिका और सहभागिता अनिवार्य बन चुकी है। इस समन्वय से यह मान्यता पुष्ट हुई कि भाषा स्वयं संज्ञान भी है और संप्रेषण का सशक्त सामाजिक उपकरण भी। इसीलिए भाषा के भीतर निहित भाषेतर, सांस्कृतिक और संप्रेषणपरक तत्त्वों को भी भाषा-शिक्षण/अधिगम में समेटने का यत्न किया गया। आधुनिक भाषा-शिक्षण ने वाक् को केंद्रीयता प्रदान की और रूप तथा प्रकार्य के व्यावहारिक लक्ष्य की सिद्धि

के लिए उपयोगी प्रारूप और उपागम भी सुझाए। आधुनिक भाषा-शिक्षण की धारणाएँ और उपागम लक्ष्यबाधित माने जा सकते हैं। **पहला** लक्ष्य यह कि परंपरागत भाषा-शिक्षण में भाषा संरचना पर दिए जा रहे बल को सीमित करना। **दूसरा** यह कि सभी भाषा कौशलों को संप्रेषण के धरातल पर सिद्ध करना। **तीसरा** कि बोधन और अर्थ को महत्त्व देना तथा **चौथा** और सर्वाधिक महत्त्वपूर्ण लक्ष्य—शिक्षार्थी की संप्रेषणपरक क्षमता और भाषा प्रवीणता को पुष्ट करना।

संदर्भ

1. Innovative Approaches to language Teaching . Rowley, Mass : Newbury House.
2. Semantics. Cambridge : CUP.
3. Learning How to mean : Exploration in the Development of Language. London : Edward Arnold.
4. Teaching Foreign Language : A Historical Sketch. Georgetown University.
5. Structural Pattern Drills. Manton : Hamburg.
6. Grammatical guide to the teaching of french. Edinburg Univ. Press.
7. The Shidy of the mother tongue. Council of Europe : Munich.
8. The goal of foreign language studies <u>IN</u> L. G. Kelly.
9. A History of English Language Teaching. London : OUP.
10. Language Teaching Analysis. London : Longman.
11. Modern Foreign Languages and their Teaching. New York : Century Crafts.
12. A History of English language teaching. Reprinted by OUP.
13. The Practical study of languages. London : OUP.
14. 1899. The Practical Study of Language. London : Longman.
15. 1886. The Place of phonetics in language teaching. School of oriental studies : Frankfurt.
16. 1892 A practical guide to teaching of French. Strasbourg : Council of Europe.
17. Language Teaching Analysis. London : Longman.
18. The art of Teaching English as a living language. New York : Mcmillan.
19. National Syllabus. Oxford : OUP.
20. ESP (English for specific purpose), Oxford : Mergamon.
21. Second Language Acquisition and Second Language Learning. Oxford : OUP.
22. Teaching Languages : A way and ways. Rowley : Mass.
23. The Functional-Notional Approach : From Theory to Practice. Oxford : OUP.
24. a 1921. Principles of Languages Study. New York : World Book Company.

b 1923. The Oral methods of Teaching Languages. Cambridge : Heffer.

c 1934. Specimens of English Construction Patterns. Tokyo : Deptt. of Education.

d 1938. Grammar of English Words. London: Longman.

e 1940. The Teaching of Oral English. London : Longman.

25. a 1955. Learning Modern Languages. London : Routledge and Kegan Paul.

b 1954. A Guide to patterns and usage in English. London OUP.

26. Teaching English : Note and comments on Teaching English overseas. London : Longman.
27. Teaching English as Foreign Language. London : Mcmillan.
28. The Techniques of Language Teaching London : Longman.
29. Oxford Progressive English course for Adult learner. (3 Books) . London : OUP.
30. English Programs for immigrants in Australia. Sydney : Deptt. of Education.
31. Cohesion in English London: Longman.
32. 1976. Communicative language teaching and the debt to pragmatics. Washington : GT Univ.
33. 1970. On Communicative Competence. IN Gumperz and Hymes. (Eds).
34. 1977. The Sociolinguistic Significance of Conversational Code-switching. Berkeley : Univ. of California.
35. a 1970. The study of languages in its social context. Stadium Generale : 23.

b 1970. Sociolinguistic Patterns. Philadelphia : Univ. of Pennsylvania Press.

36. 1979. Expression and Meaning. Cambridge : CUP.
37. 1975. 'Indirect Speech acts' IN P. Cole and J. C. Morgan (eds.) New York : Academic Press.
38. Models of the interactions of Language and Social life. IN Gumperz and Hymes. (Eds.).
39. Preliminaries to speech Analysis Cambridge : MIT.
40. Foreign and Second language learning : Language acquisition and its implications for the classroom. Cambridge. CUP.
41. Establishing objectives in the Teaching of English IN C. Candlin (ed.) London : Longman.
42. Communicative Language Teaching. Cambridge : CUP.
43. 1977. Learning another language through actions : Complete teachers Guidebook. California : Sky oaks production.
44. Teaching Foreign Language in Schools : The Silent way. New York : Newbury House.
45. Teaching Languages : A way and ways. Rowley Mass: Newbury House.
46. Personal Communication. Combridge : CUP.

47. Language in Culture and Society (Ed.). New York : Basic Books.
48. 1965. What is Linguistics. London : Edward Arnold.
49. Teaching the Communicative use of English. IRAL : 12
50. On teaching English to speakers of other languages. NCTE : London.
51. A critical look at Communicative Approach. ELT Journal-39.
52. Teaching Grammar : Form, Function and Technique. New York : Pergamon Press.
53. Learning to Understand. Canada : Canadian Government Publishing Center.

साहित्य-शिक्षण

यहाँ इस तथ्य को जान लेना आवश्यक है कि 'संप्रेषण-सिद्धांत' के दो प्रमुख संप्रदाय प्रचलित हैं। **पहला संप्रदाय** संप्रेषण का तात्पर्य संदेश के प्रेषण से लेता है। इसका प्रमुख लक्ष्य यह विवेचन करना है कि वक्ता और श्रोता संदेश का कोडीकरण और विकोडीकरण किस विधि से करते हैं। इस प्रकार 'संप्रेषण' का यह संप्रदाय संप्रेषण को एक ऐसी प्रकिया के रूप में देखता है जिसमें कोई व्यक्ति किसी दूसरे व्यक्ति के व्यवहार तथा मानसिक दशा पर प्रभाव डाल सकता है और कभी-कभी तो उसे नियंत्रित भी करता है। **दूसरा संप्रदाय** संप्रेषण को अर्थ-निर्माण तथा अर्थ के आदान-प्रदान का पर्याय मानता है। इसका बल यह देखने पर है कि संदेश या पाठ अर्थ के निर्माण या उत्पादन में पाठक के साथ कौन-कौन-सी तथा किस तरह की प्रतिक्रिया करते हैं। कुल मिलाकर कहें तो इस संप्रदाय का प्रमुख मुद्दा हमारे जीवन में 'पाठ' की भूमिका को रेखांकित करना है। इस संप्रदाय की दृष्टि में संप्रेषण के अध्ययन का अर्थ है—'पाठ' और 'संस्कृति' का अध्ययन, अथवा पाठ में संस्कृति की अवस्थिति का विवेचन। संभवतः इसीलिए 'संप्रेषण सिद्धांत' के इस संप्रदाय को प्रायः **संकेतविज्ञान का संप्रदाय** भी कहा जाता है, संकेतविज्ञान, जो संकेत और अर्थ के अध्ययन का शास्त्र है। आज विदेशी भाषा-शिक्षण में भाषा$_2$ के भाषा-समुदाय की विचारधारा, उसकी सांस्कृतिक विरासत, उसकी मिथकीय विशेषता तथा प्रतीक-बिंब योजना आदि को भी पर्याप्त महत्त्व और स्थान दिया जा रहा है। यह माना जा चुका है कि अन्य भाषा-समाज के ये सभी तत्त्व कमोबेश भाषा में तो मिलते ही हैं, उस भाषा के साहित्य में बहुत गहरे सन्नद्ध मिलते हैं। और यह भी कि 'साहित्य' अध्येता की भावना का तो परिष्कार और विस्तार करता ही है, सामान्य भाषा के सौंदर्य में ढले साँचे से उसका परिचय भी कराता है। अन्य भाषा-शिक्षण ने अध्येता और अध्यापक दोनों के संदर्भ में पाठ को उपादेय माना है तथा वाचन और लेखन कौशल के

लिए इसे खास जगह दी है। उसकी यह मान्यता है कि पाठ अन्य भाषा अधिगम में कई स्तरों पर मदद करते हैं, कर सकते हैं, पर सभी प्रकार के पाठ नहीं। हमें खासकर कथा पाठ तथा गौणतः साहित्य की अन्य विधाओं के पाठ भी चुनने चाहिए और कक्षा में इनका अनुस्तरित रूप में और एक निश्चित अधिक्रम में उपयोग करना चाहिए। अध्येता को इन पाठों का सामना करने और इनके साथ प्रतिक्रिया का भरपूर अवसर देना चाहिए ताकि वे पाठ में निहित अर्थ के साथ जूझ सकें, खासकर **समाज-सांस्कृतिक अर्थ** से जिसे संप्रेषणपरक भाषा-अधिगम खासा महत्त्व देता है तथा इसे 'साहित्य के माध्यम से भाषा' (Language through Literature) के शिक्षण का उच्चस्तरीय उपक्रम मानता है। इस संप्रदाय ने यह भी कहा कि अन्य भाषा-शिक्षण की प्रक्रिया में संप्रेषणपरक भाषा-शिक्षण कभी-कभी उबाऊ होने लगता है, साहित्य का संकेत वैज्ञानिक उपागम कक्षा में 'भाषा' के एक भिन्न रूप का और शिक्षण की भिन्न विधि का प्रारूप अध्येता के समक्ष रखता है और रुचि के केंद्रक का विस्तार होने लगता है। यह उपागम संदेश को संकेतों के समूह के रूप में कक्षा में प्रस्तुत करता है, साथ ही उन समाज-सांस्कृतिक बिंदुओं पर विशेष ध्यान देता है जिनसे भाषा$_2$ की बोधात्मकता ठोस बनती है। भाषा$_2$ की संस्कृति और आचरण-पद्धति से अध्येता को वह परिचित तो करता ही है। यह उपागम पाठ के वाचन से संबद्ध होने के साथ-साथ भाषा की अभिव्यंजनात्मक अथवा सर्जनात्मक शक्ति तथा इनसे आबद्ध 'अर्थवत्ता' को भी साधने की युक्ति अध्येता को प्रदान करता है।

भाषा की व्यावहारिक समझ (विशेषतः लेखन के संदर्भ में) बढ़ाने के लिए यह संप्रदाय साहित्येतर पाठों के महत्त्व को भी रेखांकित करता है। आधुनिक संदर्भ में प्रयोजनमूलक भाषा भी अन्य भाषा अध्येता के लिए महत्त्वपूर्ण बनती जा रही है। 'नीड बेस्ड' भाषा-शिक्षण में इसे पर्याप्त स्थान दिया जा रहा है, जैसे—पत्रों की भाषा, समाचार-भाषा, फिल्म-भाषा आदि। अतः भाषा-शिक्षण का यह उपागम पाठ में निहित प्रयोजनमूलक भाषा-प्रकारों का शिक्षण-मद के रूप में चयन करता है, जैसे—मानक भाषा, भाषा-बोली का मिश्रित रूप, क्षेत्रीय शैली, सामाजिक शैली, व्यवहार-क्षेत्र-नियंत्रित भाषा रूप, पिजिन रूप, प्रयुक्ति-भेद, कोड-मिश्रित भाषा, संस्कृति या उपसंस्कृति को दर्शाने वाली भाषा आदि। निश्चित ही संप्रेषणपरक भाषा-शिक्षण की मौखिक-भाषा केंद्रित दक्षता में भाषा के इन विभिन्न रूपाकारों को समेटना न तो अपेक्षित ही है और न ही उपादेय, पर पाठ-केंद्रित भाषा-शिक्षण (जो अपनी प्रकृति में पूर्ण नियोजित होता है) में इन

सभी पर प्रकाश डाल पाने की गुंजाइश मौजूद होती है।

भाषा दक्षता का एक तात्पर्य उन भाषिक नियमों की जानकारी से भी है जो वाक्य-रचना के गठन को नियंत्रित कर सके या प्रयोक्ता में सामाजिक स्वीकार्यता के अनुसार इन नियमों (सामाजिक प्रयोग के) का प्रयोग करते हुए भाषा के भिन्न अभिव्यक्त रूपों के सृजन की क्षमता या इस तरह के अभिव्यक्त रूपों की समझ (बोध) विकसित कर सके। भाषा-शिक्षण में पाठ अध्ययन की दिशा और प्रविधि निर्धारित करने में 'शैली' पर अधुनातन चिंतन तथा 'शैलीविज्ञान' की नवीन संकल्पना की भूमिका प्रमुख है। शैलीविज्ञान के प्रति सामान्य धारणा यही है कि वह साहित्यिक कृति के अध्ययन-विश्लेषण की भाषावादी आलोचना दृष्टि है। व्यापक शैलीविज्ञान का अध्ययन क्षेत्र मात्र सृजनात्मक साहित्य या साहित्यिक कृति तक ही सीमित न होकर व्यापक है। व्यापक संदर्भ में शैलीविज्ञान के दो स्वरूप देखे जा सकते हैं–(1) भाषा शैलीविज्ञान और (2) साहित्य शैलीविज्ञान। कहने की आवश्यकता नहीं कि वाचन-लेखन कौशल के विकास में शैलीविज्ञान के ये दोनों ही स्वरूप परम सहायक होते हैं।

भाषा और संप्रेषण की चर्चा करते समय हमने यह देखा था कि आधुनिक भाषा-विज्ञान में भाषा विकल्पन अथवा शैली की संकल्पना का योगदान सर्वोपरि है। भाषा शैलीविज्ञान की मान्यता के अनुसार भिन्न सामाजिक संदर्भों में प्रयुक्त भिन्न भाषा रूपों को 'शैली' कहा जा सकता है। अर्थात् शैली-परिवर्तन का मूल कारण सामाजिक संदर्भ और विषय होते हैं। यह पक्ष यह भी मानता है कि शैली-परिवर्तन इस बात पर निर्भर करता है कि भाषा का प्रयोग करते समय भाषा-प्रयोक्ता उस पर कितना ध्यान दे रहा है या उपयुक्त शैली चयन के प्रति वह कितना सजग और सचेत है। इस प्रकार सामाजिक घटकों द्वारा नियंत्रित भाषा रूपों के समूह को 'सामाजिक शैली' कहा गया है। साहित्यिक पाठ की रचना में सजग साहित्यकार सामाजिक शैलियों का उपयुक्त ढंग से प्रयोग करता है। पाठ में आए इन भाषा रूपों को शिक्षण बिंदु के रूप में अपनाकर भाषा-शिक्षण को कथ्य-बोध से आगे ले जाकर भाषा अधिगम के अन्य अपेक्षित लक्ष्यों से भी जोड़ा जा सकता है।

भाषा शैलीविज्ञान, भाषा-शिक्षण मे एक अनिवार्य कार्य यह भी करता है कि शिक्षार्थी में भाषा के प्रभावी 'संप्रेषणपरक रूप' के बारे में जागरूकता पैदा होती है। यह माना जाता है कि अन्य भाषा-शिक्षण के उच्च स्तर पर शिक्षार्थी को भाषा के सृजनात्मक पक्ष की जानकारी भी देनी चाहिए। सुरेश कुमार[1] ने

'भाषा शैलीविज्ञान' तथा 'साहित्य शैलीविज्ञान' की चर्चा करते हुए यह स्पष्ट किया है कि इन्हें एक-दूसरे से अलग और दूर न मानकर एक ही शृंखला के दो सोपान मानना चाहिए क्योंकि 'दूसरा', पहले पर पूरी तरह आश्रित होता है, तथा 'पहला', दूसरे पर आंशिक रूप से। 'साहित्यिक शैलीविज्ञान' साहित्यिक पाठों पर केंद्रित होता है, अर्थात् यहाँ 'पाठ' ही अध्ययन का लक्ष्य होता है। इसे 'पाठगत शैलीविज्ञान' का प्रतिनिधि भी माना गया है और इसकी तीन स्थितियाँ निर्धारित की गई हैं–

1. **स्थिति एक : जहाँ पाठों की भाषा शैली के उपकरणों को अलग-अलग या प्रतिमान रूप में निर्धारित किया जा सकता है।**
2. **स्थिति दो : जहाँ पाठों की साहित्यिक संरचना की बुनावट का अध्ययन किया जा सकता है। पाठों की साहित्यिक संरचना का बुनावट के स्तर पर अध्ययन करते समय यह देखा जाता है कि वाक्य विन्यास, शब्द चयन, ध्वनि व्यवस्था आदि से विविध प्रकार के अलंकारों, शब्द शक्तियों, वक्रताओं आदि की निष्पत्ति 'पाठ' में किस तरह हुई है।**
3. **स्थिति तीन : जहाँ पाठों की साहित्यिक संरचना के गठन का अध्ययन किया जा सकता है। गठन के स्तर पर अध्ययन करने का तात्पर्य है–पात्र, कथानक, थीम आदि के बृहत् प्रभावों की निष्पत्ति में शैलीगत उपकरणों के योग का परीक्षण करना।**

साहित्यिक शैलीविज्ञान का क्षेत्र बहुत व्यापक है। इस व्यापकता को पहचानते हुए ही श्रीवास्तव[2] ने यह कहा है कि "शैलीविज्ञान **शाब्दिक प्रतीक** के रूप में सिद्ध काव्यकृति की इकाई को विभिन्न स्तरों पर देखते हुए उनकी व्याख्या करता है।" यह भी कहा जा सकता है कि साहित्य-शिक्षण के लक्ष्य की प्राप्ति के लिए एक ओर शैलीविज्ञान निश्चित संदर्भ और ढाँचे उपलब्ध कराता है तो दूसरी ओर कृति के भाषिक संगठन के विश्लेषण की संक्रिया भी। भाषा-शिक्षण की दृष्टि से 'साहित्य' के अध्यापन का एक सुनिश्चित उद्देश्य होता है अतः इसके लिए एक पाठ्यक्रम, एक प्रणाली, एक प्रक्रिया का भी सवाल उठता है। साहित्य-शिक्षण के माध्यम से शिक्षार्थी को शब्द और अर्थ के विशेष प्रयोगों से परिचित कराना तथा इनके प्रयोग में दक्ष बनाना मूल उद्देश्य है। एक उचित शब्द के प्रयोग से कैसे विशेष अर्थछटा उत्पन्न होती है, कैसे दो शब्दों का संयोजन अर्थ को नए संस्कार दे देता है तथा किस तरह कोई भाषा साहित्यिक अर्थ की सृष्टि करती है, आदि कई ऐसे पक्ष हैं जिन्हें साहित्य के अध्यापन में प्रस्थान बिंदु बनाया जा सकता है। यहाँ यह बात भली भाँति समझ लेनी चाहिए कि काव्यभाषा के प्रति

जागरूकता, साहित्य-विधाओं की भाषा के वैशिष्ट्य के प्रति शिक्षार्थी की जिज्ञासा, साहित्यिक कृतियों में भाषा प्रयोगों के प्रति औत्सुक्य, इन प्रयोगों से निस्सृत अर्थ चमत्कार, कथन-संवाद-विवरण-एकालाप आदि उक्ति विधियों की जानकारी साहित्य अध्यापन के लक्ष्य होने चाहिए। हमें यह भी समझ लेना चाहिए कि साहित्य-शिक्षण एक प्रकार से भाषा प्रयोग विषयक प्रशिक्षण ही है। साहित्य में भाषा की विविध छटाएँ अनुस्यूत होती हैं, भाषा की अप्रतिम शक्ति से शिक्षार्थी को परिचित कराना भी साहित्य के अध्यापन का उद्देश्य होना चाहिए।

भाषा अपने गतिशील रूप में सदा बदलती रहती है, यह एक भाषिक यथार्थ है। साहित्यिक पाठ में भी भाषा का यह वैविध्यपूर्ण रूप रचा-बसा होता है, अधिक साफ ढंग से। भाषा का वैविध्य उसकी इस सामाजिक वास्तविकता को हमारे सामने रखता है कि भाषा विषमरूपी होती है। हमने संप्रेषणपरक भाषा-शिक्षण की चर्चा के समय यह देखा था कि भाषा का समरूप पक्ष उसकी आंतरिक व्यवस्था है और उसका विषमरूप उस पक्ष को प्रकट करता है जिसमें वह समाज के अंदर विभिन्न कालों, स्थानों, सामाजिक वर्गों, भाषा के विभिन्न प्रसंगों और उद्देश्यों के अंतर्गत प्रयोग में लाई जाती है। हिंदी भाषा अपनी प्रकृति में एक वैविध्यपूर्ण तथा अपने सामाजिक संदर्भों में एक विषमरूपी भाषा है। अर्थात् शैलीय धरातल पर हिंदी भाषा में अनेक ऐसे शिक्षणीय धरातल मिलते हैं जिन्हें हिंदी साहित्य से प्राप्त करके हिंदी साहित्य-शिक्षण को अपेक्षित दिशा दी जा सकती है।

शैलीविज्ञान की यह मान्यता है कि साहित्य सृजन के लिए 'कच्चा माल' भाषा है। वह यह भी मानता है कि साहित्य का अंतिम उत्पाद (end product) अर्थात् 'पाठ' हमें भाषाई अध्ययन के अनेक आयाम प्रदान करता है। उसकी परिभाषा के अनुसार ''साहित्य एक ऐसी कला है, जो भाषा का उपयोग करती है। भाषा वास्तव में सामाजिक परिस्थितियों का परिणाम होती है। उन संबंधों से उपजती है जो भाषा प्रयोक्ताओं के बीच निर्धारित होते हैं। इस प्रकार शैलीविज्ञान स्वतः समाज भाषाविज्ञान का भी एक अंग बन जाता है।'' इस महत्त्वपूर्ण तथ्य को अभी भी कई शैलीवैज्ञानिक अनदेखा किए हुए हैं। उनकी दृष्टि में शैलीविज्ञान मात्र 'साहित्य भाषा' के विश्लेषण का शास्त्र है। संभवतः इसलिए शैलीविज्ञान पर समाज-निरपेक्ष होने के आरोप भी लगते रहे हैं।

गिलक्राइस्ट (1883)[3], गंपर्ज और नईम (1960)[4], बारान्निकोव (1961)[5] आदि विद्वानों ने हिंदी शैली निर्धारण संबंधी अवधारणाएँ देने का प्रयास किया,

परंतु वे कहीं न कहीं अस्पष्ट रह गई हैं जिसका कारण उनका विदेशी होना, हिंदी भाषा की पूर्ण जानकारी न होना, पूर्वाग्रहयुक्त होना, कुछ भी माना जा सकता है। इनके द्वारा प्रस्तुत हिंदी शैली संबंधी अवधारणाएँ आकलन मात्र हैं फिर भी इनका अपना महत्त्व है क्योंकि इन्हीं के आधार पर आगे चलकर 'हिंदी शैली' का अधिक व्यापक और वैज्ञानिक अध्ययन करने में सहायता मिली तथा हिंदी की शैलियों का निर्धारण सामाजिक, सांस्कृतिक और प्रयोजनमूलक दृष्टि से हो सका।

सामाजिक स्तर पर हिंदी भाषाशैली के तीन प्रमुख रूप दिखाई देते हैं—हिंदुस्तानी, उच्च हिंदी और उच्च उर्दू। अपने व्यावहारिक स्तर पर हिंदुस्तानी वह भाषा शैली है, जिसका आधार भाषा का तद्भव शब्द भंडार और उसकी अपनी व्याकरणिक संरचना है जिसमें विशेष रूप से 'कोडमिश्रण' की प्रवृत्ति उल्लेखनीय है। यह शैली सामान्य बोलचाल के भाषा प्रयोग को अपना संदर्भ बनाकर चलती है। उदाहरण देना चाहें तो हिंदी में प्रेमचंद हिंदुस्तानी शैली के प्रतिनिधि लेखक कहे जा सकते हैं। उनकी अधिकांश कहानियाँ इस भाषाशैली में लिखी गई हैं। उनके उपन्यास गोदान, गबन, निर्मला, सेवासदन, कर्मभूमि, रंगभूमि आदि को हिंदुस्तानी शैली की श्रेष्ठ रचनाएँ माना जाता है। प्रेमचंद का संदर्भ यहाँ इसलिए भी अनिवार्य है कि अन्य भाषा के रूप में (द्वितीय और विदेशी दोनों) हिंदी शिक्षण पाठ्यक्रमों-कार्यक्रमों में उनकी रचनाओं का स्थान अनिवार्यतः बना रहता है। सुरेश कुमार (1978)[6] की पुस्तक 'शैलीविज्ञान और प्रेमचंद की भाषा' को इस संदर्भ में मील के पत्थर की तरह देखना चाहिए और द्वितीय भाषा के रूप में हिंदी शिक्षण करने वाले अध्यापकों को प्रेमचंद का 'पाठ' पढ़ाते समय इस पुस्तक से दिशा लेनी चाहिए।

प्रेमचंद ने अपनी रचनाओं में तो हिंदुस्तानी शैली का जीवंत रूप अपनाया ही, अपने विचारों में भी उन्होंने बोलचाल की हिंदुस्तानी या हिंदी की संकल्पना को जोरदार ढंग से उभारा। उनके ही शब्दों में "बोलचाल की हिंदी समझने में न तो साधारण मुसलमानों को कोई कठिनाई होती है और न बोलचाल की उर्दू समझने में हिंदुओं को ही, बोलचाल की हिंदी और उर्दू प्रायः एक-सी ही हैं।"[7] यही बोलचाल की शैली वस्तुतः प्रेमचंद की 'हिंदुस्तानी' थी। जिस राजनीतिक दबाव का अनुभव करते हुए महात्मा गांधी ने हिंदी, हिंदुस्तानी और उर्दू की समस्या का हिंदुस्तानी के पक्ष में यह कहते हुए समाधान प्रस्तुत किया था कि "हिंदी और उर्दू दो भाषाएँ नहीं, भेद है तो केवल लिपि का"[8] उसे साहित्य के स्तर

पर सर्वाधिक समर्थ ढंग से प्रेमचंद ने कार्यान्वित किया। यह भी ध्यान देने की बात है कि उनकी हिंदुस्तानी की संकल्पना के भीतर न केवल साहित्यिक हिंदी और उर्दू का अपना सही संदर्भ मिलता है बल्कि हिंदी की स्थानिक या क्षेत्रीय बोलियों को भी इसमें स्थान मिलता है। एक प्रकार से 'साहित्य में भाषा' के संदर्भ में प्रेमचंद समन्वयवादी दृष्टि के समर्थक थे। अर्थात् वे समन्वयवादी भाषा अथवा हिंदुस्तानी के प्रसार-प्रयोग के पक्षधर थे।

उनकी दृष्टि में हिंदुस्तानी, हिंदी भाषा का वह जीवंत रूप है जो अपना स्वरूप जन-मानस के दैनिक भाषा व्यवहार के भीतर पाता है। उनकी हिंदुस्तानी के भीतर इसीलिए संस्कृत-अरबी-फारसी के वे शब्द तो आ ही जाते हैं जिन्हें समाज ने अपनी भाषा-प्रकृति के अनुरूप ढाल लिया है, इसके अलावा अंग्रेजी के वे शब्द भी इसमें शामिल हैं जिन्हें मध्य वर्ग का सामान्य शिक्षित व्यक्ति सामान्य सामाजिक संदर्भों में प्रयोग में लाता है। प्रेमचंद ने 'हिंदुस्तानी' को उसके व्यापक रूप में लिया था जिसमें बोली-हिंदी-उर्दू तीनों सिमट आते हैं, उस संकुचित रूप में नहीं जहाँ गिलक्राइस्ट अथवा उनके समकालीन विद्वानों के मत में हिंदुस्तानी, 'उर्दू' का पर्याय थी। प्रेमचंद के लिए हिंदुस्तानी केवल एक भाषाशैली ही नहीं थी, उनके लिए वह जातीय-अस्मिता का एक प्रतीक भी थी। इस जाति के निर्माण में उनके अनुसार देहात के मुसलमान का महत्त्व शहर के उर्दूदाँ संभ्रांत व्यक्तियों से किसी भी प्रकार कम न था—"हिंदी-क्षेत्र में फैले हुए देहातों में हिंदुओं-मुसलमानों के बीच किसी तरह का कोई भाषा भेद नहीं है।" प्रेमचंद ने इस अभेद को दर्शाने के लिए भाषावैज्ञानिक आधार पर भी विचार किया कि "उर्दू-हिंदी के सर्वनाम एक हैं—वह, तुम, मैं, हम इत्यादि। हिंदी-उर्दू की क्रियाएँ एक ही हैं—जाना, सोना, खाना, पीना, करना, मरना, जीना, लिखना, पढ़ना आदि। उर्दू के संबंधवाचक शब्द—पर, का, में, से आदि वही हैं जो हिंदी के। दोनों का मूल शब्द-भंडार भी एक है लेकिन यहाँ बहुत दिनों तक राजभाषा रहने से हिंदी शब्दों के फारसी या अरबी पर्यायवाची शब्द भी प्रचलित हो गए हैं, जैसे—देश-मुल्क, आकाश-आसमान, नदी-दरिया, रोगी-बीमार आदि। इन शब्दों का व्यवहार बोलचाल की हिंदी-उर्दू (हिंदुस्तानी) में बिना किसी भेदभाव के होता है।"

हिंदुस्तानी शैली में साहित्य रचना करते समय लेखक शब्द-अभिव्यक्तियों का चयन कभी संदर्भ के अनुसार, कभी वक्ता-श्रोता के परस्पर संबंध के अनुसार, कभी काल और विषय की विशेषता के अनुसार करता है। मुस्लिम संस्कृति से

ग्रहीत भाषिक उपादान अपने मूल और तद्भव रूप में आकर हिंदुस्तानी शैली को एक खास तरह का प्रवाह देते हैं। कभी-कभी हिंदी-उर्दू शब्द पर्यायों में लिंग भेद होता है। भाषा-शिक्षण में इस तथ्य को उभारना चाहिए, जैसे—शासन किया-हुकूमत की, जीवन छोटा है-जिंदगी छोटी है, कहानी बन गई-अफसाना बन गया, क्षति हुई-नुकसान हुआ, आवेदन दिया-अर्जी दी, अग्रिम दिया-पेशगी दी आदि। हमने यह देखा कि भाषा, समाज और संस्कृति से जुड़ी होती है। भारत में हिंदू और मुस्लिम संस्कृति लंबी अवधि से भाषा संपर्क के सूत्र से बँधी रही हैं। हिंदुस्तानी शैली में इन दोनों संस्कृतियों का सहज समन्वय दिखाई देता है। साहित्य-शिक्षण में इन सांस्कृतिक शैली भेदों पर बल देना चाहिए। अभिवादन, संबोधन, मुहावरे आदि की दृष्टि से इन दो भिन्न संस्कृतियों से बँधे प्रयोग हमें मिलते हैं जिनकी साफ़ पहचान साहित्य के शिक्षार्थी में पैदा करनी चाहिए—

मुस्लिम संस्कृति की अभिव्यक्तियाँ	हिंदू संस्कृति की अभिव्यक्तियाँ
खुदा का शुक्र है।	ईश्वर की कृपा है।
उमर हजारी हो मेरे बेटे।	जुग-जुग जीओ मेरे लाल।
खुदा इसकी उम्र दराज करे।	भगवान इसे लंबी आयु दे।
हाय अल्ला!	हे भगवान!
वालिद साहब	पिता जी
आप बजा फ़रमा रहे हैं।	आप ठीक कह रहे हैं।
ये रफ़ीक के साहबजादे हैं।	यह मोहन का पुत्र है।
कहिए, मिज़ाज कैसे हैं?	कहिए, क्या हाल-चाल हैं।

उच्च हिंदी शैली अपनी भाषिक बुनावट में संस्कृतनिष्ठ होती है। हिंदी के रचनाकारों में जयशंकर प्रसाद को इस शैली का प्रतिनिधि रचनाकार कहा जा सकता है। इस शैली में संस्कृत की अपनी संधियों और समास रचना के अपने नियमों के आधार पर शब्द रचना की बहुलता पाई जाती है। हजारी प्रसाद द्विवेदी के उपन्यास 'बाणभट्ट की आत्मकथा'[9] तथा यशपाल के उपन्यास 'दिव्या'[10] को इस शैली का आदर्श उदाहरण माना जा सकता है। यह शैली अति औपचारिक होती है। साहित्य में ऐतिहासिकता, पौराणिक और मिथकीय पृष्ठभूमि (हिंदू मान्यताओं से संबद्ध) को उभारने के लिए इस शैली को अपनाया जाता है। हजारी प्रसाद द्विवेदी उस श्रेणी के सर्जक हैं जिनकी रुचि और संस्कार संस्कृत उद्भूत

सशक्त हिंदी शैली से आबद्ध है। आगे हम द्विवेदी जी की 'कथा-शैली' पर विचार करेंगे। उच्च उर्दू शैली, अरबी-फारसी मिश्रित शैली है। प्रेमचंद ने अपने लेखन की शुरुआत उर्दू से की थी।

एक विशेष बात यह है कि हिंदी की एक ही कृति में इन तीनों शैलियों का मिला-जुला प्रयोग भी मिलता है (विशेषतः कथा-साहित्य में)। प्रोक्ति का संदर्भ इसका मूल कारण है : विवरण देने, प्रकृति का चित्र खींचने, पात्रों की मनःस्थिति बताने में उच्च हिंदी शैली, संवादों में सामान्य हिंदुस्तानी, मुस्लिम वातावरण को उभारने और मुसलमान पात्रों के संवाद में उच्च उर्दू शैली का प्रयोग कथा-साहित्य में सहज ही देखा जा सकता है। साहित्यिक पाठ में निहित इस शैली-भेद को पढ़ाते समय उभारना अत्यंत आवश्यक है। प्रेमचंद के कथा-साहित्य में इस शैली भेद को साफ-साफ रेखांकित किया जा सकता है और शिक्षण प्रक्रिया में इन्हें खास शिक्षण बिंदु के रूप में अलगाकर अभ्यासों के माध्यम से शिक्षार्थी तक पहुँचाने का यत्न करना चाहिए। प्रेमचंद की कहानी 'शतरंज के खिलाड़ी' के कुछ उदाहरण देखें–

1. **विवरण की उच्च हिंदी शैली–लखनऊ विलासिता के रंग में डूबा हुआ था...जीवन के प्रत्येक विभाग में, आमोद-प्रमोद का प्राधान्य था। शासन विभाग में, साहित्यिक क्षेत्र में, सामाजिक अवस्था में, कला-कौशल में, उद्योग-धंधों में, आहार-व्यवहार में सर्वत्र विलासिता व्याप्त हो रही थी। यह राजनीतिक अधःपतन की चरम-सीमा थी।**

2. **मुस्लिम पात्रों के संवाद की उच्च उर्दू शैली–**

मिरज़ा : बड़ी मुसीबत है। कहीं मेरी तलबी न हो।

मीर : कमबख़्त कल फिर आने को कह गया है।

मिरज़ा : बस, यही एक तदबीर है कि घर पर मिलो ही नहीं। कल से गोमती पर कहीं वीराने में नक्शा जमे। वहाँ किसे खबर होगी। हज़रत आकर आप लौट जाएँगे।

मीर : वल्लाह आपको ख़ूब सूझी। इसके सिवा और कोई तदबीर ही नहीं है।

3. **परिवेश निर्माण की मुहावरेदार हिंदुस्तानी शैली–**

राज्य में हाहाकार मचा हुआ था। प्रजा दिन दहाड़े लूटी जाती थी। कोई फरियाद सुनने वाला नहीं था। देहातों की सारी दौलत लखनऊ में खिंची आती थी और वह वेश्याओं में, भाँड़ों में और विलासिता के अन्य अंगों की पूर्ति में उड़ जाती थी।...रेजिडेंट बार-बार चेतावनी देता था पर यहाँ के लोग विलासिता के नशे में चूर थे। किसी के कानों पर जूँ न रेंगती थी।

साहित्य का शिक्षण प्रथम भाषा के अधिगम के अंतर्गत भी होता है और द्वितीय भाषा के भी। दोनों स्थितियों में साहित्य-शिक्षण के उद्देश्यों और अभिवृत्तियों में अंतर जरूर होता है लेकिन शिक्षण-प्रक्रिया इस दृष्टि से शृंखलित रहती है कि शिक्षार्थी प्रथम भाषा के साहित्य अधिगम की युक्तियों को द्वितीय भाषा के साहित्य अधिगम के लिए भी काम में लाता है। इस प्रक्रिया में वह तुलना और व्यतिरेक की भूमिका को भी यथावसर अपनाता है। सुरेश कुमार (वही) ने द्वितीय भाषा के परिप्रेक्ष्य में साहित्य-शिक्षण के पाठ्य-बिंदुओं की रूपरेखा इस प्रकार दी है–

(क) सांस्कृतिक पृष्ठभूमि
साहित्यिक रूढ़ियाँ तथा समीक्षात्मक प्रतिमान
साहित्यिक कृति
(ख) साहित्यिक कृति का गठन
साहित्यिक कृति की बुनावट
साहित्यिक कृति की भाषा

सामान्य स्तर पर प्रेमचंद की कहानी 'ईदगाह' के शिक्षण में उभारे जा सकने वाले पक्षों को सामने रखकर देखा जा सकता है।

1. शब्द स्तर : तत्सम शब्द–अपूर्व, भ्रातृत्व, सूत्र, समस्त, मनोहर
सामान्य शब्द : हलचल, कचपचाना, घुड़कना, लपकना
उर्दू शब्द : मिजाज, काफूर, बहस, कवायद, दुआएँ, दामन

(शिक्षण प्रक्रिया : पर्याय और विलोम देना, शब्द रचना की ओर संकेत (अ-पूर्व, भ्राता-भ्रातृत्व), वाक्य में प्रयोग)

द्विरुक्त शब्द : (i) माँ न जाने क्यों पीली होती-होती एक दिन मर गई।
(ii) गाँव के बच्चे अपने-अपने बाप के साथ जा रहे थे।
(iii) तरह-तरह के खिलौने हैं।
(iv) मालूम होता है अभी-अभी अदालत से बहस किए चले आ रहे हैं।
(v) कई तो घर पहुँचते-पहुँचते ही टूट-फूट कर बराबर हो जाएँगे।
(vi) ठीक-ठीक पाँच पैसे लगेंगे।
(vii) औरों ने तीन-तीन चार-चार आने पैसे खर्च किए।
(viii) उसका चिमटा भी बारी-बारी से बच्चों के हाथों में से गुजरा।

(शिक्षण प्रक्रिया : होती⟶होती-होती, अपने⟶अपने-अपने के अंतर पर आधारित चर्चा एवं अभ्यास, उदाहरण देकर पाठ्यपुस्तक से इन्हें छाँट कर लिखने को कहना, चूँ-चूँ, बक-बक,

काँय-काँय (ध्वन्यात्मक) अमूर्त भाववाचक पिलपिला, लसलसा तथा अड़ोस-पड़ोस, गोलमटोल (प्रतिध्वनि) आदि अन्य प्रकार के द्विरुक्त शब्दों से परिचित कराना)

शब्द युग्म : (i) वह चार-पाँच साल का दुबला-पतला लड़का था।

(ii) खाएँ मिठाइयाँ, उन्हीं का मुँह सड़ेगा, फोड़े-फुंसियाँ निकलेंगी।

(iii) कुछ लाल रंग के फटे-पुराने कपड़े बिछाए गए।

(शिक्षण प्रक्रिया : सह-प्रयोग को उभारना, सहसंबंध के मूल्य निर्धारित करना, मोटा-ताजा, खाया-पिया, दाद-खाज, कै-दस्त; कटे-फटे, जीर्ण-शीर्ण जैसे प्रयोग बताना, वाक्य में प्रयोग)

2. क्रिया स्तर :

(i) अम्मा हजारों दुआएँ देंगी। (ii) इन्हें कौन दुआ देगा? (iii) मैं सबसे पहले आऊँगा।
(iv) वह तीन कोस पैदल कैसे चलेगा? (i) मोहसिन और महमूद मिजाज दिखाते हैं। (ii) हामिद लोहे की दुकान पर रुक जाता है। (iii) वे सब आगे बढ़ जाते हैं।
(i) आज का सूर्य देखो। (i) मुझे किसी ने एक भी न दी।

(शिक्षण प्रक्रिया : क्रिया के मूल पद में होने वाले परिवर्तनों को समझाना, वचन-लिंग परिवर्तन के साथ अभ्यास कराना, सामान्य-निषेधवाचक-प्रश्नवाचक वाक्य बनवाना, खण्ड-1 के वाक्य (ii) और (iv) में कौन, कैसे के माध्यम से प्रश्नवाचक का निषेधवाचक के रूप में प्रयोग समझाना)

3. वाक्य का अर्थगत स्तर : (i) गाँव में कितनी हलचल है। (विधानवाचक)

(ii) तुम डरना नहीं अम्मा। (निषेधवाचक)

(iii) लेना हो तो लो, नहीं तो चलते बनो।
(आज्ञार्थक/उपेक्षा)

(iv) यह चिमटा क्यों लाया, पगले? (प्रश्नवाचक/वात्सल्य)

(v) अरे! यह चिमटा कहाँ से आया। (विस्मयादि बोधक)

4. शैली स्तर : (i) कितना मनोहर और सुहाना प्रभात है। (उच्च हिंदी)

(ii) मोहसिन और महमूद मिजाज दिखाते हैं। (उर्दू)

(iii) हँसो, मेरी बला से। (उर्दू)

(iv) अगर कोई शेर आ जाए तो मियाँ भिश्ती के छक्के छूट जाएँ, सिपाही बंदूक छोड़कर भाग जाएँ। (हिंदुस्तानी)

(v) अमीना का क्रोध काफूर हो गया। बच्चे में कितना त्याग है। (हिंदुस्तानी)

5. <u>मुहावरा स्तर</u> : दिल कचपचाना, मिजाज दिखाना, आँख उठाकर भी न देखना, शान से अकड़ना, छक्के छूटना, सुरलोक सिधारना।

(शिक्षण प्रक्रिया : अर्थ बताना, वाक्यों में प्रयोग करवाना, रिक्त स्थानों में भरवाना)

6. <u>दृढ़ीकरण और पाठ बोध</u> : अनेक पद्धतियाँ अपनाई जा सकती हैं। कुछ विशेष पद्धतियाँ 'ईदगाह' के संदर्भ में अपनाई जा सकती हैं, जैसे–

(i) पाठ के वाक्यों का प्रयोग करते हुए प्रश्न का उत्तर देना–

प्रश्न : रमजान के कितने दिन बाद ईद आती है?

उत्तर : पूरे तीस दिन बाद।

(ii) पाठ के आधार पर स्मरण की जाँच के लिए प्रश्न–

- दुकान में कौन-कौन से खिलौने थे?
- हामिद के साथियों ने कौन-कौन से खिलौने खरीदे?

महमूद ने..........................

मोहसिन ने..........................

नूरे ने..............................

पाठ की प्रकृति के अनुसार कथा-पाठ के माध्यम से प्रोक्ति संरचना, भाषा की संप्रेषणपरकता, भाषा में निहित सांस्कृतिकता आदि को भी साहित्य-शिक्षण में उभारा जा सकता है। यह हम जानते हैं कि अनुप्रयुक्त भाषाविज्ञान की एक शाखा की मान्यता आज भाषा प्रयोग की अभिरचनाओं को देखने वाली दृष्टि को माना जाता है। यह शाखा मानती है कि पाठ में और मौखिक व्यवहार में भी भाषा के अनेकानेक विकल्पनों का प्रयोग किया जाता है। अतः किसी भी साहित्यिक पाठ में हमें सौंदर्यपरक पक्ष के साथ-साथ समाज में वास्तविक भाषा प्रयोग के दृष्टांत भी गुंफित दिखाई देते हैं। यहाँ एक ओर हम साहित्यिक, बोलचाल की, वैज्ञानिक, पत्रकारिता और माध्यम भेद से प्रभावित शैली को रेखांकित कर सकते हैं, जिन्हें भाषाविज्ञानी धरातल पर 'प्रयुक्ति' की संकल्पना द्वारा समझने-समझाने का प्रयत्न किया जा चुका है। दूसरी ओर **संदेश के प्रस्तोता (sender) और ग्रहीता (Reciever) और भाषा रूप (code)** की केंद्रीयता के आधार पर निर्मित शैली भेद

किसी भी भाषा को भिन्न-भिन्न प्रकार्यों से बाँधता है, जैसे–

1. **वक्ता-लेखक की प्रधानता वाला पाठ, जो भाषा को अभिव्यंजक प्रकार्य प्रदान करता है।**
2. **श्रोता-पाठक की प्रधानता वाला पाठ, जो भाषा को संज्ञानात्मक प्रकार्य प्रदान करता है।**
3. **भाषा-रूप की प्रधानता वाला पाठ, जो भाषा को पाठगत प्रकार्य प्रदान करता है।**

तीसरी ओर क्रिस्टल डेवी का प्रारूप, जिसके आधार पर पाठ में निहित शैली भेद को समाज-सांस्कृतिक धरातल के भिन्न-भिन्न घटकों के आधार पर पहचानने की दिशा प्रशस्त की गई है और चौथी ओर प्रोक्ति तथा प्रोक्ति प्रकारों के संयोजन का आधार जो विवरण, संवाद और एकालाप की शैली को अलग-अलग और फिर इनके समन्वित रूप को देख पाने की दृष्टि देता है। इन व्यापक और विस्तीर्ण संदर्भों में 'शैली' का अर्थ-संदर्भ भी बहुमुखी और बहुआयामी बन चुका है। प्रसिद्ध शैलीवैज्ञानिक चेटमैन (1971)[11] ने साहित्य में शैली के निम्नलिखित रूपाकार या प्रकार निर्धारित किए हैं–

1. **शैली, उत्तम लेखन की पहचान के रूप में,**
2. **शैली, व्यक्ति के अपने व्यक्तित्व के प्रतिबिंब के रूप में,**
3. **शैली, लेखन के सामान्य लक्षण के रूप में, और**
4. **शैली, प्रोक्ति या बोलने के टोन को रेखांकित करने वाले तत्त्व के रूप में।**

एंक्विस्ट (1973)[12] ने शैली को इस प्रकार देखा है–

1. **शैली का संबंध वैकल्पिक भाषिक तत्त्वों के चयन से संबद्ध है।**
2. **शैली वैयक्तिक लक्षणों से आपूरित अभिव्यक्ति प्रकारों का सेट है।**
3. **शैली भाषिक प्रतिमान से विचलन है।**
4. **शैली, विचारों को व्यक्त करने का अभिलक्षण है।**
5. **शैली, विषय-वस्तु से संबद्ध भाषा-भेद है।**
6. **शैली, पाठ की गुणवत्ता को सिद्ध करने का उपकरण है।**

हिंदी में 'शैली-चिंतन' की परंपरा रही है। किसी भी विधा में शैली के भिन्न रूपों की पहचान के लिए आचार्य रामचंद्र शुक्ल[13] से लेकर डॉ. रामस्वरूप चतुर्वेदी[14] तक ने इनमें से कुछ पर विचार किया है। हिंदी परंपरा से प्राप्त साहित्यिक शैली के प्रकारों को मिलाजुला कर इस प्रकार रखा जा सकता है–

1. **आलोचनात्मक शैली :** जिसमें किसी विषय, वस्तु, परिस्थिति, मत, घटना के गुण-दोषों की परीक्षा की जाए।
2. **उद्धरण शैली :** जिसमें अन्य लेखकों के वाक्यों, चिंतकों-नेताओं की पंक्तियों, लोकगीतों या कविता की पंक्तियों, सूक्तियों-सुभाषितों को उदाहरण के रूप में प्रस्तुत किया जाए।
3. **गवेषणात्मक शैली :** जिसमें किसी विषय पर तर्क देते हुए कुछ नई बात कही जाए।
4. **भावात्मक शैली :** जिसमें भावना के प्रवाह में लेखक गद्य में भी काव्यात्मक भाषा का प्रयोग करता है।
5. **परिचयात्मक/वर्णनात्मक शैली :** जिसमें किसी विषय, घटना, विचार, पात्र, प्रकृति का विस्तार से वर्णन हो।
6. **विचारात्मक शैली :** जिसमें विचारों या दर्शन की प्रधानता हो।
7. **विवेचनात्मक शैली :** जिसमें विषय के अंग-प्रत्यंग को विवेचित किया गया हो।
8. **व्यंग्यात्मक शैली :** जिसमें व्यंग्य की प्रधानता हो।
9. **सूत्र शैली :** जिसमें सूत्र के रूप में या कम-से-कम शब्दों में बड़ी बात को संक्षेप में कहा जाए।
10. **उद्‌बोधन शैली :** जिसमें लेखक एक उपदेशक के रूप में पाठक को संबोधित करता है, उसे प्रेरित करता है।
11. **ओजपूर्ण शैली :** जिसमें शालीनता, श्रेष्ठता, शौर्य, वीरता, सत्यप्रियता, त्याग, बलिदान आदि के भाव प्रेरक ढंग से प्रस्तुत किए जाएँ।
12. **मुहावरेदार शैली :** जिसमें स्थानीय कथनों-अभिव्यक्तियों तथा मुहावरों का सर्जनात्मक प्रयोग हो।
13. **हास्य शैली :** जिसमें स्थिति, व्यक्ति और घटना का इस तरह प्रेषण हो कि हास्य उत्पन्न होता हो।
14. **प्रतीकात्मक शैली :** जिसमें मूर्त-अमूर्त, दृश्य-अदृश्य, मानसिक-शारीरिक वस्तुओं या अवस्थाओं को प्रतीकों के माध्यम से प्रकट किया जाए। विशेष्य-विशेषण तथा उपमान-उपमेय संबंध जिसमें प्रमुख हों।

अन्य भाषा-शिक्षण में साहित्य-शिक्षण करते समय पाठ के संदर्भ में इन शैलियों पर भाषा-शिक्षक की दृष्टि रहनी चाहिए। किसी भी विधा के पाठ में ये सभी कहीं-न-कहीं अंतर्भुक्त रहते हैं। यहाँ पहले हम कुछ गद्य कृतियों के माध्यम से हिंदी साहित्य में व्याप्त शैली भेदों या शैलीवैशिष्ट्य को रेखांकित करते चलें। यह स्पष्ट समझ लें कि यह शैलीय विश्लेषण, पाठ-विश्लेषण की अद्यतन पद्धति

या प्रणाली के आधार पर किया गया है और यह भी कि इस प्रारूप का उपयोग साहित्य का अध्यापक किसी भी गद्य-पाठ के अध्यापन के समय पूर्व तैयारी के रूप में कर सकता है। बोलचाल की भाषा (सामाजिक शैली), प्रोक्ति (विवरण, संवाद, एकालाप), वक्ता-लेखक की प्रधानता वाले पाठ तथा भाषा के समाज-संदर्भित प्रयोगों को साहित्य-शिक्षण के लिए वर्गीकृत करने तथा उनकी भूमिका को शिक्षार्थी की बोधन-क्षमता की दृष्टि से रेखांकित करने के लिए हिंदी के तीन क्लासिकी स्तर के उपन्यासों को आधार बनाया गया है। दो उपन्यास आचार्य हजारी प्रसाद द्विवेदी के हैं–'बाणभट्ट की आत्मकथा' और 'अनामदास का पोथा'[15] तथा एक उपन्यास आचार्य चतुरसेन शास्त्री का है–'वयं रक्षामः'।[16]

पहले यह जान-समझ लें कि भाषा की सामान्य प्रकृति पर द्विवेदी जी के विचार प्रौढ़ और वैज्ञानिक हैं। आज आधुनिक भाषाविज्ञान, भाषा की 'प्रयोजनीयता' और उसके 'सामाजिक संदर्भों' की जो बात उठाता है और भाषा तथा समाज के अंतस्संबंधों को अभिन्न मानते हुए भाषा को देखने-विवेचित करने का आग्रह करता है, इसका संकेत हमें द्विवेदी जी के भाषाविषयक चिंतन में भरपूर मिलता है। वे शब्दों द्वारा व्यक्त भाषा को मनुष्य के सामाजिक संबंधों के प्रतीक के रूप में देखते हैं। चाहे उनके इन 'दोनों पाठों' की मूल शैली संस्कृत प्रधान हो पर भाषा की सामाजिकता से उनका उपन्यासकार तनिक भी विचलित नहीं हुआ है। उनका मानना है कि शब्द की न केवल प्रकृति समाजपरक है, वरन् उसका प्रयोजन भी सामाजिक है। उन्हीं के शब्दों में–"शब्द इस उद्देश्य से बनाए गए हैं कि व्यक्ति की भावना दूसरे के चित्त में आसानी से उतार दी जा सके। व्यक्ति यदि अपने आप में परिपूर्ण होता तो शब्द द्वारा अर्थ को प्रकट करने वाली भाषा की आवश्यकता नहीं होती।"[17] यहाँ द्विवेदी जी ने दो महत्त्वपूर्ण बातें कही हैं, एक तो यह कि व्यक्ति सामाजिक संबंधों के आधार पर ही परिपूर्ण बनता है और दूसरी कि समाजीकरण की प्रक्रिया का रास्ता भाषा का रास्ता है। उनका यह भाषाचिंतन मात्र वैचारिक धरातल तक ही सीमित नहीं है बल्कि अपने उपन्यासों में उन्होंने इसे प्रतिफलित करके भी दिखाया है।

भाषा की समाजपरक प्रकृति और उसके सामाजिक प्रयोजन के अनेक दृष्टांतों से उनके उपन्यास भरे पड़े हैं। आधुनिक भाषाविज्ञान यह मानता है कि भाषा-व्यवहार में सामाजिक संदर्भ नियंत्रक की भूमिका निभाते हैं जिनके कारण ही भाषा का स्वरूप अपने व्यावहारिक स्तर पर परिवर्तित होता रहता है। भाषा के इसी संप्रेषणपरक स्वरूप को 'संप्रेषणपरक दक्षता' के रूप में रूपांतरित करने

पर भाषा-शिक्षण भी बल देता है। अर्थात् साहित्य-शिक्षण द्वारा संप्रेषणपरक भाषा-शिक्षण को गति और दिशा दी जा सकती है अथवा मौखिक स्तर पर सिखाई गई संप्रेषणपरक उक्तियों का लेखन स्तर पर शिक्षण करते समय दृढ़ीकरण किया जा सकता है, नई उक्तियों की ओर शिक्षार्थी का ध्यान खींचा जा सकता है और पाठ के संदर्भ में इनकी प्रासंगिकता या उपयुक्तता सिद्ध की जा सकती है। 'बाणभट्ट की आत्मकथा' में इस 'सामाजिक शैली' का निर्वाह द्विवेदी जी ने बड़ी ही सतर्कता के साथ और प्रभावशाली ढंग से किया है। इस प्रकार के प्रयोग में वे केवल वक्ता-श्रोता के आपसी संबंधों को ही उजागर नहीं करते बल्कि पात्रों की मनःस्थिति, तात्कालिक परिस्थिति और बातचीत के संदर्भ पर भी गहरी दृष्टि रखते हैं। कुछ उदाहरण देखें–

1. दो मित्रों की बातचीत की आत्मीय/विनोदी शैली :

हो भाग्यवान बंधु! देखो मित्र को भूलने का परिणाम बुरा होता है।
क्या परिणाम होता है, मित्र?
बड़ा कठिन मित्र। किसी मृणाल-कोमल वस्तु में बँधना पड़ता है।
कै बार बँध चुके हो बंधु?
अरे गुरु, मेरी बात छोड़ो। पद्मपत्र पानी में रहकर भी निर्विकार रहता है।

2. पद की दृष्टि से उच्च (प्रतिष्ठित पुजारी) और निम्न पदधारी (बाण) की वार्ता :

ब्राहमण है?
हाँ आर्य।
झूठा! क्यों रे! तू आत्मा को नित्य मानता है?
मानता हूँ, आर्य।
पाखंडी, तो अमंगल से क्यों डरता है? मिथ्याचारी है तू।
हाँ आर्य, सो तो हूँ।
तो कुछ अच्छी बात सीख न।
क्या आर्य?
यही कि डरना नहीं चाहिए।

3. औपचारिक/विनम्र शैली (संदर्भोचित संबोधन प्रयोग के साथ) :

- **शुभे! अनुचित न मानें तो मैं कुछ निवेदन करूँ।**
- **कुछ सेवा कर सकूँ तो मैं धन्य हूँगी आर्य!**
- **परदेशी हूँ शुभे! अनुचित कहूँ तो क्षमा करें।**

- भद्र अप्रसन्न हो गए क्या?
- मात! आज मैं कृतार्थ हुआ।
- कल्याण हो वत्स।
- तो आचार्यपाद की अनुमति है?
- आर्य! यदि अविनय न समझें तो पूछूँ।
- भगवान आपका भला करेंगे।

4. <u>अनौपचारिक/आत्मीय शैली (संदर्भोचित संबोधन प्रयोग के साथ)</u>:

- उठ, पहले स्नान कर ले।
- नहीं रे! वे तेरे पिता समान हैं।
- निउनियाँ, रो मत।
- अभागी, तू भाग क्यों आई?

द्विवेदी जी भाषा के साथ जिस सामाजिक प्रयोजन को जोड़ते हैं उसकी पूर्ति वे संबोधनों के प्रयोग द्वारा भी करते हैं। सामाजिक संप्रेषण में भिन्न वर्गों, समुदायों, व्यवसाय के लोगों के लिए उपयुक्त संबोधन का चयन 'भाषा-दक्षता' के लिए अनिवार्य है। हिंदी में नाते-रिश्ते के शब्दों का भी संबोधनवत प्रयोग किया जाता है। इनके चयन में आयु, पद, लिंग, संबंध आदि कई भाषेतर तथ्य काम करते हैं। उच्च पद के लोगों द्वारा एक-दूसरे के लिए संबोधन-प्रयोग की सरणि हिंदी भाषा समाज में निर्धारित मिलती है। द्विवेदी जी ने अपने दोनों ही उपन्यासों में इन संबोधनों का सार्थक, सटीक और संदर्भयुक्त प्रयोग किया है। इनमें संस्कृत संबोधनों का आधिक्य है (उपन्यासों की पृष्ठभूमि के कारण) लेकिन उपन्यासों के 'मूड' में ये पूरी तरह सटीक बैठते हैं क्योंकि संबोधित और संबोध्य के बीच का पद-भेद इन प्रयोगों का मूलाधार है। इनके साथ ही सामान्य हिंदी संबोधनों का भी उन्होंने यथास्थान प्रयोग किया है—

<u>परिचित-अपरिचित दोनों के लिए प्रयुक्त संबोधन (परिस्थिति और संदर्भ के अनुसार)</u>

भद्रे, महाराज, देवि, आर्य, आयुष्मान, मातः, वत्स, तात, सौम्य, ऋषि कुमार, भगवान, ब्रह्मचारी, बेटी, माँ, अभागी, दंभी, जन्म का पातकी, मूर्ख, पाखंडी, गुरु।

शिक्षणीय बिंदु के रूप में यहाँ **विनम्र-विनम्र** प्रयोग तथा संबोधनों के भिन्न संदर्भोचित प्रयोगों को रेखांकित किया जा सकता है। साहित्यिक पाठ के माध्यम से हिंदी भाषा के संप्रेषणपरक पक्षों को इस प्रकार अन्य भाषा (हिंदी) की कक्षा में प्रस्तुत किया जा सकता है। 'अनामदास का पोथा' का नायक युवा पर अबोध

है। माँ समान गुरुपत्नी उसे भाषा प्रयोग संबंधी ज्ञान प्रदान करते हुए कहती है, "देखो, बेटा, अपने से छोटी स्त्रियों को बेटी कहा जाता है। समान अवस्था की स्त्रियों को बहिन कहा जाता है। इसे तू दीदी कह। मैंने इसे बेटी कहा, वह तेरी बहिन हुई, बड़ी बहिन को दीदी कहा जाता है।" यह एक सामाजिक यथार्थ है कि हिंदी के नाते-रिश्ते के शब्दों का प्रयोग संबोधन शब्दावली के रूप में भी हिंदी भाषा समाज करता है। हाइम्स ने यह संकेत किया था कि नाते-रिश्ते के शब्द संबोधन के रूप में प्रयुक्त होकर अर्थ और संप्रेषण का नया संदर्भ प्रस्तुत करते हैं। हिंदी में इस प्रकार के प्रयोगों को देखें तो यह स्पष्ट होता है कि हिंदी में नाते-रिश्ते के कई ऐसे शब्द हैं जिनका उसी रूप में संबोधन-शब्द के रूप में प्रयोग किया जाता है। इस रूप में प्रयोग करते समय कुछ के साथ 'जी' या 'साहब' लगाया जाता है, जैसे—माता (जी), पिता (जी), भाई (साहब), बहू (जी), दादा (जी), ताऊ (जी) आदि। ये संबोधन वय, श्रोता की अपनी आयु के अनुसार अनजान लोगों के लिए भी प्रयुक्त किए जाते हैं। वास्तविक रिश्तों में संबोधित का नाम जोड़कर संबोधित करने की व्यवस्था भी हिंदी भाषा समाज में है, जैसे—रमेश मामा, उमा मौसी, शोभा दीदी, महेश चाचा, गीता चाची आदि। यह भी ध्यान देने योग्य तथ्य है कि नाते-रिश्ते के शब्दों के संबोधनवत् प्रयोग में आयु सबसे महत्त्वपूर्ण घटक है।

हिंदी भाषा समाज में कुछ ऐसी रूढ़ियाँ हैं जो भाषा-समाज के सदस्यों के भाषा व्यवहार को नियन्त्रित करती हैं। परंपरावादी परिवारों में पति-पत्नी एक-दूसरे को नाम लेकर नहीं पुकारते। अतः आपस में एक-दूसरे को संबोधित करने के लिए ये दोनों ऐ जी! देखो जी! कहो जी! सुनो जी! सुनते हो/सुनती हो, मैं कहता हूँ, अरी भाग्यवान! आदि अभिव्यक्तियों का प्रयोग करते हैं। शिक्षार्थी के वास्तविक व्यवहार की दृष्टि से चाहे ये संबोधन बहुत उपयोगी न हों, लेकिन कथा और नाटक-एकांकी के पाठों में इनका प्रयोग बहुतायत से मिलता है। इनके प्रयोग के पीछे संदर्भ, परिस्थिति और पात्रों के संबंध का ही नहीं, कुछ निर्धारित मनःस्थितियों का भी बोध होता है जिनके कारण इनका चयन किया जाता है। जैसे यदि पति-पत्नी बेटा-बेटी वाले हैं तो आपस में एक-दूसरे को संबोधित करने के लिए वे इनके नाम का सहारा भी लेते हैं—लीला की माँ या मोहन के बाबू आदि। सामाजिक संदर्भ की दृष्टि से यह भी महत्त्वपूर्ण है कि जब एक ही नाते से जुड़े एकाधिक व्यक्ति होते हैं तो उन नातों के शब्द के साथ 'बड़े', 'मँझले' और 'छोटे' उपसर्ग लगा कर उन्हें संबोधित किया जाता है, जैसे—बड़े भैया, मँझली

दीदी, छोटे मामा आदि।

नाते-रिश्ते की हिंदी शब्दावली का प्रयोग देवी-देवताओं को संबोधित करने के लिए भी किया जाता है। अन्य भाषा-शिक्षण में यह प्रयोग सांस्कृतिक वैशिष्ट्य को बताने में सहयोगी सिद्ध हो सकते हैं। हिंदी में हम सभी पूज्य देवियों को 'माँ' कह कर संबोधित करते हैं—माँ दुर्गा, अम्बे, जगदम्बे, जगत्-जननी जैसे प्रयोग भक्त-जनों के बीच सुनाई देते हैं। आराध्य देवी के साथ 'माता' जोड़कर भी उन्हें संबोधित किया जाता है जैसे दुर्गा माता, काली माता, शीतला माता आदि। इन देवियों के नाम के पहले 'माँ' जोड़कर भी इन्हें संबोधित किया जाता है, जैसे—माँ दुर्गा, माँ काली, माँ शीतला आदि। परंपरावादी हिंदी समाज में कुछ ऐसे विश्वास भी हैं जिनके कारण कुछ वस्तुओं को हम देवी या पारलौकिक शक्ति से संपन्न मानने लगते हैं। इन सबके साथ 'माता' का प्रयोग हमारे इस विश्वास की धारणा को प्रमाणित भी करता है, जैसे—तुलसी (माता), गऊ (माता), विद्या (माता), गंगा (माता) आदि। हिंदी में 'माता' के इस व्यापक संबोधनवत् प्रयोग को देखते हुए मिशेल (1975) जैसे पाश्चात्य भाषावैज्ञानिक को भी यह कहना पड़ा कि एक शब्द का इतने ज्यादा सामाजिक-संदर्भों में प्रयोग संभवतः विश्व की किसी भी भाषा में मिल पाना कठिन ही है।

सामाजिक शैली मात्र अलंकरण या सजावट के लिए चयनित तत्त्व नहीं होती। उसका संबंध वर्णन करने की भिन्न प्रणाली से है, वह अपने आप में अभिव्यक्ति भेद है—सामाजिक अर्थ को प्रकट करने की सामर्थ्य से भरी-पूरी। श्रीवास्तव (1996)[18] ने इसीलिए यह कहा है कि "सामाजिक शैली वस्तुतः अर्थविस्तार की सूक्ष्म मर्यादा का निर्माण करती है।" साहित्य भाषा का रूपविधान, सामान्य भाषा के सहारे ही रचा जाता है। वास्तव में साहित्य भाषा का पैटर्न सामान्य भाषा के पैटर्न की ही विशेष स्थिति में, विशेष प्रभाव के लिए प्रयुक्त 'उपश्रेणी' है। कथा-भाषा में भाषा का समाज-सांस्कृतिक (संप्रेषणपरक) पक्ष रचनार्थ को भाषा में रूपांतरित यथार्थ बनाकर सामने लाता है अतः कथा-भाषा के भाषिक तत्त्वों के साक्ष्य पर सामाजिक अर्थ (संप्रेषणपरक/प्रयोगार्थ) की बात की जा सकती है। यहाँ यह भी जान लेना आवश्यक होगा कि समाज भाषाविज्ञान के उभरने के साथ ही भाषाविज्ञान ने भाषिक क्षमता के साथ संप्रेषणपरक दक्षता पर बल देना प्रारंभ कर दिया था। इस समय चॉम्स्की के स्थान पर लेबॉव का नाम लिया जाने लगा। लेबॉव का समाज भाषावैज्ञानिक शैली भेद से तात्पर्य है—सामाजिक संदर्भ से नियंत्रित भाषेतर भेद, जैसे वक्ता, श्रोता, परिवेश इत्यादि

(1966)। इस दृष्टि से 'वयं रक्षामः' के कुछ संवाद शिक्षणीय बिंदुकहे जा सकते हैं और यह सिद्ध किया जा सकता है कि साहित्यिक भाषा का उपयोग अन्य भाषा-शिक्षण के संप्रेषणपरक पक्ष को सामने लाने के लिए किया जा सकता है। सामाजिक शैली का यह पक्ष नाटक, उपन्यास, कहानी तीनों विधाओं के पाठ से रेखांकित किया जा सकता है। 'वयं रक्षामं' में एक अनजान स्त्री और मद्य क्री हाट के पीठ-पुरुष का वार्तालाप मध्यम पुरुष एकवचन सर्वनाम 'तू' के प्रयोग को तो दर्शाता ही है, अभिव्यक्ति की उस शृंखला को भी दर्शाता है जिसमें क्रिया-रूप अनादर का भाव व्यक्त करता है तथा शिष्ट भाषा का अनौपचारिक रूप भी जिसमें आबद्ध है–

पीठ पुरुष : ला स्वर्ण।
स्त्री : कैसा स्वर्ण?
पीठ पुरुष : तो मद्य यहाँ कहाँ है?
स्त्री : इन भाँड़ों में क्या गरल है?
पीठ पुरुष : स्वर्ण जो नहीं देते उनके लिए गरल है।
स्त्री : तो गरल ही दे।
पीठ पुरुष : गरल देने क्री नागपति की आज्ञा नहीं।
स्त्री : ला फिर मद्य दे।
पीठ पुरुष : तो ला स्वर्ण।
स्त्री : अरे मूढ़, कैसा स्वर्ण?
पीठ पुरुष : मद्य क्या यों ही बँटता है?

ऊपर उद्धृत संवाद वक्ता-श्रोता के संबंधों को उजागर करने के साथ-साथ स्त्री के हठी और उन्मुक्त स्वभाव का तथा पीठ पुरुष के रसिक स्वभाव का परिचय भी हमें देता है। पात्रों की इस प्रकृतिगत विशिष्टता को अगर 'संदर्भ' मानें तो सभी संवादों के अनुतान, लय और बलाघात का भी वैशिष्ट्य हमें दिखाई देता है। इस प्रकार के नाटकीय संवाद शिक्षार्थी से यह अपेक्षा करते हैं कि वह इन्हें सही ढंग से पढ़े, और सही ढंग से मुखर वाचन के लिए यह जरूरी होगा कि वह इनके भाव और संदर्भ को जाने। इन संवादों से भी अधिक शैलीय वैविध्य से पूर्ण और संप्रेषण के सामाजिक नियमों से आबद्ध उदाहरण रावण और कुबेर के बीच होने वाला संवाद है। प्रहरी पूछता है–

क्या तू लंका नागर है?
नहीं मैं आगत पुरुष हूँ।
यक्ष है?

नहीं रक्ष हूँ।

कहाँ का?

रावण के विषय में मालूम होने पर प्रहरी का भाषा प्रयोग एकदम बदल जाता है, 'तू' से 'आप' में परिवर्तित हो जाता है—'मैं उनसे **आपका** शुभागमन निवेदन करता हूँ, **आप** विराजिए'। इसी प्रकार यक्ष पुत्री पर मुग्ध होकर रावण कहता है 'मैं **आप** पर मुग्ध हूँ।' वह कहती है '**आप** मंदोदरी के प्रति अन्याय कर रहे हैं।' परंतु यक्ष पुत्री के स्वर में प्रेम का निमंत्रण-भाव देखकर रावण कहता है 'मेरा मन **तुम** पर अनुरक्त है सुंदरी।' और यक्ष पुत्री भी उसे चुंबन लेने का प्रयत्न करते देख कहती है 'लंकेश, यह तुम क्या कर रहे हो?' आत्मीयता के चरम क्षणों में रावण कहता है 'प्रिये, तू मेरी आराध्य है।' आप, तुम, तू का यह क्रमिक प्रयोग इस तथ्य को दर्शाता है कि हिंदी भाषा के मध्यम पुरुष सर्वनामों का प्रयोग समाज नियंत्रित होता है। वैसे तो तीनों ही प्रकार के सर्वनाम प्रयोग के नियम समाज ही निर्धारित करता है, भाषा का व्याकरण नहीं। वक्ता-श्रोता के संबंध और परिस्थिति के अनुसार ही इनका संदर्भगत चयन किया जाता है, अर्थात् कौन, कब, किससे, कहाँ और किन परिस्थितियों में वार्तालाप कर रहा है। अतः सामाजिक दृष्टि से सही और सटीक सर्वनाम प्रयोग का शिक्षण 'पाठ केंद्रित' आधार पर अत्यंत फलप्रद ढंग से किया जा सकता है।

संप्रेषणपरक भाषा के संदर्भ में प्रोक्ति-संरचना का महत्त्व आज स्थापित हो चुका है। प्रोक्ति-संरचना वाक्यों के गठन का वह समूहगत रूप है जो क्रमबद्ध और समन्वित होकर पूर्ण अर्थ और सह संबंधों को व्यक्त करता है। प्रोक्ति का अर्थ संदर्भ से जुड़ा होता है। शैलीविज्ञान की अधुनातन अवधारणा के रूप में प्रोक्ति/पाठ-विश्लेषण ने अपनी खास जगह बना ली है। अतः पाठ के शिक्षण में इस पद्धति का उपयोग करते हुए भाषा के अभिव्यक्तिपरक भेदों तथा अपेक्षित संप्रेषण के लिए भाषा के विशिष्ट गठन को अध्येता के सामने रखना जरूरी है। आचार्य हजारी प्रसाद द्विवेदी के दोनों उपन्यासों (बाणभट्ट की आत्मकथा और अनामदास का पोथा) में प्रोक्ति-संरचना के सभी धरातल हमें दिखाई देते हैं—एकालाप, संवाद, विवरण, निर्देश, भाषण, सूक्तियाँ, व्यंग्यात्मक प्रोक्ति। कहने की आवश्यकता नहीं कि ये प्रोक्तिरूप अपनी संरचनात्मक बुनावट में तो विशिष्ट होते ही हैं, इनके प्रकार्य भी संप्रेषण की अलग-अलग जरूरतों से बँधे होते हैं। अतः 'पाठ-बोध' के साथ इनकी बनावट-बुनावट और इनके गठन की ओर शिक्षार्थी का ध्यान आकर्षित करना, उसे भाषा के प्रति सचेत बनाना है। साथ ही प्रोक्ति केंद्रित

साहित्य-अध्ययन भिन्न संदर्भों में भाषा के भिन्न प्रकार्यों को साधने तथा भिन्न प्रोक्तियों के माध्यम से अभिव्यक्तिकरण की दक्षता भी शिक्षार्थी में पैदा करता है। साहित्यिक पाठ के माध्यम से 'भाषा-बोध' का लक्ष्य तो इससे सिद्ध होता ही है। द्विवेदी जी के उपन्यासों से वर्गीकृत इन प्रोक्तियों से हमें इसका स्पष्ट भान भी हो सकेगा और हम यह भी देख सकेंगे कि प्रोक्ति-संरचनाओं के बीच मिश्रण की स्थिति भी बनती है और यह भी कि दो भिन्न स्थलों पर दो भिन्न प्रोक्ति-संरचनाओं के माध्यम से एक ही तथ्य या घटना को परिस्थिति या संदर्भ के अनुरूप ढाला जा सकता है और इस प्रकार कथन को अधिक मार्मिक, अधिक प्रभावशाली और अधिक सर्जनात्मक बनाया जा सकता है।

1. एकालाप–नाटकों में एकालाप (मोनोलॉग) का बहुतायत से प्रयोग किया जाता है। इसमें एक ही पात्र अपने आप से बात करता है। किसी घटना, परिस्थिति पर विचार करता है। इसे हम 'विचार भाषा' भी कह सकते हैं। एकालाप एक पंक्ति का भी हो सकता है जैसे, **हाय मैंने यह क्या कर डाला या मुझे वहाँ नहीं जाना चाहिए था या रे मन, अब यहाँ से निकल चल** और एक अनुच्छेद का भी। एकालापों की व्याकरणिक संरचना भिन्न हो सकती है। यह भिन्नता पात्र (वक्ता) की मनःस्थिति पर निर्भर करती है। जब वह किसी पूर्व घटना का तटस्थ विवेचन कर रहा होता है तो एकालाप की प्रोक्ति भूतकालिक क्रिया-प्रधान होती है। जब वक्ता ऊहापोह की स्थिति में होता है या अपने किए पर पछता रहा होता है तो एकालाप की बुनावट में प्रश्नवाचकता प्रधान हो जाती है आदि। कहने का तात्पर्य यह है कि एकालाप के शिक्षण को संदर्भ और भाषिक संरचना से जोड़ कर सामने रखना साहित्य-शिक्षण की एक प्रक्रिया या पद्धति होनी चाहिए। साहित्य शिक्षक को इस तथ्य में गहरा विश्वास होना चाहिए कि साहित्य एक ऐसी वस्तु है जो हमें भाषा प्रकार्यों के विविधि संदर्भों के अध्ययन को पूर्णता में करने का अवसर प्रदान करती है और यह भी सिद्ध करती है कि भाषा कोई जड़ व्यवस्था नहीं बल्कि सर्जनात्मक क्षमता की अनंत संभावनाओं से युक्त व्यवस्था है। इसी तथ्य को ध्यान में रखकर द्विवेदी जी के दोनों उपन्यासों की प्रोक्ति-संरचना पर इसे साहित्य-शिक्षण की एक उपयोगी सामग्री और ऐप्रोच मानते हुए दृष्टिपात करें–

(क) **इस समय कौन किसकी सहायता कर सकता है? यह सब क्या है? क्या इस संकट से उबरने का कोई मार्ग है? कौन इस विषम परिस्थिति में मार्ग-दर्शन कर**

सकता है? कितनी मनोज्ञ है शुभा, कितनी बुद्धिमती। इस समय वह मिल जाती तो कितना अच्छा होता। (अनामदास का पोथा)

(ख) **कहाँ आ फँसा? मैंने जो कुछ देखा क्या वह सत्य है? भट्टिनी इस समय निरापद है न! निपुणिका की क्या अवस्था है? क्या मैं भट्टिनी की पूजा का अधिकारी हूँ? आश्चर्य है। इतनी सी बात मन में इतनी हलचल क्यों पैदा कर रही है?...क्या करूँ? कौन-सा उपाय है? निपुणिका क्या बची है? अरी ओ निउनियाँ, कहाँ है तू? कौन मेरी सहायता करेगा? (बाणभट्ट की आत्मकथा)**

स्पष्ट ही है कि उपरोक्त प्रोक्ति-संरचना (एकालाप) की मूल वाक्य संरचना प्रश्नवाचक वाक्य रचना है। अतः शिक्षणीय घटक के रूप में कौन, क्या, कहाँ, कौन-सा के विविध प्रयोग इस पाठ के संदर्भ में सिखाए जा सकते हैं। आज के हिंदी चिंतन में इनके प्रयोग एवं संदर्भगत भेदों को सूक्ष्मता के साथ देखा और प्रस्तुत किया जा रहा है। कैलाश चंद्र भाटिया (2001)[19] ने ऐसे प्रयोगों पर विस्तृत कार्य किया है। निश्चित ही भाषा-शिक्षण को इस प्रकार की उपयोगी सामग्री का आवश्यकतानुसार सहायक सामग्री की तरह इस्तेमाल करना चाहिए। उपरोक्त एकालाप के दृढ़ीकरण, उनसे संबद्ध अभ्यासों तथा भिन्न संप्रेषण स्थितियों में इन्हें साधने की क्षमता शिक्षार्थी में पैदा करने के लिए हम यहाँ देखें कि भाटिया की 'क्या' और 'कहाँ' की सूची शिक्षक और शिक्षार्थी दोनों की कितनी मदद कर सकती है—

- <u>क्या</u>—आप क्या चाहते हैं? बात क्या है? क्या काम है? अब क्या है? क्या कहा? मेरा क्या होगा? मैं भी क्या करूँ? क्या कह रहे हो? क्या मुसीबत आ गई, इसमें क्या रखा है, अपने को क्या समझते हो? क्या बात है! तुम्हें क्या पड़ी है? तुम्हारा क्या जाता है? उसकी क्या मजाल है, मैंने क्या-क्या नहीं किया? क्या से क्या हो गया, वह अंग्रेजी क्या हिंदी भी नहीं जानता और क्या?
- <u>कहाँ</u>—तुम कहाँ जा रहे हो? आप कहाँ के रहने वाले हैं? मैं हैदराबाद कहाँ जाऊँगा, वह कहाँ का नवाब है? तुम भी कहाँ की बात ले बैठे, वह कहाँ का कहाँ जा पहुँचा, चीनी कहाँ नहीं मिलती, मैं कहाँ-कहाँ नहीं गया, कहाँ तो तय था चरागां हरेक घर के लिए/कहाँ चराग मयस्सर नहीं शहर के लिए, अभी चाय कहाँ पी? यह भी स्पष्ट है कि इन एकालापों में <u>कितनी बुद्धिमानी</u>, <u>कितना अच्छा होता</u> तथा <u>इतनी-सी</u>

बात, इतनी हलचल जैसे प्रयोगों को भी संप्रेषणपरक भाषिक तत्त्व के रूप में शिक्षणीय बिंदु बनाया जा सकता है। यदि 'पाठ' पर गहरी दृष्टि डाली जाए तो यह भी साफ दिखाई देता है कि पूर्व और परवर्ती घटनाओं से ये प्रोक्तियाँ संबद्ध हैं, साथ ही इनकी संरचना हिंदी की शैलीय विशिष्टता से भी युक्त है और पात्रों की मनःस्थिति, उनके उद्वेगों (संदर्भ) से जुड़ कर इनका अर्थीय ढाँचा भी विशिष्ट बन पड़ा है, चरित्र की बनावट को उजागर करने में तो ये सहायक हैं ही।

2. संवाद–संवाद, सामाजिक शैली का सबसे सशक्त प्रकार होते हैं। संप्रेषण का मूलभूत आधार संवाद ही होते हैं। वक्ता-श्रोता संबंध, परिस्थिति-संदर्भ, मनःस्थिति जैसे घटक संवाद को औपचारिक, अनौपचारिक, आत्मीय बनाते हैं। प्रोक्ति अध्ययन में यह प्रमाणित किया जा चुका है कि संवाद में वार्तालाप पूरे-पूरे वाक्यों में नहीं चलता, कभी-कभी तो इनमें तार्किक क्रम भी नहीं होता; संदर्भ के साथ समन्वय से इनके अर्थ खुलते हैं। हम यह भी कह सकते हैं कि वाक्य, संप्रेषण-क्रिया को संदर्भ सहित स्पष्ट करने में सफल नहीं हो पाते। जिस प्रकार शब्दों को सहयोजित करके वाक्य रचना की जाती है और शब्दों की तुलना में अधिक संप्रेषणीयता वाक्य में रहती है, इसी प्रकार वाक्यों को सहयोजित करके प्रोक्ति की रचना होती है जो वाक्यों की तुलना में अधिक संप्रेषणीय और संदर्भ-सापेक्ष होती है। भाषा प्रयोग में प्रयोक्ता की भूमिका में भेद के कारण प्रोक्ति के भिन्न-भिन्न प्रकार (संवाद, एकालाप, भाषण, विवरण) निर्मित होते हैं। संवाद में वक्ता और श्रोता की भूमिका प्रमुख होती है। यह भी कहा गया है (तादोरोव : 1971) कि भाषा, वक्ता (मैं) और श्रोता (तुम) के बीच की संवाद-स्थिति का ही परिणाम है जिसमें एक ही व्यक्ति कभी वक्ता और कभी श्रोता की भूमिका का निर्वाह करता है। यह भूमिका बदलने से ही वार्तालाप संभव होता है। तर्क करना, सहमति जताना, असहमति व्यक्त करना, सवाल-जवाब करना तभी संभव होता है जब वक्ता, श्रोता और श्रोता, वक्ता बनते हुए संप्रेषण क्रिया को संपन्न करते हैं। इसलिए भाषा का मूलाधार प्रोक्ति के प्रधान रूप संवाद को माना गया है। संवाद में मैं-तुम की स्थिति निरंतर बनी रहती है और इसी से संवाद का निर्वाह और प्रवाह बना रहता है, अर्थात् संप्रेषण-क्रिया बीच में ही टूटती नहीं। यहीं यह भी कह देना जरूरी लगता है कि भिन्न प्रोक्तियों के निर्माण में संवाद की केंद्रीय भूमिका होती है। यदि संवाद में से 'तुम' की भूमिका को स्थिर कर दिया जाए तो संवाद की प्रोक्ति एकालाप में बदल जाएगी। इसी प्रकार एकालाप में भूमिका परिवर्तन करके भिन्न प्रोक्ति-प्रकार रचा जा सकता है। एक स्थिति

वह होती है जिसमें श्रोता स्थिर होकर संवाद का मात्र दर्शक रह जाता है (जैसे, भाषण)। दूसरी स्थिति वह होती है जब एक ही व्यक्ति एक ही समय में स्वयं वक्ता और श्रोता दोनों बन जाता है (जैसे, चिंतन)। तीसरी स्थिति यह बनती है कि कोई तीसरा व्यक्ति संवाद को घटना के रूप में वर्णित करता है या स्वयं वक्ता। लेखक किसी पात्र, घटना, प्रकृति को वर्णित करता है (जैसे, विवरण)। 'अनामदास का पोथा' के दो उदाहरण यहाँ दिए जा रहे हैं जिसमें पहले संवाद और बाद में विवरण द्वारा एक ही स्थिति का द्योतन कराया गया है–

(क) संवाद द्वारा स्थिति का द्योतन :

मधु है रे! बड़ी लड़ाई लड़नी पड़ी है, तब मिला है।

कैसी लड़ाई मामा?

अब तुम लोगों को क्या बताऊँ बच्चो? ग्यारह भालू टूट पड़े थे।

गप मार रहे हो मामा! ग्यारह भालू टूट पड़ते तो तुम बचते!

अच्छा पाँच थे।

अच्छा ले। चार थे।

चार होते तो तुम्हें चबा गए होते।

चबा गए होते? तो तीन थे।

क्या बात करते हो मामा?

अब चुप रह। मामा का गुस्सा जानता है न? खाया नहीं?

अच्छा नहीं लगता मामा। बरगद के फल खाए नहीं जाते।

नहीं अच्छे लगते? अच्छा आज खा ले! कल गूलर ले आऊँगा। खा ले बेटा!

(ख) विवरण द्वारा स्थिति का द्योतन (उपरोक्त संवाद सुनने के बाद किसी तीसरे व्यक्ति द्वारा)

रास्ते में एक व्यक्ति मिला था–बिल्कुल अनपढ़, गँवार। उसके कोई अपना नहीं है। क्या ममता दी है भगवान ने उसे। गाँव भर का मामा है। दूर-दूर से साग-पात का गट्ठर ढो-ढो कर लाता है, बरगद और गूलर के फल ले आता है। अपने आपको संकट में डालकर मधु ले आता है। बच्चों को खिलाता है, उनके साथ खेलता है। विचित्र-विचित्र कहानियाँ गढ़ कर सुनाता है। झगड़ता है और स्नेह लुटाता है।

संवाद में कई शिक्षण बिंदु निहित हैं–संबोधन (रे, मामा, बेटा, बच्चो), विशेष संप्रेषणीय तत्त्व (अच्छा पाँच थे, अच्छा ले चार थे, तो तीन थे), वाग्मितापरक प्रयोग (टूट पड़े थे, चबा गए होते, क्या बात करते हो मामा, नहीं अच्छे

लगते?), व्याकरण पक्ष (लड़ाई लड़नी पड़ी है, टूट पड़ते तो तुम बचते, तुम्हें चबा गए होते, खाए नहीं जाते)। संवाद को वक्ता, श्रोता तथा तीसरे व्यक्ति की ओर से रूपांतरित कर विवरण के रूप में लिखवाने का अभ्यास शिक्षार्थी की भाषा प्रयोग दक्षता तथा प्रोक्ति-रचना की सामर्थ्य को बढ़ा सकता है। उदाहरण के लिए यह अभ्यास देखें–

अभ्यास–नीचे एक संवाद के मूल रूप के साथ वक्ता (मोहन) और तीसरे व्यक्ति की ओर से रूपांतरित प्रोक्ति दी गई है। आप इसे श्रोता (शीला) की ओर से रूपांतरित कीजिए–

संवाद : मोहन : क्या मैं तुम्हारी यह किताब कुछ समय के लिए ले सकता हूँ?

शीला : नहीं।

मोहन : क्यों? क्या तुम मुझे अपना दोस्त नहीं समझतीं?

शीला : समझती हूँ, पर इसे मुझे अभी खुद पढ़ना है।

<u>मोहन की ओर से</u> : मैंने शीला से उसकी किताब कुछ समय के लिए माँगी पर उसने उसे देने से इनकार कर दिया। मैंने इसका कारण पूछते हुए जब यह सवाल किया कि क्या वह मुझे अपना दोस्त नहीं समझती तब उसने कहा कि वह मुझे अपना दोस्त मानती है लेकिन इस समय उसे खुद वह किताब पढ़नी है।

<u>अन्य व्यक्ति की ओर से</u> : मोहन ने शीला से उसकी किताब कुछ समय के लिए माँगी पर उसने उसे देने से इनकार कर दिया। मोहन ने इसका कारण पूछते हुए जब यह सवाल किया कि क्या शीला उसे अपना दोस्त नहीं समझती तब शीला ने कहा कि वह मोहन को अपना दोस्त मानती है लेकिन इस समय उसे खुद वह किताब पढ़नी है।

भाषा पर अधिकार की दृष्टि से इस प्रकार के अभ्यास अत्यंत प्रभावी सिद्ध होते हैं। इसी प्रकार विवरण को संवाद के रूप में, भाषण को सामान्य कथन के रूप में प्रस्तुत करने के अभ्यास कराए जा सकते हैं। यह माना गया है कि इस तरह के अभ्यास पाठ-बोध का लक्ष्य भी पूरा करते हैं और साथ ही भाषा-प्रोक्ति रचने की क्षमता भी बढ़ाते हैं। प्रोक्ति की प्रकारता (मॉडेलिटी) बदलने से भाषा का रूप बदलता है–यह शैली अध्ययन का एक लोकप्रिय क्षेत्र है। संवादों के साथ लेखक/पात्र के वक्तव्य की प्रोक्ति पाठ के माध्यम से भाषा-शिक्षण के कई नए बिंदु उभारती है। 'बाणभट्ट की आत्मकथा' से एक उदाहरण लें–

<u>मेरी पीठ पर हाथ फेरते हुए उन्होंने कहा</u> "तू कवि है न रे।" अजीब प्रश्न है। इस समय कवि की क्या आवश्यकता है? मैं कौतूहल से उनकी ओर ताकने

लगा। क्षणभर बाद बाबा ने डाँटा "हाँ क्यों नहीं कहता, अभागा?" मंत्रमुग्ध की भाँति मैंने कहा "हाँ आर्य!" बाबा ने रस लेते हुए कहा "पाषण्ड! पहले क्यों नहीं बोला?" मैंने संकोचपूर्वक कहा "मैं नहीं जानता आर्य।" बाबा ने ठहाका लगाकर कहा "भट्टिनी की स्तुति गा सकता है?" मैंने तुरंत जवाब दिया "ना आर्य।" बाबा डपटकर बोले "क्यों रे।" मैंने बता दिया कि निपुणिका को वचन दे चुका हूँ। बाबा ने आशीर्वाद के स्वर में मुस्कुराते हुए कहा "साधु! तो देवी की मौन स्तुति कर सकता है?" मैंने सिर झुकाकर कहा "हाँ, आर्य।"

इस अंश के वाचन में पात्र के वक्तव्य के अनुसार उचित भाव और अनुतान के साथ उच्चारण के अभ्यास भी साधे जा सकते हैं। बोलचाल की भाषा की अन्विति या काकु के ढेरों रूप और प्रकार कथा और नाट्य साहित्य के संवादों में मिलते हैं। उपरोक्त गद्यांश में पीठ पर हाथ फेरते हुए (स्नेह से), डाँटकर, मंत्रमुग्ध की भाँति (खोए-खोए ढंग से), रस लेते हुए (प्रेम से मजाक के स्वर में), संकोचपूर्वक (लजाते-शर्माते हुए), ठहाका लगा कर, डपट कर, सिर झुकाकर (संकोच के साथ) भिन्न वाक्-प्रकारों के नमूने हैं। इनमें संबोधन (रे, अभागा, आर्य, पाषंड, साधु) तथा सर्वनाम ('तू' से संबंध क्रिया रूप—कहता, बोला, गा सकता है, कर सकता है) प्रयोग को भी संदर्भ एवं प्रयोग के अंतर्गत समझा-समझाया जा सकता है। कहने का तात्पर्य यह है कि इस प्रकार की प्रोक्ति-संरचना में संवादों के साथ आए निर्देश पूरी संरचना को मौखिक भाषा के संस्कार में बाँध देते हैं। संवाद किस लय, अनुतान, बलाघात के साथ या किस भाव के साथ बोले गए हैं, यह भी साफ हो जाता है। ठुनक कर बोली, खिसियाए से बोले, विनीत भाव से कहा, दृढ़ता के साथ कहा, चुनौती के स्वर में बोले, याचना के स्वर में कहा, मनुहार करते हुए बोले जैसे सैकड़ों निर्देश हमें कथा-साहित्य में मिलते हैं। वाक्य तो सामान्य ही होते हैं पर इन निर्देशों में बँधकर उनका संप्रेषणपरक मूल्य बदल जाता है। इस तरह की निर्देश-बाधित संवाद योजना या संवादों की भंगिमा संदर्भ में भाषा के स्वाभाविक प्रयोग से पाठक को दो चार कराती है और वह ऐसा अनुभव करने लगता है जैसे वह लिखित भाषा पढ़ नहीं रहा है बल्कि उच्चरित भाषा सुन रहा है। अन्य भाषा अध्येता को संभवतः ऐसा अनुभव न हो, इसलिए संवादों के माध्यम से हिंदी भाषा की उस शक्ति से परिचित कराने का प्रयत्न होना चाहिए जिसके विषय में प्रेमचंद का कहना है कि "पात्र अपनी ही भाषा बोलते हैं। लिखने में मैं खुद पात्रों की भाषा बोलने लगता हूँ। मेरे पात्रों की

जुबान में उनके परिवेश की गंध रहती है।" राही मासूम रज़ा[20] का कथन भी इस संदर्भ में विचारने योग्य है कि "कोशिश करता हूँ कि हर पात्र अपनी जुबान...'रिद्म', यहाँ तक कि अपनी 'पेस' में बोले...क्योंकि इनका नजदीकी ताल्लुक उसकी निजता से होता है।" ये दोनों ही कथाकार हिंदी भाषा की सामाजिक शैली के सशक्त पैरोकार हैं, यह कहने की आवश्यकता नहीं।

3. विवरण–विवरण के कई प्रकार हो सकते हैं। संवाद के संदर्भ में हमने इसके तीन रूपों की चर्चा की (वक्ता की ओर से, श्रोता की ओर से, अन्य व्यक्ति की ओर से जो संवाद का द्रष्टा था)। द्विवेदी जी के उपन्यासों में विवरण के कई प्रोक्ति प्रकार हमें मिलते हैं। सांस्कृतिक और धार्मिक संदर्भों का विवरण देना उन्हें प्रिय है। पूजा-पाठ, तंत्र-मंत्र, फल-फूल, नृत्य, मूर्तिकला, स्थापत्य कला के विवरण देने में भी वे दक्ष हैं। इसके साथ ही पात्रों के आकार-प्रकार, उनकी वेशभूषा, उनके वस्त्राभूषण आदि का सूक्ष्म विवरण देकर वे पात्रों को पाठक के सामने मूर्तिमान कर देते हैं। घटी हुई घटनाओं का विवरण भी उनके यहाँ अत्यंत सशक्त है और इनकी संख्या भी सर्वाधिक है। इन्हें वे कभी लेखक की ओर से पुनर्जीवित करते हैं तो कभी पात्रों के मुख से उसे कहलवाते हैं। छोटे-छोटे वाक्यों से निर्मित उनकी यह विवरण प्रोक्ति पाठक को बाँधने और उसकी उत्सुकता को बढ़ाने का कार्य करती है। घटी हुई घटनाओं के विवरण की दो-दो प्रोक्तियाँ क्रमशः 'अनामदास का पोथा' और 'बाणभट्ट की आत्मकथा' से हम यहाँ दे रहे हैं–

अनामदास का पोथा

(i) **उस दिन जाबाला अपनी मौसी के घर जा रही थी। वह गाँव बहुत दूर नहीं था। केवल गाड़ीवान साथ था। अचानक आसमान धूल से भर गया। अपना घर अभी दूर नहीं छूटा था। मौसी का घर दूर था। गाड़ीवान ने गाड़ी को घर की ओर लौटाया भी। आँधी का वेग इतना प्रचंड था कि गाड़ी बीच में ही फँस गई। पानी भी बड़ी तेजी से बरसने लगा। चारों ओर अँधेरा-ही-अँधेरा हो गया। बैल नियंत्रण के बाहर हो गए। गाड़ी का चक्का भी धँस गया।**

(ii) **मैं लाठी भाँजने लगा। किसी का दाँत टूटा, किसी की टाँग। सब भागे। अब मामा राम लपके। मैंने भी दे मारा डंडा। जबड़ा ही तोड़ दिया। फिर झपटे तो एक ही हाथ में चारों खाने चित। मैं भी फुर्ती से भागा। यहीं आकर दम लिया।**

शिक्षण बिंदु–प्रत्येक वाक्य के भिन्न भाषिक तत्त्वों का स्थानापन्न अभ्यास

कराना, जैसे उस दिन→उस रात, उस शाम, सोमवार को, पिछले हफ्ते आदि।

अपनी→उसकी, मोहन की आदि।

मौसी के घर→मामा के घर, चाचा की दुकान, मामी के गाँव आदि।

बहुत दूर नहीं था→नजदीक ही था, पास ही था, निकट ही था।

केवल→सिर्फ, बस, ले-देकर

अचानक→देखते-देखते

आसमान धूल से भर गया→घर पानी से, गाँव धनधान्य से, मन दुख से

घर दूर नहीं छूटा था→(घर से) बहुत दूर नहीं आए थे, (घर से) थोड़ी ही दूर आए थे।

दूर था→पास था, नजदीक था, पास नहीं था।

लौटाया भी→मोड़ा भी, घुमाया भी, लौटाने/मोड़ने/घुमाने की कोशिश की

इतना→बहुत, अधिक

आँधी का वेग→हवा की गति, बारिश की बौछार, रात का अँधेरा

चारों ओर→हर तरफ, जिधर देखो

अँधेरा-ही-अँधेरा→घना अँधेरा, घुप अँधेरा

इस तरह के शिक्षण बिंदु क्रिया-रूपों के धरातल पर भी विकसित किए जा सकते हैं। **दूसरे विवरण** में वाग्मिता (लाठी भाँजना, मामा राम, दे मारना, चारों खाने चित, दम लेना) को, संयुक्त क्रिया-प्रयोग (भाँजने लगा, दे मारा, तोड़ दिया) को, कथन भंगिमा (किसी का दाँत टूटा, किसी की टाँग, मैंने भी दे मारा डंडा, एक ही हाथ में चारों खाने चित) को शिक्षण बिंदु के रूप में उभारा जा सकता है। ऐसी ही प्रक्रिया निम्नलिखित विवरणों के शिक्षण में भी अपनाई जा सकती है।

बाणभट्ट की आत्मकथा

(i) **पचासों दस्यु उस पर चींटी की तरह चढ़ दौड़े। उन्होंने उसके केश और वस्त्र नोच डाले। वह पालकी से नहीं हटा, नहींहटा। उसके रक्त से मेरी पालकी भीग गई। मैंने वृद्ध को पालकी के भीतर खींच लेना चाहा। तब तक उसके तीन खंड हो चुके थे। मुझ अभागी को उसके चरण ही मिले। मैं कटे पेड़ की तरह गिर पड़ी।**

(ii) **मैं भट्टिनी की ओर लपका। एक क्षण का विलंब हुआ होता तो वह गंगा के तल में होती। मुझमें न जाने कहाँ से अद्भुत शक्ति आ गई थी। भट्टिनी को मैंने**

पकड़ लिया। अपनी पीठ पर डाल लिया। उनका भार अधिक था। बहुत पानी पी चुकी थीं। वे अवश हो गई थीं।

विवरण की भाषा भूतकालिक क्रियाओं से ही निर्मित होती है। इन उदाहरणों में संयुक्त क्रिया, क्रम विचलन; संयोजक तत्त्वों का प्रयोग भी सर्जनात्मक ढंग से किया गया है। इनके मेलजोल से ये विवरण जीवंत और प्रभावशाली बन पड़े हैं। हिंदी भाषा के आवेग और त्वरा का भी ये उदाहरण परिचय देते हैं। आचार्य हजारी प्रसाद द्विवेदी ने अपने चिंतन में भाषा के गूढ़ रहस्यों पर सार्थक विचार दिए हैं, साहित्यिक हिंदी के विषय में उनका मत है कि "इसे सर्वाधिक शक्तिशाली भाषा सिद्ध किया जा सकता है। संरचना का लोच और अर्थ की वक्रता द्वारा ऐसा करना संभव है। कविता में ऐसा सहज होता है, कथा में यह आवेग कम होता है लेकिन संवादों की सहजता और विवरण के लालित्य से इसे पुष्ट किया जा सकता है।" द्विवेदी जी ने संरचना के लोच और अर्थ वक्रता की जो बात कही है वही भाषा की संप्रेषणीयता का प्रमाण है; यह भी कहा जा सकता है।

4. भाषण–भाषा पर संप्रेषण की दृष्टि से किए जा रहे चिंतन में 'वाक्य' के स्थान पर 'प्रोक्ति' को महत्त्व मिल चुका है। मानव के भावों या विचारों की जो अभिव्यक्ति संदर्भगत, नियंत्रित और नियमबद्ध वाक्यों के समूह (यूनिट) द्वारा संपन्न होती है, उसे प्रोक्ति कहते हैं। भाषा प्रयोग के संदर्भ में 'प्रोक्ति' की संकल्पना ने आज यह स्पष्ट कर दिया है कि हमारे भीतर भाषिक दक्षता के साथ ही संप्रेषणपरक दक्षता का होना भी अनिवार्य है। भाषणों की भाषा संरचना इसी प्रकार की एक विशिष्ट प्रोक्ति है जिसमें व्याकरण सम्मत वाक्यों को एक विशेष पद्धति से सहयोजित किया जाता है। यह माना जाता है कि भाषण में श्रोता स्थिर होकर मात्र दर्शक रह जाता है। यह सच है कि वह वक्ता के साथ सीधे प्रतिक्रिया नहीं करता, पर उसके साथ निरंतर जुड़ा रहता है, तभी तो कभी ताली बजाकर, कभी नारे लगाकर, कभी मेज पीट कर वह वक्ता के साथ अपने जुड़ाव की पुष्टि करता रहता है। वक्ता भी अपने श्रोता से तटस्थ नहीं रहता। भाइयो और बहनो, उपस्थित विद्वजन, देवियो और सज्जनो, मित्रो, साथियो आदि संबोधन वह अपने श्रोता-समुदाय को देता है, उन्हें ही उद्‌बोधित करता है, सलाह देता है, उनसे राय माँगता है आदि। इसलिए 'भाषण' को भाषा प्रयोजनों में से एक जरूरी और लोकप्रिय प्रोक्ति रूप (discourse type) माना गया है। सामान्यतः भाषण मौखिक और स्वतःस्फूर्त होता है पर इसका लिखित रूप भी होता है जिसे मंच से पढ़ा जाता है। चाहे भाषण का रूप मौखिक हो या लिखित रूप का पठित

रूपांतर दोनों का मूल प्रयोजन होता है—अपने विचारों से श्रोता-समूह को आकर्षित और प्रभावित करना। भाषण की प्रोक्ति-संरचना और हिंदी भाषा की इस शैलीय विशिष्टता को द्विवेदी जी ने इन दोनों उपन्यासों में एकाधिक स्थलों पर प्रस्तुत किया है। इन भाषणों के विश्लेषण से यह साफ दिखाई देता है कि समूह को एक व्यक्ति द्वारा प्रयुक्त इस प्रोक्ति में संबोधन के प्रयोग, आदेशात्मक और सुझावात्मक वाक्य रचनाओं, उद्‌बोधन की कथन भंगिमाओं का प्रयोग इस शैली की बुनावट को एक अलग प्रकार का चरित्र प्रदान करते हैं जिन्हें साहित्य-शिक्षण के समय शिक्षण बिंदु के रूप में उभारा जा सकता है। 'बाणभट्ट की आत्मकथा' के एक लंबे भाषण को उदाहरण स्वरूप देखें—

> **''अमृत के पुत्रो, बड़ा दुर्घट काल उपस्थित है। प्रजा में मृत्यु का भय छा गया है। यह अशुभ लक्षण है। अगर तुम आर्यावर्त को बचाना चाहते हो तो प्राण देने के लिए तत्पर हो जाओ। अमृत के पुत्रो, न्याय जहाँ से भी मिले, वहाँ से बलपूर्वक खींच लाओ। अपने आप को बचाओ, धर्म पर दृढ़ रहो, न्याय के लिए मरना सीखो। ब्राह्मण से लेकर चांडाल तक एक हो जाओ—चट्टान की तरह दुर्भेद्य। एक यही बचने का उपाय है।''**

'पाठ' की दृष्टि से कथानक के क्रम में ये भाषण चरम और विषम परिस्थितियों में कोई प्रमुख पात्र देता है। इन भाषणों के प्रयोग से अपेक्षित परिवर्तन की प्रक्रिया प्रारंभ होती है और कथानक नया मोड़ लेता है। अर्थात् 'पाठ-बोध' के संदर्भ में भी इन भाषणों की भूमिका केंद्रीय है।

5. सूक्तियाँ—कथानक की गति और दिशा तय करने तथा पात्रों की भावना को उभारने के लिए 'कथा-पाठ' में प्रोक्ति का प्रयोग प्रमुखतः किया जाता है। इसके साथ ही किसी प्रोक्ति-प्रकार (एकालाप, संवाद, विवरण, भाषण आदि) का निष्कर्ष देने तथा पात्र या पाठक को ज्ञान, शिक्षा और सुझाव देने के लिए भी सूक्ति-वाक्यों का भरपूर प्रयोग हमें कहानी-उपन्यासों में दिखाई देता है। प्रेमचंद सूक्ति-रचना के सरताज कथाकार हैं—मनुष्य बिगड़ता है तो परिस्थितियों से या पूर्व संस्कारों से (विश्वास), विषय-भोग में धन ही का सर्वनाश नहीं होता, इससे कहीं अधिक बुद्धि और बल का सर्वनाश होता है (स्त्री और पुरुष), जहाँ घृणा है, वहाँ दया कहाँ? (निर्वासन), एकांतवास शोक-ज्वाला के लिए समीर के समान है (नैराश्य लीला), बलवान मनुष्य प्रायः दयालु होता है (आधार), सुख-भोग की लालसा आत्मसम्मान का सर्वनाश कर देती है (परीक्षा), विलास के प्रेमी सत्य का पालन नहीं कर सकते हैं (धिक्कार) जैसी सैकड़ों सूक्तियाँ सिर्फ प्रेमचंद की कहानियों से संगृहीत की जा सकती हैं। यह माना गया है कि कम-से-कम शब्दों में गहरे विचारों को अभिव्यक्त कर पाना दुष्कर कार्य है पर यह कठिन कार्य

मानव मेधा अत्यंत सहजता से करती रही है, लोकोक्तियों का विस्तीर्ण संसार उसकी इसी मेधा का प्रमाण है। कथा-पाठ में ये सूक्तियाँ जीवन-सत्य और पात्रों की विचारधारा को तो प्रमाणित करती ही हैं, लेखक की अवधारणा या सोच को भी रेखांकित करती हैं। द्विवेदी जी ने अपने दोनों उपन्यासों में इनका मार्मिक प्रयोग किया है जिनसे उनके अनुभवों की सघनता तो व्यक्त होती ही है, यह भी स्पष्ट होता है कि भाषा पर द्विवेदी जी का कितना अद्भुत अधिकार और नियंत्रण है। भाषा, बोध प्रतीकात्मकता आदि अनेक दृष्टियों से ये सूक्तियाँ अन्य भाषा अध्येता को काफी कुछ सिखा सकती हैं। विदेशी भाषा के रूप में हिंदी सीखने वालों के लिए ये सूक्तियाँ, भारतीय मूल्यों, विश्वासों, जीवन दर्शन, सांस्कृतिक पक्षों आदि को बताने-समझाने का प्रभावी माध्यम हो सकती हैं। भाषा-शिक्षण की अधुनातन प्रवृत्तियों की एक मान्यता यह भी है कि अन्य भाषा-शिक्षण का लक्ष्य शिक्षार्थी को बहुसांस्कृतिक बनाना भी है। अपने वास्तविक अर्थ में द्विभाषिक होना, द्वि-सांस्कृतिक होना भी है। इस दृष्टि से इन सूक्तियों में निबद्ध बहुप्राकार्यात्मक तथा बहुस्तरीय अर्थीय-व्यवस्था को व्याख्यायित करना महत्त्वपूर्ण हो सकता है। आचार्य हजारी प्रसाद द्विवेदी की कुछ सूक्तियाँ देखें–

अनामदास का पोथा–

(i) **जब सूर्य अस्त हो जाता है, चंद्रमा अस्त हो जाता है, अग्नि बुझ जाती है, तब आत्मा ही एकमात्र ज्योति है।**

(ii) **तपस्या का एक बहुत आवश्यक अंग है सत्संग।**

(iii) **कामना रूपी नदी पुन्य और पाप के दो किनारों के बीच प्रवाहित होती है।**

(iv) **जिस कार्य से किसी को शारीरिक या मानसिक कष्ट हो, वह पाप कार्य है।**

(v) **जहाँ दुख है, अभाव है, वहाँ प्रभु प्रत्यक्ष दिखाई देते हैं।**

(vi) **गुरु वह है जिसके सामने जाने पर हमारे व्यक्तित्व का सर्वोत्तम पक्ष उजागर हो।**

(vii) **ध्यान, धारणा और समाधि एकाग्र हो जाएँ तो योग हो जाता है।**

बाणभट्ट की आत्मकथा–

(i) **चिंता में निमग्न मनुष्य अंधा होता है।**

(ii) **तर्क से विद्वेष बढ़ता है, विद्वेष से हिंसा पनपती है और हिंसा से मनुष्यता का विध्वंस होता है।**

(iii) **यह प्रमाद है कि यह शरीर नरक का साधन है। यही वैकुंठ है।**

(iv) **अपने को निःशेष भाव से दे देना ही वशीकरण है।**

(v) **सत्य वह है जिससे लोक का आत्यंतिक कल्याण होता है।**

आज पाठ-विश्लेषण सिद्धांत, संप्रेषण-सिद्धांत से अपने आप को पूरी तरह

आबद्ध किए हुए है। वह साहित्य की अकूत अभिव्यंजना शक्ति और उसकी सामाजिक प्रतिबद्धता से परिचित है अतः वह मानता है कि साहित्यिक पाठ में समाज प्रयुक्त भाषा के सभी रूप और उपरूप उपस्थित मिलते हैं। उसकी यह भी मान्यता है कि समस्त साहित्य 'भाषा' है। कोई भी साहित्य, मौखिक हो या लिखित, गद्यात्मक हो या पद्यात्मक, प्राचीन हो या आधुनिक, भाषा के ही विशिष्ट एवं विविध प्रयोगों से बँधा रहता है। अतः साहित्य-शिक्षण को भाषा-शिक्षण के प्रभावी माध्यम के रूप में अपनाया जा सकता है। सीबिऑक (1960) ने यह बात इन शब्दों में कही है कि "साहित्य उस भाषा की शब्द-संपदा तथा व्याकरणिकता का संपूर्णता में संदर्भित प्रयोग है, जिस भाषा में वह लिखा गया है।" अर्थात् साहित्यिक संप्रेषण भाषा के समस्त संप्रेषणपरक प्रकार्यों को अपने भीतर समेटे हुए रहता है। इस धरातल पर यहाँ हम हिंदी के सशक्त निबंधकार रामवृक्ष बेनीपुरी के कुछ निबंधों ('बंदौ वाणी विनायकौ' में संकलित) को देखेंगे। निबंध को इसीलिए चुना है कि यह पता चल सके कि केवल कथा-शैली में ही नहीं, निबंध पाठ में भी संप्रेषणीय भाषा तथा भाषा-प्रकार्यों के सभी प्रारूप रचे मिलते हैं। रोमन याकोब्सन (1960)[21] ने संप्रेषण क्रिया के छह घटकों की चर्चा करते हुए यह कहा था कि अर्थ-वैज्ञानिक दृष्टि से ये छहों घटक किसी भी मौखिक अभिव्यक्ति या लिखित पाठ में पूरी तरह संतुलित नहीं होते—इनमें से कोई एक अधिक महत्त्वपूर्ण होता है तो कोई दूसरा कम। ऐसा इसलिए होता है कि इन छहों में से किसी स्थिति में संदर्भ महत्त्वपूर्ण हो जाता है तो किसी में कोड। किसी स्थिति में संपर्क को अहमियत मिलती है तो किसी में संदेश को, या किसी में प्रेषक या प्रेषित को। याकोब्सन ने इनकी व्यावर्तक (distinctive) प्राकार्यात्मक भूमिकाओं पर भी प्रकाश डाला और इनके निम्नलिखित प्राकार्यात्मक आयाम निर्धारित किए—

भाव प्रधान (Emotive)	**संदर्भगत (Referential)**	**प्रेषित नियंत्रक (Conative)**
	काव्यात्मक (Poetic)	
	सामाजिक (Phatic)	
	अधि भाषावैज्ञानिक (Meta lingual)	

साहित्य के अध्यापक के लिए यह जरूरी है कि वह भाषा की इन प्राकार्यात्मक भूमिकाओं और इनमें लिपटी भाषिक बुनावट का विश्लेषण करते हुए पाठ-विश्लेषण करे तथा इस विश्लेषण के आधार पर अपेक्षित और आवश्यक शिक्षणीय बिंदुओं का चयन एवं निर्धारण करे। ऐसा करने के लिए भाषा (साहित्य) शिक्षक के लिए यह जानना भी जरूरी होगा कि जब संप्रेषण **संदर्भ सापेक्ष** होता है तब भाषा की अभिव्यंजना में **संदर्भगत प्रकार्य** प्रमुख हो जाता है। ऐसी स्थिति में किसी भी रचना में इसके माध्यम से ही संदेश की प्रकृति (भाषिक) और उसका अर्थ निर्धारित होता है। जब संप्रेषण का केंद्रक **संदेश का प्रेषक** होता है तब भाषा का **भाव प्रधान प्रकार्य** प्रमुख होता है क्योंकि ऐसी स्थिति में प्रेषक की भावना, संवेदना और अनुभूति ही नहीं, उसका भाषिक परिवेश और भाषिक दक्षता भी अभिव्यंजना में पर्यवसित दिखाई देती है। जब संप्रेषण **संदेश के ग्रहीता** पर केंद्रित होता है तब **प्रेषित नियंत्रक प्रकार्य** प्रबल होता दिखाई देता है। ऐसी स्थिति में संबोधन तथा आज्ञार्थक, सुझावात्मक वाक्य अभिव्यंजना का आधार बनने लगते हैं। जब संप्रेषण **संपर्क पर केंद्रित** होता है तब **सामाजिक प्रकार्य** प्रमुख हो जाते हैं और जब **कोड** को प्रमुखता मिलती है तब **अधिभाषावैज्ञानिक प्रकार्य** सामने आता है। इसी तरह **संदेश सापेक्ष** होने पर भाषा प्रकार्य **काव्यात्मक या सौंदर्यपरक** हो जाता है।

बेनीपुरी जी[22] के निबंधों के विश्लेषण से हमने यह पाया कि संपर्क से संबंधित 'सामाजिक प्रकार्य' यहाँ कम हैं, लेकिन हैं। यह प्रकार्य कथा-साहित्य और नाटक में प्रखर होता है क्योंकि इन दोनों विधाओं में विभिन्न वर्ग के पात्र अलग-अलग परिस्थितियों में संपर्क में आकर भाषिक प्रतिक्रिया (Interaction) करते हैं जिसके माध्यम से भाषा के सामाजिक प्रकार्य सामाजिक-शैली के रूप में बँधकर संप्रेषण को स्वाभाविक और उपयुक्त बनाते हैं। सामाजिक प्रकार्य से नियंत्रित भाषा प्रयोग की बानगी हमने आचार्य चतुरसेन शास्त्री (वयं रक्षामः) और आचार्य हजारी प्रसाद द्विवेदी (बाणभट्ट की आत्मकथा तथा अनामदास का पोथा) के संदर्भ में पहले प्रस्तुत की है। संप्रेषण के अन्य प्रकार बेनीपुरी जी के निबंधों में व्यापक स्तर पर विन्यस्त हैं। एक-एक करके इन्हें देखें–

(1) संदर्भगत प्रकार्य–बेनीपुरी[23] जी के निबंधों में संदर्भ सापेक्ष संप्रेषण अनेक प्रकार के विषयों से संबंधित सूचनाओं, कथनों और विचारों में लिपट कर सिद्ध होता है। ये संदर्भगत भाषा प्रकार्य पाठक से भी इन विषयों के साथ संबद्ध होने

की अपेक्षा करते हैं। इन प्रकोर्यों से बेनीपुरी जी की **वैचारिकता** के साथ ही उनकी **कथन-शैली** की निजता का भी पता चलता है। पाठ के शिक्षण में ये दोनों ही बातें; कथ्य के धरातल पर **वैचारिकता** और अभिव्यक्ति के स्तर पर **कथन-शैली** उपयोगी ढंग से शिक्षण-पद्धति के अंग के रूप में अथवा शिक्षण-सामग्री के घटक के रूप में इस्तेमाल की जा सकती हैं। किसी भी सार्थक निबंध में वैचारिकता और कथन-शैली का यह संयोजन होता ही है। यहाँ जिन संदर्भों को चुना गया है उनमें क्रमशः **भाषा, रस और व्यक्ति की निजता** प्रमुख हैं–

(i) **भाषा**–(क) शब्द ब्रह्म है। ब्रह्म की तरह वह निर्गुण है। वह सगुण रूप तब धारण करता है, जब हम उसे अक्षरों में बाँधते हैं।

(ख) अलग-अलग अक्षरों में अलग-अलग रंग हैं। एक ही अर्थ के भिन्न शब्दों में अलग-अलग रंगीनी है।

(ग) हर सेवा एक तपस्या है, वाणी की सेवा कठोरतम तपस्या।

(ii) **रस**–(क) रस अनुभूति की वस्तु है, हृदय की वस्तु है।

(iii) **व्यक्ति की निजता**–कबीर ने कहा है–सिंहन के नहीं लेहड़े, हंसन की नहीं पांत।

(2) **भाव प्रधान प्रकार्य**–यह एक सर्वस्वीकृत तथ्य है कि साहित्य, साहित्यकार की भावनाओं और अनुभूतियों की ही अभिव्यक्ति होती है। प्रेषक (रचनाकार) की संवेदना और उसके विचार भाषाई संघटना के ऐसे साँचे में ढल कर यहाँ व्यक्त होते हैं कि लेखक के भावों का सम्यक् संचार पाठक के हृदय तक संभव हो पाता है। बेनीपुरी जी के निबंधों में भाषा का भाव प्रधान प्रकार्य कहीं काव्यमय उच्छ्‌वास की तरह बहता है, कहीं व्यंग्य की धारदार चोट करता है, कहीं लेखक की धारणाओं को प्रखरता से प्रगट करता है और कहीं समाज को सही दिशा में चलने की दो-टूक राय देता है। चारों के एक-एक उदाहरण देखें। शिक्षण की दृष्टि से यह विशेष रूप से देखें कि भाव प्रधान प्रकार्य की कोटि बदलने से क्रिया-रूप में किस तरह का बदलाव आया है और कैसे एक ही प्रकार की क्रिया की बारंबारिता या समानांतर प्रयोग से उक्ति या प्रकथन को धार दी गई है।

(i) **काव्यमय उच्छ्‌वास**–जहाँ सड़ांध न हो, ठंडक न हो, सन्नाटा न हो, अंधकार न हो। जहाँ जीवन हो, यौवन हो। आनंद हो, उछाह हो। सुगंध हो, संगीत हो। उन्मुक्त मानवता जहाँ अठखेलियाँ करे, स्वच्छंद भावनाएँ जहाँ रास रचाएँ।

(ii) **व्यंग्य की धार**—हम एक-दूसरे की पगड़ी उछालें, हम सफेद को स्याह बनावें और स्याह को सफेद, हम दूसरे की कीर्ति पर स्याही पोतें, हम दूसरों की कीर्ति हड़प लें। हम ईर्ष्या से जलें, हम एक-दूसरे के विरुद्ध षड्यंत्र रचें, हम एक दूसरे की गर्दन नापने से न चूकें।

(iii) **लेखक की धारणा**—दरबारों में पहुँच कर साहित्य किस तरह भँड़ैती बन जाता है, इसका प्रमाण है—हमारा रीतिकाल। दरबार सिर्फ खिलाता ही नहीं पिलाता भी है। और पीकर कितनों का दिमाग ठिकाने रह सका—चाहे वह पेय शराब हो या अहंकार।

(iv) **समाज को दो-टूक राय**—ऐसा सुधार जो खप सके, चल सके, दिल्ली और दौलताबाद की कहानी भाषा-क्षेत्र पर फिर दोहराने की चेष्टा न की जाए, यही हमारी विनती है।

(3) **प्रेषित नियंत्रक प्रकार्य**—यह भाषा प्रकार्य संदेश के ग्रहीता से संबद्ध होता है। बेनीपुरी जी ने अपने पाठकों, अपने समय के साहित्यकारों-कवियों को संबोधित करते हुए उनके भावों को नियंत्रित किया है। कभी वे ग्रहीता पर व्यंग्य करते हैं, कभी उन्हें प्रताड़ना देते हैं तो कभी उनके भीतर आत्माभिमान जगाने का यत्न करते हैं। कहीं-कहीं यह प्रोक्ति 'भाषण' का रूपाकार लेती प्रतीत होती है। भाषा के स्तर पर 'आप' सर्वनाम का व्यंग्यात्मक प्रयोग, 'तू' का आत्मीयतापूर्ण प्रयोग, बोली और उर्दू शब्दों का प्रयोग तथा लोक सिद्ध मुहावरों का प्रयोग आदि को शिक्षण-बिंदु बनाया जा सकता है। इस प्रकार्य के उदाहरणों में संबोधनों और संयुक्त क्रियाओं के चयन को भी शिक्षणीय तत्त्व के रूप में आधार बनाया जा सकता है। छोटे-छोटे वाक्यों में संयोजित यह प्रोक्ति पढ़ने/सुनने वाले की क्रिया/मनोभावों को कितनी गहराई तक प्रभावित करती है, यह जानना शिक्षार्थी के लिए इस अर्थ में लाभदायक है कि वह असहमति व्यक्त करने, चेतावनी देने, प्रबोधने, धिक्कारने आदि प्रकार्यों को साधने में समर्थ बन सकता है और संबोधित व्यक्ति के भावों-विचारों को नियंत्रित करने वाली उक्तियों को जान-समझ सकता है।

(i) नहीं मित्रो नहीं! यह हमारा काम नहीं है, कोई दूसरा पेशा कीजिए। गाँधी के इस देश में भी भट्ठियों, शराबखानों की अभी कमी नहीं है। वहीं जाइए, ढालिए, बकिए, जो बक सकें, सब माफ। साहित्य को बेहूदी हरकतों से अपावन मत कीजिए। मत सोचिए, आपकी नकेल थामने वाला कोई नहीं। काल बहुतों को घुस्स में मिला चुका है। उसके सामने आप तो तुच्छ तिनके हैं।

(ii) पिंगल की टाँग तोड़िए, व्याकरण का कचूमर निकालिए, भाषा का सत्यानाश कीजिए—कोई मुजायका नहीं; थिरकते जाइए, उछलते जाइए, अलापते जाइए, तालियों की गड़गड़ाहट पाते जाइए।

(iii) कवि, अपने को देख! तू कहाँ भटक गया, तू कहाँ जा बैठा? तेरे आसपास कौन हैं? तुझे क्या समझ रहे हैं ये? तू अकेला विचरण करता आया है। तू अकेले उड़ान भरता आया है। तू अकेला विचर, तू अकेला उड़! ओ मृगेंद्र, ओ राजहंस! इन शिकारियों से, इन बहेलियों से बच! कवि, प्यारे कवि, मेरे कवि! अपने को पहचान! पहचान!

(4) **अधिभाषिक प्रकार्य**—कोड की प्रमुखता से नियंत्रित यह भाषा प्रकार्य एक कोड के भीतर सन्निहित दूसरे कोड के संयोजन से संचालित होता है। शब्द (सामान्य कोड) कुछ और कह रहे हों और भीतरी कोड (प्रतीक, उपमान आदि) कहीं और ही संकेत कर रहा हो, इस विशेष प्रकार की स्थिति में अधिभाषिक भाषा प्रकार्य संपन्न होता है। यह प्रकार्य 'कोड' की विशेष बुनावट पर आधारित है अतः भीतरी कोड को तोड़े बिना और सामान्य कोड से इसका संबंध स्थापित किए बिना संप्रेषण संभव नहीं हो सकता। 'अर्थ' के इस 'अर्थात्' को व्यंजित करने वाले इस भाषा प्रकार्य को बेनीपुरी जी ने अपने निबंधों में बड़े ही काव्यात्मक ढंग से रूपक बाँध कर साधा है। पाश्चात्य विचारधाराओं से आक्रांत हिंदी साहित्यकारों की जटिल अभिव्यक्ति को, साहित्यकारों की चमत्कार पैदा कर चर्चित होने की मनोवृत्ति को तथा साहित्यकारों को समाज में मिले सम्मान को दर्शाने वाले क्रमशः तीन उदाहरण यहाँ देखे जाएँ—

(i) और जब हम भुखमरों के सामने छप्पन व्यंजन परोसे गए हैं तो खा-खा कर बदहज़मी कर लें, तो ताज्जुब की क्या बात।
(हम : रचनाकार, भुखमरे : पाश्चात्य धाराओं को अपनाने को आतुर, छप्पन व्यंजन : पाश्चात्य धाराओं के ढेरों रूप-उपरूप, खा-खा कर : उन्हें पढ़ कर, अपना कर, बदहज़मी : बिना जाने-समझे अपनाने से हुई अपच या अधकचरी जानकारी।)

(ii) उल्का की पूजा कभी नहीं हुई। यदि हम साहित्य के चाँद-सूरज नहीं बन सकते तो धूमकेतु बनने की चेष्टा नहीं करें।
(उल्का : प्रयोग या चमत्कार के बल पर कुछ समय चमककर बुझ जाने वाले साहित्यकार, पूजा : मान-सम्मान, चाँद-सूरज : सच्चे यश वाले सर्जक)

(iii) हम साहित्यिक समाज के सबसे लाडले बच्चे हैं। हमारे नटखटपन ने कभी हमें चपतें भी खिलाई हों, किंतु घर की सबसे अच्छी चपातियाँ मक्खन में चुभो कर, हमें दीं गई हैं।

(लाडले बच्चे : सम्मानित, नटखटपन : खराब लेखन, चपतें : आलोचना, चपातियाँ : यश, लोकप्रियता, मक्खन : सराहना, वाहवाही)

(5) **काव्यात्मक प्रकार्य**–भाषा का यह प्रकार्य संदेश को तीक्ष्णता प्रदान करता है। यह अधिभाषिक प्रकार्य का ही विस्तार है जिसमें भाषा-शैली काव्यात्मक बन कर लक्षणा और व्यंजना के कितने ही आयामों पर रूपाकार ग्रहण करती है। कभी सूक्ति, कभी उद्‌बोधन, कभी कटाक्ष और कभी गंभीर कथन के रूप में यह भाषा प्रकार्य सामने आता है। समाजी विडंबनाओं पर चोट करने और प्रतीकात्मक ढंग से खरी-खरी कहने की ताकत बेनीपुरी जी की इस शैली में है। प्रेमचंद, निराला, भगवती चरण वर्मा, अमृतलाल नागर जैसे कथाकारों ने हिंदी भाषा के इस प्रकार्य को बहुविध इस्तेमाल किया है। खासकर इन कथाकारों की मुहावरेदार शैली में यह भाषा प्रकार्य अपने चरम पर दिखाई देता है। प्रेमचंद की कहानियों में इस तरह के प्रयोगों की भरमार है। यह वह प्रोक्ति नहीं है जिसमें हिंदी के मुहावरों का प्रयोग हुआ है, मुहावरों के प्रयोग में तो प्रेमचंद माहिर हैं ही, वे भाषा की वाग्मिता (Rhetoric) को काव्यात्मक प्रकार्य में ढालने के भी उस्ताद हैं। पहले प्रेमचंद के ही कुछ उदाहरण देख लें–

- **अब विवेक का सूर्य उदय हो गया है, ईश्वर ने चाहा तो कोहरा भी फट जाएगा।**
- **प्यास से तड़पते हुए मनुष्य को नदी का तट नज़र आने लगा था।**
- **लड़की शुक्ल पक्ष का चाँद हो रही थी।**
- **बात की बात में छह सौ रुपए निकल गए।**
- **बाबू साहब पुरानी हड्डी के आदमी थे।**
- **उसकी जान इस वक्त सुई की नोंक पर थी।**
- **खाना चुना जा रहा था।**
- **बोरों के मुँह खोल दिए गए थे।**
- **सावन की धूप है, जितनी चीज़ धूप में सुखानी हो सुखा लो, फिर तो घटा छाएगी ही।**

गद्य को अपने गठन में कविता के निकट ले जाने वाले इस भाषा प्रकार्य में संदर्भ का महत्त्व सबसे अधिक होता है। भाषा समाज की सहज अनुभूतियों और सरल अनुभव-संसार से रचा यह भाषा रूप अर्थ को गहन बनाता है और

बहुत अधिक संप्रेषणीय भी, क्योंकि इनका भाषिक-संसार लोक अनुभवों की आँच में पका कर तैयार किया जाता है। इसीलिए अन्य भाषा शिक्षार्थी के सामने हिंदी भाषा की इस अभिव्यक्तिपरक क्षमता को उभारने तथा हिंदी भाषा के वाग्मितापरक प्रयोग की दिशा में उसे प्रेरित करने में भाषा का यह प्रकार्य सर्वाधिक उपयोगी होता है। कविता की भाषा में यह प्रकार्य मुखर होता है, पर गद्य में भी इसकी सत्ता कम नहीं होती। बेनीपुरी जी के निबंध-पाठ से कुछ उदाहरण लें, जिनके संदर्भ कोष्ठक में दिए गए हैं—

(1) कल तक हम पर बलिदान का भूत सवार था, आज प्रभुता की चुड़ैल सवार है। (आजादी के पहले और बाद की स्थिति पर टिप्पणी)

(2) सरस्वती के वाहन को अपने डैनों पर विश्वास होना चाहिए। अपने नीर-क्षीर विवेक करने वाले चंचुओं पर विश्वास रखना चाहिए। हम वह पंछी नहीं जिसका खँडहरों में बसेरा है, जिसकी चोंच टेढ़ी है, जिसके डैने उसे इस मुँडेर से उस ढूह तक ही ले जा सकते हैं और जिसे रात में ही सूझता है। हाय, हम हंसों को यह हसद क्यों हो कि हम उल्लू न हुए। (विद्या और धन के सेवकों की तुलना, सरस्वती और लक्ष्मी के वाहनों के माध्यम से)

(3) पुरानी संस्कृति के सूखे तने से ही नई संस्कृति की नई कोंपलें फूटेंगी। जहाँ हमारे गालों पर थोड़ी ललाई दौड़ने लगी है, वहाँ साहित्य दिन-दिन पीला पड़ता जा रहा है। (भारतीय जड़ों पर विश्वास और पाश्चात्य धारा का अंधानुकरण करके हरियाते साहित्यकारों पर व्यंग्य)

(4) बाण का बाँकपन आज कौन हर्ष बर्दाश्त करेगा? कालिदास की नाज़बरदारी कौन भोज उठा सकेगा। (शासन और साहित्यकार के संबंध पर)

(5) इन्हें ऐसी हरी-भरी चरागाह मिल रही है कि ये दोनों साँड़ चरते हुए नहीं अघा रहे हैं। (मार्क्सवादी और समाजवादी साहित्यकारों की अवसरवादिता पर)

भाषा प्रकार्य के ये धरातल साहित्य-शिक्षण की परंपरागत पद्धतियों (बोधन केंद्रित) तथा उसके बँधे-बँधाए ढाँचे को तोड़ने की चुनौती हमारे सामने प्रस्तुत करते हैं। भाषा-शिक्षण की दिशा में साहित्य पढ़ाने से संबद्ध चिंतन यह बात जोर देकर कहता है कि साहित्य के अध्ययन-अध्यापन का प्रारंभ और अंत दोनों ही पाठ के गहन विश्लेषण के आधार पर ही किया जाना चाहिए। भाषा-शिक्षक

के लिए साहित्यिक पाठ का स्थान प्रमुख और प्रधान बन सकता है क्योंकि साहित्य मानव अनुभवों और उसकी अनुभूतियों की लिखित शब्दों के माध्यम से कलात्मक अभिव्यक्ति ही तो है। सामान्यतः कथा-पाठ के छह परंपरागत घटक निर्धारित किए गए हैं—प्लॉट, चरित्र, संवाद, परिवेश, शैली और लेखक का मंतव्य। ये सभी भाषा के विशिष्ट रूप में बँधकर ही उद्घाटित और चित्रित होते हैं। अर्थात् प्रोक्ति-संघटना के अनेक तरीके गद्य पाठ में लेखक अपनाता है। इनमें से प्रमुख संघटनाओं को बेनीपुरी जी के निबंधों से नीचे प्रस्तुत किया जा रहा है—

(1) शब्द तुक का सार्थक प्रयोग :

वाणी का तिरस्कार बहिष्कार आरंभ किया है।

आज वाणी विनायक की सहचरी नहीं अनुचरी है।

वह वाणी कैसी जो विनायकत्व न दे, नेतृत्व न करे।

हम किस तरह छटपटाते रहे, कराहते रहे।

ज्यों-ज्यों समय बीतता जाता है उसका रंग और भी उभड़ता, निखरता जाता है।

(2) प्रश्नवाचक वाक्य/नकारात्मक अर्थ :

किंतु अकेले चना क्या भाड़ फोड़ सकता है?

क्या विनायक भी सकुशल और सानंद हैं?

ऐसा करने में तुम्हारा क्या जाता है?

मैं क्यों जाऊँगा उनके घर?

(3) अर्थ का बलाघात :

हाँ, हमने अक्षरों में रंग भरे, उनमें रंगीनियाँ भरीं।

जो हो, इन उपकरणों से युक्त वाणी में मनोरंजन की शक्ति होगी ही।

और, ऐसी वाणी को विनायकत्व मिल कर रहेगा।

(4) सूक्तियों, मुहावरों, लोकोक्तियों को उद्घाटित करके भाषा को अभिव्यंजक बनाना :

हल्दी लगे न फिटकिरी और रंग चोखा—हमारी यह प्रवृत्ति हो रही है।

काते और ले दौड़े—किसी भी क्षेत्र में यह प्रवृत्ति सिद्धिप्रद नहीं है।

जाति न पूछो साधु की कबीर ने भी कहा था।

किसी भी रचनाकार का भाषागत प्रयोग उसकी भाषाई चेतना का प्रतिबिंब होता है। भाषा कैसे इस्तेमाल की जानी चाहिए, इस प्रश्न के साथ शैली और तकनीक की जानकारी की अनिवार्यता जुड़ी हुई है। भाषा केवल साधनपरक नहीं होती, वह अस्मिता और सांस्कृतिक रूपांतरण का माध्यम भी होती है। इस रूप

में साहित्यिक भाषा नए-नए प्रसंगार्थों का सृजन करती है और तभी भिन्न विचार, छवियाँ, अनुभूतियाँ, स्थितियाँ आदि प्रोक्ति में ढलकर अपनी पूरी प्रभावात्मकता के साथ अभिव्यंजित हो पाते हैं। यह समस्त सृजन-प्रक्रिया भाषा के संप्रेषणपरक रूप विधान के नियमानुसार, अर्थात् सामाजिक स्वीकार्यता के अनुरूप ही संपन्न होती है। हिंदी भाषा के साहित्यिक रूप का यह भी एक यथार्थ है कि केंद्रीय भाषा (मानक हिंदी) को हिंदी की बोलियों के नजदीक लाने का प्रयत्न सर्जनात्मक हिंदी की सहजता के लिए अनिवार्य माना गया है। इस निकटता से बोलियों की सशक्त शब्दावली और अभिव्यक्तियाँ रचना में हिंदीभाषी समाज की आत्मा को उतार पाती हैं। प्रेमचंद (भोजपुरी), अमृतलाल नागर (अवधी), हजारी प्रसाद द्विवेदी (भोजपुरी), नागार्जुन (मैथिली), रेणु (भोजपुरी, मगही) के साथ हिंदी की शक्ति मानते हैं। उर्दू और हिंदी के अनेक कवि-लेखक हिंदी की बोलियों के समन्वय को साहित्यिक हिंदी को नजदीक लाने की प्रक्रिया को तेज करने के भी ये रचनाकार समर्थक हैं। ये सभी इस प्रकार की लोकवादी हिंदी को 'साहित्यिकता' प्रदान करना चाहते हैं जिसमें एक ओर समाज की आम जनता के दुख-दर्द की आवाज समाहित हो और दूसरी ओर जिसमें बोलियों की गमक हो। हिंदी के सभी श्रेष्ठ रचनाकार (विशेष रूप से गद्यकार) भाषा शैली वैज्ञानिक स्तर पर हिंदी भाषा की विषमरूपी प्रकृति को आँकते-सँजोते हुए उर्दू (सामान्य) और ग्रामीण बोली का सटीक और सौंदर्यमय प्रयोग करते हैं। हिंदी का यह मिला-जुला रूप (हिंदुस्तानी) ही वास्तव में हिंदी की वास्तविक पहचान है। पर अन्य भाषा-शिक्षण के संदर्भ में हम यह साफ देख पाते हैं कि द्वितीय भाषा के रूप में हिंदी का अध्येता (भारत के अधिकतर भागों में और खासकर दक्षिण भारत में) संस्कृत आधारित पाठ को समझने में कठिनाई का अनुभव नहीं करते या संस्कृतनिष्ठ हिंदी उनके लिए अधिक बोधगम्य होती है जबकि बोली आधारित हिंदी के स्थानीय रूपों तथा उर्दू प्रयोगों का सहज अधिगम वे नहीं कर पाते। अतः पाठ में आए स्थानीय/उर्दू शब्दों, अभिव्यक्तियों और मुहावरों पर शिक्षण के समय विशेष ध्यान देने की आवश्यकता है। कभी-कभी तो अध्यापक भी इस प्रकार के कई प्रयोगों से परिचित नहीं होते अतः इन भाषिक तत्त्वों को व्याख्यायित करने के लिए उनसे अतिरिक्त श्रम अपेक्षित होगा कि वे इन प्रयोगों की सूची बनाएँ, उनके सामान्य और संदर्भार्थ की व्याख्या तैयार करें, कोश देखें और इनके अभ्यास तैयार करें। यह कहने की आवश्यकता नहीं कि बातचीत की या संप्रेषणपरक हिंदी का यह रूप ही वह प्रचलित रूप है जिसकी

संप्रेषणीय शक्ति को देखते हुए इसे विद्वानों ने 'पक्की हिंदी' भी कहा है, वह हिंदी जो लोकजनित भाषिक क्षमता से समृद्ध है। हिंदी भाषा के इस 'लौकिकीकरण' को उसके प्रतिनिधि रचनाकारों ने धार दी है, इसकी समस्त संभावनाओं का दोहन किया है। इन भाषा रूपों पर पर्याप्त बल देकर ही अन्य भाषा हिंदी से संबद्ध अध्यापक और अध्येता यह जान सकेंगे कि जनभाषा का सर्जनात्मक प्रयोग ही भाषा-शैली को जीवंत बना पाता है, इसमें प्राण फूँक पाता है अतः भाषा अधिगम में इस प्रयोग को अध्येता में 'दक्षता के स्तर' तक पहुँचाने का प्रयत्न साहित्य-शिक्षण का परम लक्ष्य होना चाहिए।

हजारी प्रसाद द्विवेदी के उपन्यासों की केंद्रीय भाषा संस्कृतनिष्ठ हिंदी है। लेकिन इसके साथ ही बोलियों की सशक्त अभिव्यक्तियों को भी उन्होंने अपनी रचनाओं में उचित स्थान प्रदान किया है, जैसे—अभी तो दूध के दाँत भी नहीं टूटे, वे तो रमता राम हैं, डटके स्नान किया, अनेक छोकरों को फोड़ ले गया आदि। लोकवाली धारा से प्रस्फुटित उर्दू का भी उन्होंने प्रयोग किया है—स्याही, तूफान, निशान, जमीन, तेज, जवाब, ताजगी आदि शब्द तथा नाम की कुछ इज्जत बढ़ा ली, घाव को ताजा कर दिया था, वे काफी शौकीन भी हैं, इसकी परवाह कौन करे आदि। बेनीपुरी ने भी ये प्रयोग खुलकर किए हैं—

1. ग्रामीण (बोली) प्रयोग : भहराकर (गिर पड़ी), कस-बल (निकाल दिया), तुनक मिजाज है, जनम की बाँझिन है, गले में फंसरी पड़ी, जमीन कोड दी, जुगो जुगो कर अन्न जमा किया था, दोनों में होड़ा-होड़ी लग गई, अँधेरे में टोती जा रही थी, उघारे बैठे थे, मेरी बात सुनकर बहुत कुड़बुड़ाए, अब एक भी पुछवइया नहीं था, अंकवार में भर लिया, मुझे देखा तो कतरिया कर निकल गए, टुटहा कुर्सी पर बैठे थे आदि।

2. उर्दू प्रयोग : गुलाम, दफना दिया, मजूरी करने लगे, दमखम, बारीक, हुबहू, बुलंदी, नश्तर, मखौल, फालतू, तफरीह, खुराफात, नाजबरदारी, चिरांगा, बाजाप्ता, मुजायका, फरमाइश आदि।

3. उर्दू/बोली मुहावरे : लकीर खींची, पैर लड़खड़ाने लगे, कोई पुरसाहाल न था, लकीर पीटते जा रहे हैं, नाम भजाने लगे, थरथरी मार गई, काठ मार गया, आसमान से नहीं उतरे हैं, सौदा पटा लिया, गरदन तराशी गई, पगड़ी उछालना शुरू किया, एड़ी चोटी का पसीना एक कर रहे हैं, एक ही टकसाल से निकले हैं, नाम पानी पर लिखा गया आदि।

साहित्य भाषाबद्ध होता है और साहित्य की भाषा सामान्य भाषा का ही विशेष प्रयोग है, यह तथ्य भी इन प्रयोगों से खुलता है। ये सभी प्रयोग उच्चरित

भाषा प्रयोग के क्रोड़ से ही जन्मे हैं। सामान्यतः जब हम किसी भी प्रकार की प्रोक्ति की बात करते हैं या इनके शिक्षण की पद्धति निर्धारित करते हैं, तो अभिव्यंजना को प्रभावी बनाने में उच्चरित भाषा के लिखित रूपांतरण की अक्सर अनदेखी कर देते हैं। साहित्यिक पाठ के माध्यम से भाषा के समाज-संदर्भित प्रयोगों के क्षमतायुक्त अधिगम को सिद्ध कराने की प्रक्रिया में हमें यह नहीं भूलना चाहिए कि भाषिक संकेत उच्चरित धरातल पर ही संप्रेषणीय बनते हैं जिनके लिए लिखित भाषा में कथन-भंगिमा निर्देश (डाँटकर कहा, हाथ नचाते हुए कहा, फुसफुसा कर कहा आदि) एक युक्ति है तो विराम-चिह्नों का प्रयोग दूसरी। अच्छा लेखन विराम चिह्नों के प्रयोग के प्रति अति सजग होता है। बेनीपुरी जी भी हिंदी भाषा के उच्चरित रूप या कहें 'काकु' को लिखित रूप में ढालने में समर्थ हैं। प्रेमचंद, अज्ञेय, मोहन रोकश, रेणु, नागार्जुन में यह सहजता अपने चरम पर दिखाई देती है। बेनीपुरी जी ने निबंधों में यह संभव कर दिखाया है और ऐसा करके निबंध-शैली को उच्चरित हिंदी के निकट ला दिया है। हम निबंध को एक इतिवृत्तात्मक और विवेचनात्मक शैली की प्रतिनिधि विधा मानते रहे हैं, इस सोच को उनके निबंध भ्रम सिद्ध करते हैं। पाठ-विश्लेषण और शिक्षण दोनों ही दृष्टियों से एक प्रारूप हम दे रहे हैं जिसे किसी भी पाठ को पढ़ाते समय (गद्य और पद्य दोनों) अपनाया जा सकता है–

(1) **निर्देश चिह्न (डैश)–**

हमें फलों की हर जड़ में जल देना है–स्रोत का जल, श्रद्धा का जल, आदर का जल।

अक्षर अमर हैं–अ-क्षर हैं।

हम साधक बनें–सच्चे साधक।

फीके पड़ गए हैं–धुलपुँछ गए हैं।

इसी से कहा गया है–गद्यं कविनां निकिषा वदंति।

इस नारे का एकमात्र अर्थ होगा–अंग्रेजी का क्षय।

(2) **अवतरण-चिह्न (इनवर्टेड कॉमा)–**

हाँ "हमने"।

छंद "भी" हो तो क्या कहने!

जवाहर लाल नेहरू ने "भारत का अनुसंधान" किया था।

"खूने नाहक" के ये जीते-जागते उदाहरण हैं।

इस चक्कर में कुछ "आचार्य" भी आ गए हैं।

(3) **अल्प विराम (कॉमा)–**

एक है बुद्धि, दूसरी भावना।

बस, यहीं तक, इसके आगे नहीं।

अजी, सोचो और सीखो।

नहीं पढ़ो, तो सबसे अच्छा, पढ़ो, तो उधार।

यों, देखिए, तो।

(4) **अर्धविराम (सेमी कोलन)–**

कहा था न; एक हजार एक सौ एक कवि सम्मेलनों में गया हूँ, लौटती बार सवारी नहीं मिली; कभी।

जो इन चीजों से ऊपर है, परे है; सत्य है, शिव है, सुंदर है।

नृत्य, हावभाव, सब; संकेत में ही।

(5) **प्रश्न चिह्न (नोट ऑफ इंट्रोगेशन)**

जिल्लत हम क्यों उठाएँ?

कौन ऐसी प्रतिभा है जिसे आँसू का सागर नहीं तैरना पड़ा हो?

कोरी मिट्टी की पूजा क्यों करेंगे?

(6) **विस्मयबोधक चिह्न (नोट ऑफ एक्सक्लेमेशन)–**

वे सूरतें–क्या वे सूरतें थीं? या सूरतों के संकेत!

फिर रतिक्रिया का वह वर्णन! उफ!

सिर्फ अर्थ पर नहीं जाइए, अर्थ संघ पर जाइए–अर्थ संघानाम!

कवि, प्यारे कवि! मेरे कवि! अपने को पहचान! पहचान!

इस पूरी चर्चा से यह प्रमाणित होता है कि साहित्य सृजन के लिए 'कच्चा माल' भाषा है। और यह भी कि साहित्य उनके द्वारा लिखा जाता है जो भाषा के प्रति अति संवेदनशील होते हैं। शैलीविज्ञान यह मानता है कि साहित्य का अंतिम-उत्पाद (end product) अर्थात् पाठ हमें भाषाई-अध्ययन के अनेक आयाम प्रदान करता है। उसकी परिभाषा के अनुसार–''साहित्य एक ऐसी कला है, जो भाषा का उपयोग करती है'' (Chatman)। हमने पहले भी यह विचार व्यक्त किया कि शैलियाँ सामाजिक परिस्थितियों का परिणाम होती हैं और उन संबंधों से उपजती हैं जो भाषा प्रयोक्ताओं के बीच निर्धारित होते हैं। इस प्रकार शैलीविज्ञान स्वतः समाज भाषाविज्ञान का भी अंग बन जाता है। कथा-भाषा में सामाजिक परिस्थिति, सामाजिक संबंध और भाषा प्रयोग के विविध संदर्भ घुलेमिले हैं, इसका

विवेचन भी ऊपर हमने किया। साहित्य भाषा की सामाजिकता का अक्स होता है, यह तथ्य भी कथा-भाषा के विश्लेषण से प्रमाणित होता है जिसमें भाषा शैली भेद, सामाजिक शैली भेद, कोड मिश्रण, कोड परिवर्तन, शैली मिश्रण आदि के एकाधिक स्तर दिखाई देते हैं; अर्थात् भाषा का संप्रेषणपरक रूप, जिसे साहित्य-शिक्षण के लिए अपना कर अपेक्षित लक्ष्य प्राप्त किए जा सकते हैं। सैद्धांतिक धरातल पर साहित्य शिक्षक को निम्नलिखित आधारों पर पाठ को देखने की बात कही गई है, जिसे 'पंक्तियों के बीच पढ़ना' (Reading between the lines) भी कहा जा सकता है—

1. **यह निश्चित करना कि रचनाकार की भाषा किस सीमा तक और किस प्रकार विचलित भाषा प्रयोग से संबद्ध है।**
2. **यह दिखाना कि कोई रचनाकार सामान्य भाषा प्रयोग से विशेष प्रभाव कैसे उत्पन्न करता है।**
3. **साहित्य, भाषा के किसी पक्ष की उपेक्षा नहीं करता, अतः भाषा प्रयोग को भाषा प्रकार्य के संदर्भ में देखना।**
4. **यह जानकर पाठ को देखना कि सामान्य भाषा प्रयोक्ता की भाँति ही रचनाकार भी भाषा का प्रयोग अपने पाठक से संपर्क साधने के लिए ही करता है। संपर्क की स्थिति को अभिव्यंजक बनाने में एकालाप और वार्तालाप की भूमिका को शिक्षण में उभारना।**
5. **लेखक-पाठक के बीच परस्परता साहित्यिक कृति में अनेक युक्तियों से सिद्ध की जाती है, ठीक उसी तरह जैसे सामान्य वाचिक संप्रेषण में वक्ता-श्रोता सिद्ध करते हैं।**
6. **प्रत्येक लेखक स्थिति, संदर्भ, पात्र और कथ्य के अनुकूल भाषा शैली का चयन करता है, इन भाषा भेदों की पहचान करना।**
7. **हर लेखक की अपनी शैली होती है लेकिन भाषा के सामाजिक नॉर्म के वह बाहर नहीं जाता।**
8. **पात्रानुकूल भाषा तथा भाषा प्रयोग द्वारा प्रभावोत्पादकता में वृद्धि को लेखक ने किस तरह बुना है, इस पर ध्यान देना।**
9. **लिखित संवाद में बोलीगत मिश्रण को पहचानना तथा वाक् की प्रकारता (modality) के वर्ग बनाना।**
10. **कथा भाषा में किसी पात्र की भाषा को उस आयु, वर्ग, धर्म और शिक्षा के वास्तविक प्रयोक्ता के तुलनीय देखना।**
11. **भाषा में अंतर्निहित सांस्कृतिक तत्त्वों की ओर ध्यान देना।**

12. **भाषा के साथ लेखक और पात्रों के मनोभाव को जोड़ कर देखना।**
13. **भाषा में निहित आचरणों को समझना, जैसे–विनम्रता, प्रभुता, दया, कृपा आदि।**
14. **भाषा प्रयोग के विकल्पन पर ध्यान देना जैसे सर्वनाम प्रयोग, एक ही कथन की भिन्न परिस्थितियों में भिन्न अभिव्यक्तियों की परख आदि।**

यह तो हुई कथा भाषा के विश्लेषण के प्रारूप की बात। हमने पहले भी क्रिस्टल डैवी के भाषा-विचार की चर्चा की थी। उनके अनुसार उक्तियों के सभी पक्ष सीमित होते हैं, अतः ये विश्लेषणीय हैं। उन्होंने इन भाषिक पक्षों को आठ आयामों पर देखने की अपील की और इनके तीन वर्ग निर्मित किए। एक बार पुनः इन्हें देख लें–

वर्ग : **वैयक्तिकता (individuality)**
बोली (dialect)
काल/समय (time)

वर्ग : 2 **(1) प्रोक्ति (discourse)**
(क) सामान्य/जटिल=मौखिक-लिखित (Speech-writing)
(ख)सामान्य/जटिल=एकालाप–वार्तालाप (monologuedialogue)

वर्ग : 3 **वार्ता सीमा (province)**
पद (status)
प्रकारता (modality)
अति-वैयक्तिकता (singularity)

किसी पाठ को इस प्रणाली के माध्यम से अभी तक विश्लेषित नहीं किया गया है। क्रिस्टल डैवी की इस भाषा-विश्लेषण तकनीक का उपयोग करके किसी पाठ के शिक्षणीय बिंदुओं का चयन किया जा सकता है। यहाँ हम कथा-भाषा के विश्लेषण के लिए इस प्रणाली या तकनीक का अनुप्रयोग करने जा रहे हैं। इसके लिए हमने निराला के दो उपन्यास लिए हैं–उनका पहला उपन्यास 'अप्सरा' (1931) और अंतिम उपन्यास 'कुल्ली भाट'। हिंदी के शीर्ष आलोचक (रामविलास शर्मा, नामवर सिंह, नंददुलारे वाजपेयी, चेलिशेव) यह स्वीकार चुके हैं कि निराला अपनी भाषा गढ़ते हैं, नई शैली ईजाद करते हैं और बोलचाल की भाषा के निकट जाते हैं। निराला ने जिस तरह जीवन और उसकी रूढ़ियों को चुनौती दी वैसे ही वे भाषा को भी चुनौती देते हैं। निराला की कथा-भाषा किताबी नहीं बल्कि

भारतीय लोक जीवन के रोजमर्रा के अनुभवों से पैदा हुई है। अतः क्रिस्टल डैवी के आठ आयामों पर निराला की कथा-भाषा का विश्लेषण हिंदी भाषा के व्यावहारिक रूपों के अनेक शेड्स हमें प्रदान कर सकता है। कहने की आवश्यकता नहीं कि इन आयामों पर किसी भी कथाकृति (कहानी या उपन्यास) का विश्लेषण करके साहित्य-शिक्षण की कक्षा में प्राप्त सामग्री का उपयोग किया जा सकता है।

(1) **वैयक्तिकता**–इसका तात्पर्य उच्चारण, शब्द चयन, शैली चयन या लेखन की वह आदत है जो किसी व्यक्ति की उसके भाषा प्रयोग के आधार पर पहचान कराती है। इसके अंतर्गत हम रचनाकार द्वारा प्रयुक्त उसके प्रिय शब्दों की बारंबारिता को भी माप सकते हैं। पात्रों के संदर्भ में भी इस वैयक्तिकता को देखा जा सकता है क्योंकि लेखक किसी भी पात्र की सृष्टि एक 'विशिष्ट' व्यक्ति के रूप में करता है। भाषा के सामाजिक संदर्भ इससे स्पष्ट होते हैं। स्त्री-पुरुष, उच्च वर्ग-निम्न वर्ग, शिक्षित-अशिक्षित, परिचित-अपरिचित, वक्ता-श्रोता संबंध को भी वैयक्तिकता ही पुष्ट करती है। पेशे की भाषा भी इस आधार पर अलगाई जा सकती है–किसानी की भाषा, डॉक्टर की भाषा, पंडित-पुजारी की भाषा जैसे अनेक पेशेगत भाषा रूप (प्रयुक्तियों) का प्रयोग हमें हिंदी के कथा-साहित्य में मिलता है। रचना की प्रकृति भी शैली की विशिष्टता तय करती है–प्रेमचंद के कथा-साहित्य में किसान और ग्रामीण जीवन की प्रयुक्ति तथा नवाबी समय के जीवन की भाषा का जीवंत रूप हमें मिलता है (पूस की रात, शतरंज के खिलाड़ी), यशपाल के साहित्य में राजनीतिक, अज्ञेय के कथा-साहित्य में दार्शनिक, हजारी प्रसाद द्विवेदी के साहित्य में धर्म-तंत्र, आचार्य चतुरसेन शास्त्री में युद्ध से आबद्ध भाषा हमें मिलती है। कहने का तात्पर्य यह है कि कथा-पाठ के आधार पर प्रयुक्ति-शिक्षण की दिशा भी खोजी जा सकती है। लेखक की व्यक्ति शैली के संदर्भ में निराला की कथा-भाषा को देखने से पहले यह जान लेना जरूरी होगा कि निराला कुश्ती और संगीत दोनों के शौकीन थे। 'अप्सरा' में अपनी इन व्यक्तिगत उपलब्धियों को सर्जनात्मक बना कर उन्होंने साहित्य-भाषा में रूपांतरित कर दिया है–

कुश्ती से संबंधित प्रयोग :	**साहब को एक वित्ता बेंच से ऊपर उठा लिया और सामने रेल दिया।**
	कलाई पकड़ ली और वहाँ से बाँध कर बहल्ले में दे मारा।
संगीत से संबंधित प्रयोग :	**कनक ने कल्याण में भरकर इमन गाया।**
	कनक दूसरे सप्तक के 'सा' स्वर पर उँगली रख कर

बेली करने लगी।

जितने हैं, टूटे हुए यंत्र को बार-बार छेड़ कर उसके बेसुरेपन का मजाक उड़ाने वाले।

यही वैयक्तिकता 'अप्सरा' में काव्यमय पंक्तियों के माध्यम से भी मुखर हुई है। काव्यमय गद्य हिंदी साहित्य की अमूल्य विरासत है। शुद्ध गद्यकारों (प्रेमचंद, अमृतलाल नागर, यशपाल आदि) में भी इस शैली का वजूद है। कवि-गद्यकारों, जैसे—निराला, प्रसाद, महादेवी, अज्ञेय आदि के कथा-संस्मरण साहित्य में काव्यमय हिंदी का गद्य रूप अपने चरम निखार पर दिखाई देता है। निराला भाषाचेता कवि थे अतः उनके उपन्यासों में इस तरह का प्रांजल गद्य हमें बहुतायत से मिलता है। 'अप्सरा' से कुछ उदाहरण लें—

1. **सरोवर की लहरों पर चमकती चाँद की किरणों और जल पर खुले हुए काँपते बिजली की बत्तियों के कमल के फूल।**
2. **ऋतुओं के सोने के पंख फड़का एक साल और उड़ गया।**
3. **उषा उगते हुए सूर्य के प्रकाश से अरुण हो चली थी।**

(2) **बोली**—व्यक्ति का भाषा प्रयोग उसके भाषा-क्षेत्र का स्पष्ट संकेत दे देता है। इसी आधार पर क्षेत्रीय शैली की संकल्पना सामने आई। निराला की भाषा में बोली के भाषिक तत्त्वों का मिश्रण तो है ही, बोली क्षेत्र के संस्कारों और आचरणों को भी वह सामने लाती है। भाषा में निहित ये तत्त्व लोक संस्कृति और लोक विश्वास को भी उभारते हैं। अन्य भाषा शिक्षार्थी के अनुभव क्षेत्र के ये तत्त्व बाहर होते हैं लेकिन भाषा के प्रभावी प्रयोग में इनसे आबद्ध प्रयोग उसकी दक्षता को बढ़ाते हैं। विदेशी भाषा के रूप में हिंदी सीखने वाले अध्येता तीसरे वर्ष से जो साहित्य पढ़ते हैं, उसके माध्यम से वे भारतीय जीवन को जानना चाहते हैं। इसीलिए उनके उच्चस्तरीय पाठ्यक्रम में गंगा मैया (रुद्र काशिकेय), सती मैया का चौरा (उपन्यास : भैरव प्रसाद गुप्त), सुहागिन (कहानी : मोहन राकेश), अशोक के फूल (निबंध : हजारी प्रसाद द्विवेदी) जैसे पाठ चुने जाते हैं। प्रेमचंद की कहानियाँ भी विदेशी भाषा हिंदी पाठ्यक्रम का जरूरी हिस्सा हैं जिनमें तुम मेरा परलोक बिगाड़ोगी, उसका सोहाग उठ गया, ब्राह्मण से डाँड़ कौन लेता, भगवान शत्रु के घर में भी तेंतर का जन्म न दे, छट्ठी भी हुई बरही भी हुई, सात बरसों तक तुलसी माई को दिया चढ़ाया, जैसे ढेरों प्रयोग मिलते हैं जो कक्षा में व्याख्या की अपेक्षा रखते हैं क्योंकि ये सभी हिंदी भाषा समाज की संरचना को व्यक्त करते हैं। निराला के 'कुल्ली भाट' से कुछ प्रयोग देखें—

1. जिस गाँव में लड़की दी है, उस गाँव का पानी नहीं पिएँगे।
2. कुएँ के पास भरा घड़ा लिए एक युवती मिली, सगुन देख प्रसन्न हो गया।
3. दुह कर छोड़ी हुई गाय बछड़े को पिलाती हुई मिली, यह सगुन भी अच्छा है।
4. पतुरिया का छुआ तो लड़के भी नहीं खाते।

(3) **काल/समय**–वैसे तो इसका संबंध कालगत शैली से भी है। भारतेंदु, प्रतापनारायण मिश्र, बालकृष्ण भट्ट, महावीर प्रसाद द्विवेदी आदि की भाषा में पुरानी वर्तनी के प्रयोग, क्रियाओं के पुराने प्रयोग, व्याकरण के पुराने रूप मिलते हैं। इनकी उपयोगिता मातृभाषा-शिक्षण में अधिक है। द्वितीय भाषा-शिक्षण में भी इन्हें महत्त्व दिया जा सकता है। पर अन्य भाषा-शिक्षण (द्वितीय/विदेशी दोनों) में उक्तियाँ शिक्षणीय धरातल पर अधिक महत्त्वपूर्ण हैं जो घटनाक्रम को संकेतित करती हैं। काल (क्रिया रूप) से बँधा भाषा का यह स्तर कथा-भाषा की प्रोक्ति-संरचना में सघनता से दिखाई देता है। 'अप्सरा' के कुछ उदाहरण लें–

(क) **'निरंतरता' के बोध के लिए संयुक्त क्रियाओं का प्रयोग**–कनक धीरे-धीरे अठारहवें वर्ष के चरण में आ पड़ी। अपार, अलौकिक सौंदर्य एकांत में कभी-कभी अपनी मनोहर रागिनी सुना जाता। वह कान लगाकर उसके अमृत स्वर को सुनती, पान किया करती। अज्ञात एक अपूर्व आनंद का प्रवाह अंगों को नहला जाता।

(ख) **कार्य की गति को धीमा दिखाने के लिए प्रेरणार्थक क्रियाओं का प्रयोग**–लोग स्टेज की अभिनेत्री शकुंतला को मिस कनक के रूप में अपलक नेत्रों से देख रहे थे। सर्वेश्वरी देर करा रही थी। मोटर से सामान उतरवाने, ड्राइवर को मोटर लाने का वक्त बतलाने, नौकर से भूला हुआ सामान मँगवाने, कनक को इधर-उधर बेमतल दिखाने की क्रियाओं से वह भीड़ के धैर्य की परीक्षा ले रही थी।

(ग) **'क्रम' के लिए निर्वैयक्तिक वाक्य रचना**–कनक को शकुंतला का वेश पहनाया जाने लगा। उसके कपड़े उतार दिए गए। एक साधारण-सा वस्त्र वल्कल की जगह पहना दिया गया। बाल अच्छी तरह खोल दिए गए। जुही की माला कंठ में डाल दी गई।

(4) **प्रोक्ति**–प्रोक्ति का संदर्भ हमने द्विवेदी जी की कथा-भाषा का विवेचन करते समय देखा था। निराला में वाक्-लेखन संयोजन के कुछ अनूठे प्रयोग हैं। विवरणात्मक सूचनाएँ यहाँ भाषा-मिश्रण का भी परिचय देती हैं तथा इनके भीतर

शैली और सामाजिक शैली भेद के स्तर भी रेखांकित किए जा सकते हैं। और इन्हें ही शिक्षण में उभारा जा सकता है—

(क) **विवरणात्मक सूचनाएँ—**

(i) **अंग्रेजी-उर्दू मिश्रण, निजतावाचक 'आप' का प्रयोग, नैरंतर्य बताने वाला क्रिया रूप—** इन्हें स्टेट से छह हजार मासिक जेब-खर्च के लिए मिलता था। वह सब नई रोशनी, नए फैशन में फूँक ताप लेते थे। आपने भी एक बॉक्स किराए पर लिया। थियेटर की मिसों की प्रायः आपकी कोठी में दावत होती थी और तरह-तरह के तोहफे आप उनके मकान पहुँचा दिया करते थे। संगीत का आपको अजहद शौक था। (अप्सरा)

(ii) **विश्लेषण के विशेष रूप, व्यंग्य, आम शब्दावली—**
थियेटर गेट के सामने पान खाते, सिगरेट पीते, हँसी-मजाक करते हुए बड़ी-बड़ी तोंद वाले सेठ छड़ियाँ चमकाते, सुनहरी डंडी का चश्मा लगाए हुए कॉलेज के छोकरे, अंग्रेजी अखबारों की एक-एक प्रति लिए हुए हिंदी के संपादक...।
शिक्षण बिंदु : खाते→खाते हुए→खाए हुए जैसे रूप
पीते (लगातार के अर्थ में)
संज्ञा/विशेषण+वाला

(iii) **अभिव्यंजक भाषा, सुझावात्मक वाक्य, क्रम विचलन, याद है, सुनते हैं का प्रयोग—** याद है एक दिन पं. रामगुलाम ने पिताजी से कहा था, 'लड़के का कंठ फूट आया, बगलें निकल आई, मसें भीगने लगीं अब बबुआ नहीं है, गौना कर दो। हो भी तो हाथी गया है, लड़ता है, सुनते हैं।

(iv) **भूतकालिक क्रियाओं का जमघट, घटनाक्रम का संतुलन, शिष्ट हास्य, नाते-रिश्ते के शब्द, शब्द-चित्र—**
सवेरे जब जगा, तब घर में बड़ी चहल-पहल थी। साले साहब रो रहे थे। सासजी ने मारा था। ससुर जी खुड्डी में गिर गए थे, नौकर नहला रहा था। घर में तीन जोड़े बैल घुस आए थे। श्रीमती जी लाठी लेकर हाँकने गई थीं। महरी पानी भरने गई थी, रस्सी टूट जाने के कारण पीतल का घड़ा कुएँ में चला गया था। घर का पानी खत्म हो आया था। दूसरी रस्सी न होने के कारण पानी भरना बंद था। पड़ोस में सवेरे रस्सी नहीं मिली। सभी अपना-अपना पानी भर रहे थे।

(ख) **अनौपचारिक वार्तालाप**—वार्तालाप की यह शैली वक्ता-श्रोता के सामान्य और सहज संबंध को दर्शाती है। जो लोग निरंतर एक-दूसरे के संपर्क में रहते हैं, एक-दूसरे के घर-परिवार की खबर रखते हैं, घर-परिवार-समाज पर एक-दूसरे से टिप्पणी

करते हैं, एक-दूसरे की कमियों-खामियों को भी बिना संकोच कह देते हैं, उनके बीच अनौपचारिक वार्तालाप के अनेक प्रारूप प्रयुक्त मिलते हैं। भारतीय समाज में अनौपचारिक और आत्मीय शैली सर्वाधिक प्रयुक्त होती है। इनकी तुलना में औपचारिक शैली का प्रकार्य-क्षेत्र अत्यंत सीमित है। हिंदी भाषा समाज भी एक खुला समाज हैं। यह भी कहा जा सकता है कि हिंदी में यही शैली संप्रेषण के सर्वाधिक घटकों को अपने भीतर समेटे होती है। ऐसे वार्तालाप में क्षेत्रीय प्रभाव से युक्त सामान्य शैली का प्रयोग होता है। 'कुल्ली भाट' के वार्तालापों से चुने गए कुछ वाक्य देखें–

कहाँ से यह मंत्र लिवाया, भैया? (पड़ोसी से)

कुछ सुनाओ। (गीत, कविता, गाना)

बड़ी गर्मी है। अबे साले पानी तो पिलवा! (मित्र से)

इतना ही आया! जो करना है कर लो। (चाची से)

हम जैसा कहते हैं वैसा कर। (पंडित जी अपने दोस्त के बेटे से)

यार, तुम तो बड़े ऊँचे दर्जे के गवैये हो! (मित्र से)

दोस्त, गाँव में क्या हवा चल रही है? (नाई से, ऊँची जाति का हमउम्र)

तेरी लड़की पटने में एक दो तीन चार कर रही है। (पड़ोसन से पड़ोसन)

जमीन तो तेरी चाची जुताया करती है, तू कहाँ का मालिक है? (गाँव का जमींदार नायक से)

तो अभी दिल की मुराद पूरी नहीं हुई? (पीटने के बाद अंग्रेज अफसर से नायक)

सहज/अनौपचारिक वार्तालाप में कहीं-कहीं निराला ने निराले प्रयोग किए हैं। 'अप्सरा' का एक उदाहरण देखें जहाँ 'समझना' क्रिया के माध्यम से वार्तालाप की एक नई छटा वे प्रस्तुत कर देते हैं। ऐसा कई लेखक करते हैं–पर्याय संज्ञाओं का एक ही संवाद में संयोजन, विशेषण पर्यायों का एक ही संवाद-पाठ में संयोजन, एक ही क्रिया से संबद्ध क्रियाओं का गठन (जैसे चखना, निगलना, चबाना, घोंटना, चुभलाना जैसी खाने की क्रिया से संबद्ध क्रियाओं का प्रयोग) आदि। इस तरह के प्रयोग क्रिया प्रयोग के दृढ़ीकरण में सहायक हो सकते हैं। क्रिया भाषा की केंद्रीय इकाई है, इस तथ्य से किसी को इनकार नहीं। निराला का उदाहरण देखें, यह नायक-नायिका का वार्तालाप है जिसमें प्रेम, शरारत और दिल्लगी के भाव ओतप्रोत हैं–

मैं अब भी तुम्हें नहीं समझ सका, कनक!

तुम मुझी से मुझे समझ सकते हो।

क्या तुम मुझे समझ चुकी हो?

मेरे लिए तुम्हें समझने में कोई कठिनाई नहीं।

तुमने मुझे क्या समझा?

यह मैं न बतलाऊँगी।

बताइए कि आप मुझे क्या समझीं?

ठीक है, मैंने दुष्यंत समझा, बात साफ हुई?

कहाँ हुई?

और समझाना मेरी शक्ति से बाहर है, समय आया तो समझा दिया जाएगा।

(5) **वार्ता सीमा**–इसका संबंध विशेष प्रकार की वार्ता से रहता है। यह पात्रों के व्यवसाय एवं कार्य से भी संबंधित हो सकता है या किन्हीं अन्य प्रयुक्तियों से भी। इसकी सामान्य चर्चा पहले भी की गई है। निराला के उपन्यासों से 'भाषा पर टिप्पणी' को वार्ता सीमा के अंतर्गत देखेंगे। 'अप्सरा' में 'तुम' और 'आप' के प्रयोग को सामाजिक संदर्भ देने के साथ ही उन्होंने पात्रों के मनोभावों को भी सफल अभिव्यक्ति दी है। 'कुल्ली भाट' में निराला 'ने' के प्रयोग पर टिप्पणी करते हैं। हिंदी की बोलियों में 'ने रहित' प्रयोग होते हैं अतः मानक हिंदी सीखते समय बोलीभाषियों के लिए 'ने' समस्या बन जाता है। दक्षिण भारत के अध्येताओं के लिए भी 'ने' अधिगम का एक विशेष समस्या क्षेत्र है–

अप्सरा–

(क) आप हम लोगों के यहाँ जलपान करने में शायद संकोच करें। संकोच? फिर तु. ..आ...।

(ख) आप मुझे 'तुम' ही कहें। कितना मधुर शब्द है 'तुम'।

(ग) 'तुम' मिलाने वाला है। 'आप' शिष्टाचार की तलवार से दो जुड़े हुओं को काटकर जुदा कर देने वाला।

(घ) मैं गाता नहीं। आप गाइए। 'आप' फिर कनक के प्राणों में चुभ गया।

कुल्ली भाट–

ब्रजभाषा या अवधी, जो घर की जबान थी, खड़ी बोली के व्याकरण से भिन्न है। 'उइ कहेन' और 'उन्होंने कहा' एक नहीं। यह 'ने' खटकता था। जो केवल भारतीय संस्कृति के शिक्षित हैं उनके लिए 'ने' शूल है। 'ने' के प्रयोग भी मालूम न थे।

वार्ता सीमा के अंतर्गत ही प्रोक्ति के उस संदर्भ को भी लिया जा सकता है जहाँ कोई एक वार्ता बिंदु अपनी सीमा का अतिक्रमण करके पूरी रचना में

विभिन्न स्थलों पर उपस्थित होता है। ऐसे बिंदु किसी रचना को 'एक प्रोक्ति' बनाने में मदद करते हैं। 'अप्सरा' में नायिका के प्रेम की पीर, उसकी तड़प और प्रेम की आग में उसके जलने का बिंदु अंत के पूरे हिस्से में फैला हुआ है। यह पहले हिस्से का संदर्भ भी है–

पीड़ित हृदय पर चोट लगी (78)

कनक ने पंखा खोल दिया पर हृदय का ताप बढ़ गया (78)

कलेजे में फिर नई लपटें उठने लगीं (79)

भीतर-बाहर सब जगह जैसे आग लग गई हो (79)

अंगों के ताप से कनक का स्वर्ण-रंग और चमक उठा (88)

कनक की देह की हरियाली के ऊपर से जेठ की लू बह जाती थी (89)

एक ही बात को कितनी भिन्न उक्तियों में बाँधा जा सकता है, इस तथ्य को समझाने में भी इस प्रकार के प्रयोगों को कहानी, उपन्यास, नाटक से छाँटा जा सकता है। कविता में भी एक ही कथन को भिन्न भंगिमा से अभिव्यक्त करने वाली पंक्तियाँ मिल सकती हैं।

(6) **प्रकारता**–वे भाषाई प्रयोग जो किसी संदर्भ या लेखन विधि (पत्र, डायरी) के बदलने से उक्ति को विशिष्ट बनाते हैं, प्रकारता के अंतर्गत रखे जा सकते हैं। यह भाषा प्रयोग भी 'चयन' पर आधारित होता है, संदर्भ और प्रकारता की जरूरत के अनुसार लेखक अन्य विकल्पों में से किसी एक को चुनता है। यह चुनाव ही मौखिक कथन और लिखित पाठ को अनुकूल बनाता है। 'अप्सरा' के कुछ मौखिक उदाहरण तथा लिखित प्रकारता के अंतर्गत एक 'पत्र' और एक 'इश्तहार' का प्रारूप देखें–

मौखिक– **थियेटर के शौकीनों को हाथ बढ़ा कर स्वर्ग मिला।**

क्या मँजी हुई आवाज है।

स्टेज खिल गया।

उड़ता हुआ स्वभाव है।

पत्र– प्रिय दारोगा साहब,

आपसे मिलना चाहती हूँ। जब से स्टेज पर आपको देखा, चैन नहीं। दुबारा जब तक नहीं देखती, चैन नहीं। क्या आप कल नहीं मिलेंगे? आप ही की कनक

इश्तहार– कोहेनूर थियेटर में! शकुंतला, शकुंतला, शकुंतला! शकुंतला–मिस कनक! दुष्यंत–राजकुमार वर्मा, एम.ए. रोज शाम छह बजे! लाजवाब अभिनय! बेजोड़ संगीत!

(7) **पद**–पद के द्वारा या इसके आधार पर ही वक्ता-श्रोता की सामाजिक साख निर्धारित होती है। समाज भिन्न वर्ग, आयु, शिक्षा और पेशे के लोगों को भिन्न पद देता है और पद के अनुरूप ही वक्ता के भाषा प्रयोग के पैटर्न बनते हैं या श्रोता का भाषिक पैटर्न वक्ता के और वक्ता का भाषिक पैटर्न श्रोता के पद के अनुसार बनता है। पद नियंत्रित भाषा रूप का अर्थीय धरातल बहुत जटिल होता है क्योंकि एक ओर यह समाज की जटिल संरचना से संबद्ध होता है (भाषा$_1$ और भाषा$_2$ की सामाजिक संरचना अनेक स्तरों पर भिन्न होती है अतः अन्य भाषा-शिक्षण में इस प्रकार के समाजाधारित प्रयोगों को प्रमुखता देना जरूरी है) तो दूसरी ओर इसमें लोगों (participants) के संबंध विभिन्न स्तर के लोगों के साथ निर्धारित होते हैं। इस प्रकार किसी भी भाषा समाज में पद-आधारित भाषा प्रयोग का एक सामाजिक माप बन जाता है जिसमें औपचारिकता, अनौपचारिकता, आदर, विनम्रता, प्रगाढ़ता, नाते-रिश्ते, संबोधन, आदि स्तरों पर भाषा अपना संप्रेषणीय रूप ग्रहण करती है। कुछ उदाहरण देखें–

(i) **अर्थ के स्तर पर समानता, श्रोता के पद के अनुसार चयन**–

(क) खामोश!

(ख) कृपा करके चुप रहो।

(ग) कृपया शांत रहिए/शांत हो जाइए।

(घ) शोर मत करो/हल्ला मत करो।

(च) चिल्ल-पों बंद कर।

(ii) **समान अर्थ, वक्ता के पद का प्रभाव**–

(क) वह मर गया। (निम्न वर्ग, अशिक्षित)

(ख) उनका निधन हो गया। (शिक्षित)

(ग) वे दिवंगत/ब्रह्मलीन हो गए। (उच्च शिक्षित)

(घ) उनका स्वर्गवास हो गया। (शिक्षित)

(च) वे खुदा को प्यारे हो गए। (मुस्लिम/उर्दू जानने वाला)

(iii) **समान अर्थ, मध्य वर्ग का शैली भेद**–

(क) उनका निधन हो गया।

(ख) उनका स्वर्गवास हो गया।

(ग) वे हमारे बीच नहीं रहे।

(घ) वे परलोक सिधार गए।

(च) वे भगवान को प्यारे हो गए।

(छ) वे अब नहीं रहे।

(ज) वे हमें छोड़ कर चले गए।

संप्रेषण में इनमें से जिस वाक्य का चयन किया जाएगा, उसे 'कोड' कहा गया है। इस स्थिति (किसी की मृत्यु की सूचना देने) में प्रयुक्त हो सकने वाले इन सब वाक्यों के समूह या समुच्चय को कोड-आधात्री (code matrix) कहा गया है। अर्थात् स्थिति विशेष में प्रयुक्त किए जा सकने वाले अनेक प्रयोगों का समूह कोड-आधात्री है। अन्य भाषा-शिक्षण में शिक्षार्थी की संप्रेषणपरक क्षमता को विकसित करने में पद भेद से निर्मित कोड-आधात्री को आधार बनाना चाहिए, मात्र एक या दो 'कोड' को नहीं।

(iv) <u>सर्वनाम प्रयोग और पद भेद</u>–

<u>संदर्भ एक : संबोधित व्यक्ति का पद</u>–

(i) तू (नौकर से) जल्दी बाजार जा।

(ii) तुम (पुत्र से) जल्दी बाजार जाओ।

(iii) आप (पिता से) जल्दी बाजार जाइए।

<u>संदर्भ दो : संबोधित व्यक्ति का पद</u>–

(i) तुझे (भिखारी से) क्या चाहिए?

(ii) तुम्हें (छात्र से) क्या चाहिए?

(iii) आपको (बुजुर्ग से) क्या चाहिए?

<u>संदर्भ तीन : संबोधित व्यक्ति का पद</u>–

(i) यह मेरा बेटा है।

(ii) ये मेरे पिताजी हैं।

(iii) वह (बेटा) कल आएगा।

(iv) वे (पिताजी) कल आएँगे।

<u>संदर्भ चार : संबोधित व्यक्ति का पद</u>–

(i) उसे (छात्र को) बुलाओ।

(ii) उन्हें (अध्यापक को) बुलाओ।

(iii) इसे (नौकर को) जाने दो।

(iv) इन्हें (डॉक्टर को) जाने दो।

(v) <u>संबोधन चयन और पद भेद</u>–

(क) <u>वर्ग 1 : व्यवसाय+पुरुष वर्ग</u>–

+पद+महोदय–मंत्री महोदय, अध्यक्ष महोदय

+पद+साहब–मैनेजर साहब, मौलवी साहब

+पद+जी–नेता जी, माता जी

(ख) <u>वर्ग 2 : नाम+पुरुष वर्ग</u>–

अंतिम नाम+जी–शर्मा जी, तिवारी जी

अंतिम नाम+साहब–अंसारी साहब, पिंटो साहब

(ग) <u>वर्ग 3 : नाम+स्त्री वर्ग (विवाहित)</u>–

मिसेज+अंतिम नाम–मिसेज सिंह, मिसेज मेहता

श्रीमती+अंतिम नाम–श्रीमती शर्मा, श्रीमती तिवारी

सुश्री+पूरा नाम–सुश्री इंदिरा गाँधी, सुश्री मीरा शर्मा

(घ) <u>नाम+स्त्री वर्ग (अविवाहित)</u>–

मिस+अंतिम नाम–मिस पाल, मिस जेटली

प्रथम नाम+जी–सरोज जी, विमला जी

कुमारी+पूरा नाम–कुमारी सरोज शर्मा, कुमारी विमला पाठक

(च) <u>निम्न पद द्वारा उच्च पद को</u>–

बाबूजी, भइया, सरकार, मालिक, अन्नदाता, हुजूर, जनाब

(छ) <u>समान पद : प्रगाढ़ संबंध</u>–

यार, राजा, मालिक, बॉस

(ज) <u>पेशागत संबोधन</u>–

दर्जी के लिए–मास्टर

खाना बनाने वाले के लिए-महाराज

नाई के लिए–ठाकुर

वेश्या के लिए–बाई जी

पुलिस के सिपाही के लिए–दीवान जी, मुंशी जी

(झ) <u>जातिगत संबोधन</u>–

ब्राह्मण के लिए–महाराज, पंडित जी, गुरु जी

क्षत्रिय के लिए–बाबू साहब, ठाकुर साहब

अहीर के लिए–सरदार

कायस्थ के लिए–मुंशी जी

कथा-साहित्य में, विशेषकर प्रेमचंद के साहित्य में संबोधनों के जातिगत और पेशागत रूपों का बड़ी मात्रा में और सटीक प्रयोग हुआ है। हमारी मानसिक भावनाओं और सामाजिक आचरण को व्यक्त करने वाले संबोधन भी मिलते हैं–

(i) <u>क्रोध में</u>–सत्यानासी, कलमुँही, हरामजादे, उल्लू के पट्ठे

(ii) <u>निरादर दिखाने के लिए</u>–

निर्लज्ज, डूब मर चुल्लू भर पानी में।

दूर खड़ा रह कलमुँहे, मुझे न छूना।

पापी, चांडाल, इस डाइन को लेकर घर में पैर भी न रखना।

राक्षस, छोड़ दे मेरा हाथ।

साहब के बच्चे, तू मेरा बेटा है या साहब का?

भइया आप हमारी इज्जत रख लीजिए/इज्जत की बच्ची, हट उधर।

(iii) <u>व्यंग्य में</u>–कहो हीरो! अजी जीनियस साहब! आओ मेरे हरिश्चंद्र, जीओ, मिट्टी के शेर!

(iv) <u>बुलाने के लिए</u>–
- देवी जी, बेटा मोहन, मुंशी जी, भाई साहब, बहिन जी
- अबे! ओ! ऐ! ऐ रिक्शा! ओ चाटवाले! ओरे!

(v) <u>अभिवादन में</u>–डॉक्टर साहब!, मेहरोत्रा जी!, भइया जी, गुरु जी (विशेष लहजे में और विशेष मुख-मुद्रा या अंग संचालन के साथ जब इन संबोधनों का प्रयोग करते हैं तो ये अभिवादन का काम स्वतः कर देते हैं मानो हमने मेहरोत्रा जी नमस्कार या गुरुजी प्रणाम कहा हो)

(vi) <u>एकतरफा संबोधन</u>–

हे भगवान, हे ईश्वर, हे बाबा भोलेनाथ, हे राम, हे गंगा माई।

(vii) <u>संबोधनों के भिन्न प्रयोग-संदर्भ</u>–

1. बहन जी, ये साड़ी देखिए। (दुकानदार अजनबी महिला से)
2. भाई साहब, बस अड्डा किधर है? (अजनबी से)
3. भाभी जी, चाय पिलाइए। (मित्र की पत्नी से)
4. माता जी, आप आराम से बैठिए। (ट्रेन में अजनबी महिला से)
5. अरे भइया, मैं तो फँस गया। (अजनबी से)
6. अच्छा भाई! कहो क्या कहना चाहती हो? (पति, पत्नी से)
7. देखो भाई, मुझे आराम करने दो। (पत्नी, पति से)
8. चाचा जी, आपका रूमाल गिर गया। (अजनबी से)

(8) **विनम्रता**–सर्वनाम, संबोधन और नाते-रिश्ते के प्रयोग से उपयुक्त चयन द्वारा हम श्रोता से दूरी, आदर, आत्मीयता व्यक्त करते हैं। हमारी यह जागरूकता

भाषा-प्रयोग में विनम्रता और शिष्टाचार के द्वारा भी सिद्ध होती है। भाषा में शिष्टता या विनम्रता भी समाज द्वारा निर्धारित होती है। भाषा-प्रयोग में हम हमेशा विनम्र या शिष्ट ही रहते हैं, यह जरूरी नहीं। अक्सर हमें कठोर और अशिष्ट भी होना पड़ता है। कठोर भाषा-प्रयोग, विनम्र भाषा-प्रयोग के मानक पर ही आधारित होता है। भाषा की संप्रेषणपरक दक्षता के लिए जरूरी है कि विनम्र-अविनम्र भाषा-प्रयोग के भेद की हमें पहचान हो। समाज भाषाविज्ञान इसीलिए यह मान कर चलता है कि 'हम क्या कहते हैं', इस बात से अधिक महत्त्वपूर्ण यह है कि 'हम कैसे कहते हैं।'

यदि कोई हमसे पूछे कि 'आप कैसे हैं?' और हमारा जवाब हो कि 'ठीक हैं' या 'अच्छे हैं' तो इस उत्तर में विनम्रता का भाव नहीं है, अर्थात् यह प्रयोग विनम्रमा रहित (-विनम्र) है। लेकिन यदि हम उत्तर में कहें कि 'आपकी दया है' या 'आपकी कृपा है' तो विनम्रता और शिष्टाचार का भाव व्यक्त होता है। हिंदी में पधारिए, विराजिए, तशरीफ रखिए जैसे प्रयोग 'आइए' और 'बैठिए' की तुलना में अधिक विनम्र और शिष्ट हैं। उर्दू में अपने घर के लिए 'गरीबखाना' और दूसरे के घर के लिए 'दौलतखाना' कहना भी शिष्ट भाषा प्रयोग का उदाहरण है। मुझे सेवा का मौका दीजिए, सब कुछ आप का ही दिया हुआ है, कभी हमारा घर भी पवित्र कीजिए, किसी दिन हमारे यहाँ भी जूठन गिराइए आदि प्रयोग विनम्र-शिष्ट प्रयोग हैं। चयन का आधार यहाँ भी महत्त्वपूर्ण है–

(क) तीन बजे अपनी कार ले कर मिलिए। (-विनम्र)
(ख) क्या आप तीन बजे अपनी कार ले कर मिल सकेंगे। (विनम्र)
(ग) आप तीन बजे कार से मुझे ले चलें तो बड़ी मेहरबानी होगी। (विनम्र+ शिष्ट)
(घ) नई दिल्ली स्टेशन किधर है? (-विनम्र)
(च) प्लीज़ बताइए कि नई दिल्ली स्टेशन किधर है? (विनम्र)
(छ) माफ़ कीजिए, क्या आप बता सकते हैं कि नई दिल्ली स्टेशन किधर है? (विनम्र+शिष्ट)

हिंदी में यदि वाक्य के प्रारंभ में माफ कीजिए, क्षमा कीजिए आदि का प्रयोग होता है तो इन्हें विनम्रता का तत्त्व माना जाता है। हिंदी वाक्यों में अपरोक्ष अनुरोध का स्वर भी वाक्य को विनम्र बनाता है, जैसे–मिल सकेंगे, दे सकेंगे, जा सकेंगे, ला सकेंगे, पिला सकेंगे आदि। धन्यवाद, शुक्रिया, बड़ी मेहरबानी आदि

का वाक्य के अंत में प्रयोग भी विनम्रता के भाव को व्यक्त करता है।

(9) **अति वैयक्तिकता**–यह आंतरिक भाषा तत्त्व है। पूरे समुदाय के मूल्यों को व्यक्त करने वाला यह तत्त्व मूलतः सांस्कृतिक होता है। लेखक या किसी खास समूह से संबद्ध होने के कारण ये भाषिक प्रयोग अति वैयक्तिक बन जाते हैं। इनका प्रयोग वक्ता और रचनाकार दोनों विशेष प्रभाव उत्पन्न करने के लिए करते हैं। परंपरागत एवं जड़ीभूत होने के कारण ये ग्रहीता को गहरा अर्थ बोध देते हैं। निराला की कथा-भाषा के कुछ उदाहरण देखें–

(i) तुम महाराज हो कर क्या यह काम करोगे? अरे कहीं भागवत बाचो। (कुल्ली भाट)

(ii) रानी रिसायँगी, अपना रनिवास लेंगी। (कुल्ली भाट)

(iii) बहुत दिनों से डलमऊ की कतकी नहीं नहाई। (कुल्ली भाट)

(iv) उन्होंने मेरा विवाह विचारा था। (कुल्ली भाट)

(v) कुछ देर कमरा प्रार्थना-मंदिर की तरह स्तब्ध रहा। (कुल्ली भाट)

(vi) पर आवाज जैसे ब्रह्मभोज के बाद कड़ाह रगड़ने की। (कुल्ली भाट)

अति वैयक्तिक स्तर पर हर रचनाकार की कोई-न-कोई भाषिक विशेषता भी होती है। जैसे हजारी प्रसाद द्विवेदी की संस्कृत उद्भूत सशक्त भाषा जिसमें रात्र्यंध (रात में अंधा), निरन्न रह कर, पटलित होकर, प्रस्थित हो कर, वर्णित हो रहे हैं, शयनीय पर लेटा, निद्रित हो गया, मेरे लिए सभी नमस्य हैं, लुक्कायित हो कर (छिप कर) आदि। निराला में छोटे-छोटे वाक्यों/पदबंधों में अपने अनुभव को समेट कर प्रोक्ति रचना साधने की अद्‌भुत क्षमता है–

<u>जेठ के दिन</u>। धोती कीमती थी। छाता बगल मे। हाथ में जूते। सामने <u>मील भर ऊसर</u>। चार बजे की <u>चटकती धूप</u>। गाड़ी आ गई। दौड़ तेज़ हुई। लंबा मैदान <u>छह फलांग</u>। एंजन पानी ले रहा है। <u>कलेजा मुँह को</u>। एंजन पानी ले चुका। चार फार्लांग और। और तेज चल पाना मुश्किल। <u>बदन लत्ता</u>। अब गिरा-तब गिरा। (कुल्ली भाट)

क्रिस्टल डैवी के प्रारूप के संदर्भ में कथा-भाषा पर उपरोक्त चर्चा यह सिद्ध करती है कि साहित्य उस भाषा को परिमार्जित करता है, उसे नई आभा, नई छवि प्रदान करता है जिसे साधारणतया हम 'सामान्य' या 'दैनिक प्रयोग' की भाषा कहते हैं। यह भाषा, हिंदी भाषा समाज द्वारा निर्धारित सामाजिक नियम (भाषा प्रयोग) के अनुरूप गढ़ी गई होती है अतः पाठक द्वारा स्वीकार्य भी होती है, और उसके लिए बोधगम्य भी।

कविता शिक्षण–साहित्य के अध्ययन में शैलीविज्ञान भाषा/पाठ केंद्रित प्रणाली है जिसकी चिंता का मूल दिषय भाषा और साहित्य के अंतस्संबंधों की खोज है। इस खोज को फलीभूत करने के लिए वह जिस एप्रोच को प्रकाशित करता है या जिसे सर्वाधिक महत्त्व देता है वह है–संकेत भाषाविज्ञान (Semiolinguistics)। यह एप्रोच साहित्य/साहित्यिक कृति को 'प्रोक्ति' के रूप में देखता है। साहित्य पढ़ने-पढ़ाने के लिए साहित्य भाषा को देखने की बहुत सूक्ष्म दृष्टि चाहिए क्योंकि जैसा कि बाथूर्स (1970)[24] ने कहा है–Literary discourse speaks in more linguistic codes than one. अर्थात् साहित्यिक प्रोक्ति एकाधिक कोडों में व्यक्त होती है, ठीक उसी तरह जैसे सामान्य संप्रेषण कोडों के समूह (कोड मैट्रिक्स) द्वारा संपन्न होता है। इसलिए साहित्य अध्ययन का यह उपागम साहित्यिक संप्रेषण को सामाजिक संप्रेषण का ही रूपांतरण मानता है। साहित्य भाषा एक ओर सामान्य भाषा के प्रयोग की भाँति होती है और दूसरी ओर सामान्य भाषा प्रयोग से भिन्न भी। कथा-साहित्य के संदर्भ में हमने देखा कि सामान्य भाषा के प्रयोग के अवसर वहाँ अधिक हैं, कविता की भाषा सामान्य भाषा के नॉर्म से हट कर अधिक बुनी जाती है। इससे यह भी सिद्ध होता है कि भाषा (सामान्य) के भीतर से ही भाषा (साहित्यिक) का सृजन किया जा सकता है।

'साहित्य की भाषा' और 'साहित्य में भाषा' का प्रश्न भाषा-शिक्षण भी उठाता है। साहित्य-शिक्षण में शैलीविज्ञान की महत्ता को भी स्वीकार कर लिया गया है और साहित्य के माध्यम से भाषा-शिक्षण में शैलीवैज्ञानिक उपागम को सर्वाधिक उपयुक्त माना गया है। भाषा की वस्तुतः अपनी संरचना क्या है के साथ ही यह देखना भी शैलीविज्ञान का लक्ष्य है कि साहित्यिक कृति में प्रयुक्त भाषा की अपनी प्रकृति या संरचना क्या है। यदि साहित्य का शिक्षण करके हम भाषा की बुनावट और गठन के पैटर्न से अध्येता को परिचित कराना चाहते हैं तो एक साहित्य शिक्षक के नाते हमें यह जानना होगा कि काव्यकृति एक विशिष्ट भाषिक संरचना है और इस काव्यात्मक विशिष्टता को भाषिक उपलक्षणों के माध्यम सेही जाना-पहचाना जा सकता है। भिन्न विद्वानों की भाषिक उपलक्षण संबंधी मान्यता भिन्न हो सकती है, जिसके सहारे वे काव्यपरक विश्लेषण की अपनी तकनीक विकसित करना चाहते हैं। भारतीय काव्यशास्त्र के 'संप्रदाय' इसी मान्यतागत भिन्नता पर निर्मित हैं, अन्यथा इन सभी का दृष्टिकोण वाक्-प्रधान ही है। इसी तरह पाश्चात्य शैलीवैज्ञानिकों के काव्य-विश्लेषण के उपकरण भिन्न

हैं—रैंसम[25] ने 'शब्द और अर्थविधान', टेट[26] ने 'तनाव' (संतुलन), ब्रुक्स[27] ने 'विरोधाभास', वारेन ने 'वक्रोक्ति' और ब्लैकमूर[28] ने 'भंगिमा' को अपने-अपने तर्क के अनुसार काव्य-विश्लेषण का प्रमुख उपकरण स्वीकार किया।

''कोई भी रचना भाषाबद्ध होती है और विशिष्ट भी। कविता (रचना) का विषय कृति के बाहर भी स्थित हो सकता है और एक विषय पर अनेक रचनाएँ करना भी संभव है पर भाषा के गर्भ से उत्पन्न और कृति विशेष से आबद्ध काव्यवस्तु रचना सापेक्ष होने के कारण विशिष्ट होती है'' (श्रीवास्तव : 2004)[29], जैसे कथन के पीछे यह धारणा भी छिपी हुई है कि काव्यकृति को स्वयं उसके संदर्भ में देखना ही उसके मर्म का उद्‌घाटन है। यह भी माना जा चुका है कि काव्यकृति की सत्ता स्वायत्त होती है तथा काव्यवस्तु **भाषा के द्वारा नहीं** अपितु **भाषा के भीतर** अपना जन्म लेती है। अतः साहित्य-शिक्षण की प्रक्रिया में इस तथ्य को ध्यान में रख कर चलना चाहिए कि काव्यकृति को गहराई के साथ पढ़ने और सूक्ष्म दृष्टि से किए गए अभिव्यक्ति के विश्लेषण के आधार पर ही कविता में अंतर्भुक्त अर्थच्छाया उद्‌घाटित हो सकती है। प्रभावी साहित्य-शिक्षण के लिए पाठ को निकट से पढ़ कर शिल्प एवं भाषा कौशलों के विश्लेषण के माध्यम से कृति को आलोकित करना जरूरी है। कविता भाषा में आबद्ध सबसे संश्लिष्ट रचना है, अतः इसे सूक्ष्मता के साथ पढ़ाना-पढ़ना अपेक्षित है। किसी भी साहित्यिक कृति को 'पढ़ना' एक ओर अर्थ-बोध है तो दूसरी ओर काव्य वस्तु की पुनः सर्जना भी है। साहित्यिक कृति को 'पढ़ना' एक विशेष संदर्भ में 'लिखना' भी है। इस दृष्टि से पाठक काव्यवस्तु का 'गृहीता' ही नहीं बल्कि एक सीमा तक उसका सर्जक भी है। हमारा अध्येता रचना को पढ़ कर उसकी बुनावट और कथ्य को गुनने में दक्ष बन सके, तभी साहित्य-शिक्षण का लक्ष्य साधा जा सकता है।

श्रीवास्तव (2004) ने एक महत्त्वपूर्ण बात कही है कि 'कविता शब्द नहीं शाब्दिक होती है।' उनके अनुसार जब हम कविता से द्रवित होते हैं तब हम शब्दों द्वारा द्रवित नहीं होते, हम द्रवित होते हैं उन वस्तुओं द्वारा जिनके लिए शब्द प्रतीकवत् सिद्ध रहते हैं। संकेत भाषाविज्ञान का काम यहीं से शुरू होता है। उसकी यह मान्यता है कि कविता शब्द में नहीं, काव्यात्मक शब्द समूहों के अद्‌भुत सामंजस्य से बनती है। वारफील्ड के शब्दों में काव्यात्मक शब्द समूह (Poetic diction) वह है ''जहाँ शब्दों को इस प्रकार चुना और नियोजित किया जाता है कि उनका अर्थ-सौंदर्य तात्विक कल्पना को जाग्रत करे।'' इस दृष्टि से कविता में शब्द महत्त्वपूर्ण हैं; यदि रचनाकार के स्तर पर वे सही और उपयुक्त

शब्द नहीं है और शब्द-संयोजन छिछला है अथवा यदि पाठक के स्तर पर हम इस संयोजन (अच्छे/बुरे) को नहीं पकड़ पाते तो हम कविता को भी नहीं पकड़ पाएँगे, क्योंकि कविता में शब्द अन्य घटकों द्वारा निर्धारित होते हैं। 'कविता के नए प्रतिमान' नामवर सिंह की प्रसिद्ध आलोचना कृति है। इस पुस्तक के 'उर्वशी विवाद' के प्रसंग में उन्होंने लक्षित किया है कि ''काव्य कृति की आलोचना के लिए काव्येतर प्रतिमान इस्तेमाल न किए जाएँ।'' यहाँ वे रचना को रचना के रूप में देखने-परखने की ही बात कर रहे हैं। आज यह भी माना जा चुका है कि कृति की परीक्षा उसकी निर्मिति या ढाँचे को केंद्र में रख कर संभव है तथा यह भी कि रचना के विभिन्न अवयवों (components) के परस्पर संबंधों को ध्यान में रखकर ही किसी कृति का विवेचन करना चाहिए। नामवर जी ने जिन नए प्रतिमानों पर कविता को कसा है उनमें भाषा, बिंब, संरचना, विसंगति, अनुभूति की जटिलता, तनाव, परिवेश और मूल्य समाहित हैं। साहित्य-शिक्षण में इन्हें आधार बनाना चाहिए। इन बिंदुओं पर हम आगे 'निराला' की काव्यभाषा को शिक्षणीय मदों के रूप में देखेंगे। इसके पहले एक और जरूरी पहलू का परिचय ले लें, जिसे जानना-समझना प्रत्येक भाषा-शिक्षक के लिए उपयोगी होगा। ग्युरड (1975)[30] ने 'सामान्य भाषा' और 'साहित्यिक भाषा' के भेदों की ओर सूक्ष्म दृष्टि डाली है। अन्य भाषा-शिक्षण की प्रक्रिया में दोनों को ही शिक्षण-सामग्री के रूप में अपनाया जाता है अतः भाषा-शिक्षक के लिए ये भेद जानना आवश्यक है–

सामान्य भाषा	साहित्यिक भाषा
1. यादृच्छिक (Arbiterary) होती है क्योंकि इसमें अर्थ साम्यता निहित होती है।	1. अभिप्रेरित (Motivated) होती है क्योंकि यह जिस चीज के बारे में कहती है (जिन शब्दों में) उसका अर्थ भिन्न भी हो सकता है।
2. समरूप (Homological) होती है क्योंकि इसमें आशय और संदर्भ के बीच कोई भेद नहीं होता। पर्याय तक एक ही संकल्पना से बँधे होते हैं।	2. सादृश्यमूलक (Analogical) होती है क्योंकि इसके घटक अधिकतर सादृश्य के आधार पर ही व्यक्त होते हैं।
3. वस्तुपरक (Objective) होती है क्योंकि इसकी प्रकृति संदर्भपरक है।	3. विषयपरक (Subjective) होती है क्योंकि इसके लिए विषय की मध्यस्थता अनिवार्य है।
4. तर्कबुद्धिवादी (Rational) होती है	4. भावप्रधान (Effective) होती है

क्योंकि यह अपनी प्रवृत्ति में तार्किक है।	क्योंकि यह अपनी प्रवृत्ति में भाव प्रधान (emotive) है।
5. अमूर्त (Abstract) होती है क्योंकि यह वस्तुओं की ओर सामान्य संकेत करती है।	5. मूर्त (concrete) होती है क्योंकि यह किसी विशिष्ट वस्तु या किसी या किन्हीं विशिष्ट भावों को अभिव्यक्त करती है।

'निराला' को हम यहाँ इसलिए चुन रहे हैं कि एक तो निराला सशक्त कवि हैं, इस अर्थ में कि उन्होंने अभिव्यंजना के प्रतिमान गढ़े और दूसरे यह कि उन्होंने वस्तुपरक एवं आत्मपरक दोनों प्रकार की कविताओं की सृष्टि में एक-सी सफलता प्राप्त की। इसके साथ-साथ निराला ने छंदबद्ध और छंदमुक्त दोनों प्रकार की कविताएँ लिखकर खड़ीबोली कविता में प्रभाव और प्रेषण के अनेक मापदंड निर्मित किए। उनकी अभिव्यंजना शक्ति को भाषा-शिक्षण की दृष्टि से रेखांकित करने के लिए 'निराला' की काव्यभाषा को निम्नलिखित प्रमुख बिंदुओं पर देखा गया है—

1. भाषा की स्वतंत्रता और सहजता

2. शब्द चयन

3. द्वंद्व या तनाव

4. विशिष्ट अभिव्यंजना

1. भाषा की स्वतंत्रता और सहजता—महावीर प्रसाद द्विवेदी[31] ने अभिव्यंजना की सीमा को कवि के लिए उचित न मानते हुए कहा था कि "तुले हुए शब्दों में कविता करने और तुक, अनुप्रास आदि ढूँढने से कवियों के विचार स्वातंत्र्य में बड़ी बाधा आती है। कवियों को अपनी स्वाभाविक उड़ान में कठिनाइयों का सामना करना पड़ता है।" इसलिए द्विवेदी जी कविता के लिए सरल और जन साधारण की भाषा को उपयुक्त, और अटपटे शब्दों या भाषा प्रयोगों को कविता के सौंदर्य में बाधक स्वीकार करते हैं। निराला ने भी 'आलंकारिता' के विरुद्ध 'सहजता' का समर्थन किया था और साहित्य को स्वयं 'सृष्टि' मानते हुए कहा था कि 'इसका फैलाव इतना है जो किसी सीमा में नहीं आता' (साहित्य और भाषा)। उन्होंने अपनी काव्य-वस्तु को वैविध्यपूर्ण और अपनी अभिव्यक्ति को सहज बनाने के लिए जितने भाषाई मापदंड और भाषिक औजार हो सकते थे, उन्हें पूरे साहस के साथ अपनाया। अर्थात् कविता में व्याप्त भाषा के 'फैलाव' को निराला ने सहज अभिव्यक्ति में प्रतिफलित किया। उन्होंने कविता कामिनी से कहा था—

सहज-सहज पग धर आओ उतर
देखें वे सभी तुम्हें पथ पर
वह जो सिर बोझ लिए आ रहा
वह जो बछड़े को नहला रहा
वह जो इस उस से बतला रहा
देखूँ, वे तुम्हें देख जाते भी हैं हार?
उनके दिल की धड़कन से मिली
होगी तस्वीर जो कहीं खिली
देखूँ मैं भी, वह कुछ भी हिली
तुम्हें देखने पर, भीतर भीतर? (अनामिका)

2. शब्द चयन–"शब्दों में भिन्न प्रयोग से एक स्वतंत्र अर्थ उत्पन्न करने की शक्ति होती है। समीप के शब्द भी उस शब्द विशेष का नवीन अर्थ द्योतन कराने में सहायक होते हैं। भाषा के निर्माण में शब्दों के इस व्यवहार का बहुत हाथ होता है। अर्थ बोध व्यवहार पर निर्भर करता है" (प्रसाद : काव्य और कला)। प्रसाद का यह कथन निराला की कविताओं में जीवंत हो उठा है। इस प्रक्रिया में उनकी काव्यभाषा लोक व्यवहार और बोलचाल की भाषा के आधार को भी स्वीकार करती है (कुकुरमुत्ता, तोड़ती पत्थर, तेल की पकौड़ी) और मानक भाषा की समास-पद्धति का विशिष्टीकृत उपयोग करके नई अर्थच्छायाओं से भर देती है (राम की शक्ति पूजा, बादल राग) और दोनों भाषा रूपों का सघन मिश्रण भी (सरोज स्मृति, विधवा, यमुना के प्रति)। कुछ शब्द और भाषा-प्रयोग उनकी सृजन प्रक्रिया के अंग बन गए हैं। ऐसा खास प्रयोग हर कवि करता है जिन पर शिक्षण की दृष्टि से ध्यान दिया जा सकता है। कुछ शब्द निराला को विशेष प्रिय हैं, जैसे–व्योम, जलद, गर्जन, जीर्ण, हाड़, ज्योति, कलरव, कंठ, हुंकार, तड़ित आदि। द्वितीय भाषा के रूप में उच्च स्तर पर हिंदी साहित्य पढ़ाते समय कवि के इस विशेष शब्द प्रेम पर प्रकाश डाला जाना चाहिए। चारों छायावादी कवियों (प्रसाद, पंत, महादेवी, निराला) के पास उनके प्रिय शब्दों का अपना भंडार है जिन्हें वे भिन्न स्थिति संदर्भों में, नए-नए शब्द युग्मों के साथ उनका प्रयोग करके, उनके विपरीत शब्दों के साथ द्वंद्व उत्पन्न करके अनेकानेक भावों की सृष्टि और अभिव्यक्ति करते हैं। काव्य पंक्तियों में भी उनके इस विशेष शब्द प्रेम की रेखांकित करके विद्यार्थी के सामने रखने से यह लाभ हो सकता है कि जब वह कवि की अन्य कविताएँ अपनी रुचि से पढ़ेगा तो कवि के कोड मैट्रिक्स से परिचित होने

का उसे लाभ मिलेगा तथा यह परिचय एक पाठक के रूप में उसे 'पुनः सृजन' के अवसर भी प्रदान करेगा। निराला की कुछ पंक्तियों में उनके प्रिय शब्द के भिन्न प्रयोग देखें–

चयन : सुब्होशाम ऐसे कामनाओं के चयन देखे
प्रेम चयन के उठा नयन नव
चारु चयन

नव : गर्जो विप्लव के नव जलधर
नव गति नव लय ताल छंद नव

रोर : अंबर में भर निज रोर
सघन घोर गुरु गहन रोर से

शब्दों के दुहराव द्वारा भी निराला काव्य अभिव्यंजना को नई ऊँचाइयाँ प्रदान करते हैं। ऐसे प्रयोगों को व्याकरणिक कोटियों के आधार पर वर्गीकृत करके (संज्ञा, सर्वनाम, विशेषण, क्रिया, क्रिया विशेषण) विदेशी और द्वितीय दोनों भाषाओं की कक्षा में रखा जा सकता है। निराला से कुछ उदाहरण लें–

- **काँपा अधरों पर थर-थर-थर**
- **जल हलचल करता नील-नील**
- **हुई तुम्हीं से हुई तुम्हीं से ज्योति प्रदर्शित**
- **सिर्फ एक अव्यक्त शब्द-सा चुप-चुप-चुप**
- **हँसता है नद कल-कल**
- **झर-झर-झर निर्झर गिरि स्वर में**
- **जागा-जागा संस्कार प्रबल**
- **झोड़ता रंग पर रंग, रंग पर जीवन**
- **जागो-जागो आया प्रभात**
- **फिर फिर फिर भी ताक रहे हैं।**

दुहराव से उत्पन्न अर्थ का घनत्व शिक्षण का मूल सरोकार बन सकता है। एक छंद में भाषिक तत्त्वों का दुहराव भी शिक्षण के लिए उपयोगी सिद्ध हो सकता है। उदाहरण के लिए निराला की कविता 'तुम्हारे भाव' में सर्वनाम 'तुम्हारे' तथा 'ये' को लें–

(i) **तुम्हारे भाव में सोये**
तुम्हारे भाव में जागे
तुम्हारे रव सुने सूने

(ii) **प्राण-धन के श्याम घन ये**
ताप जल शीतल प्रण्त ये

सर्वनाम के साथ ही 'भाव में', सोये-जागे का द्वंद्व, सुने-सूने की ध्वन्यात्मकता, ताप-शीतल का तनाव भी शिक्षण का आधार हैं। अभिव्यक्ति की सहजता और काव्यभाषा को बोलचाल की भाषा के निकट लाने के लिए निराला ने संबोधन शब्दावली का भी खुल कर प्रयोग किया है। उनके द्वारा प्रयुक्त संबोधन संदर्भोचित हैं, भावोचित हैं, संप्रेषणीयता में वृद्धि करते हैं और काव्यार्थ को निश्चित दिशा भी देते हैं। आधुनिक हिंदी कविता संबोधन को आधार बनाकर कविता में वार्तालाप को जगह देने के साथ ही उसे 'नाटकीयता' उत्पन्न करने के सशक्त साधन की तरह प्रयोग में लाती है। साहित्य-शिक्षण में कविता के माध्यम से संबोधन प्रविधि की संप्रेषणीय सरणि को भी उभारा जा सकता है। निराला के संबोधन लें–

- **प्रिय, अंत और अनंत के**
- **प्रिय, मुझे वह चेतना दो देह की**
- **बाँधो न नाव इस ठाँव, बंधु!**
- **देव, अत्याचार कैसा घोर और कठोर है**
- **आ, वसंत रजनी**
- **आए तुम आए, ऐ विप्लव के वीर**
- **देवी, तुम्हारी विषम हार**
- **बादल रे**
- **अबे, सुन बे, गुलाब**

ये प्रयोग या इस तरह के प्रयोग निराला के विशिष्ट कोड-चयन को भी दर्शाते हैं। किसी भी कवि की कविता में शब्दों के इन विशिष्ट प्रयोगों को साहित्य शिक्षक विवेचित करे तो उसे यह पता चलेगा कि एक ओर ये प्रयोग कविता में सूक्ष्म अर्थ-विधान करते हैं और दूसरे सटीक संयोजन और सहसंबंध द्वारा कवि इन्हें सुबोध, सजीव और अभिव्यंजक बना देते हैं। इस अभिव्यंजना को भिन्न स्तरों पर परखा और शिक्षणीय बनाया जा सकता है–

(क) **सर्वनाम के स्तर पर**–

या पथिक से लोल लोचन कह रहे
हम तपस्वी हैं सभी दुख सह रहे।
गिन रहे दिन ग्रीष्म वर्षा शीत के
काल ताल तरंग में हम बह रहे ॥

(बादल राग : निराला)

('हम' यहाँ सिर्फ कवि तक सीमित नहीं हैं। संपूर्ण मानव समुदाय 'हम' में समाया है। लीच (1969) ने कहा था 'World within the poem', 'हम' का प्रयोग यहाँ इस संकल्पना को फलीभूत कर रहा है)

(ख) <u>नामिकीकरण</u>–

वह नयनों का स्वप्न मनोहर
हृदय सरोवर का जलजात
एक चंद्र निस्सीम व्योम का
वह प्राची का विमल प्रभात।

(यमुना के प्रति : निराला)

(क्रिया के बिना केवल नाम शब्दों में बँधी यह अभिव्यंजना विशिष्ट होती है। यहाँ क्रिया दृष्टि से अनुपस्थित है पर कविता के भीतर उसका अस्तित्व है। किसी शब्द-वर्ग के लोप को अन्य संदर्भों में भी देखा जा सकता है।)

(ग) <u>रूपक</u>–यहाँ महत्त्वपूर्ण है मानव में मानवेतर या मानवेतर में मानव गुणों का आरोपण।

विश्व कलम की मृदुल मधुकरी
रजनी तू किस कोने से
आती चूम चूम चल देती
पड़ी हुई किस टोने से।

(कामायनी : प्रसाद)

(घ) <u>उपमा</u>–

वह इष्टदेव के मंदिर की पूजा सी
वह दीपशिखा सी श्रांत भाव में लीन।

(विधवा : निराला)

(च) <u>संयुक्त वाक्य</u>–

तुम तुंग हिमालय शृंग
और मैं चंचल-गति-सुर-सरिता
तुम विमल हृदय उच्छ्‌वास
और मैं कांत-कामिनी-कविता

(मैं-तुम : निराला)

(छ) <u>छंद-योजना</u>–

इस मरोड़ से इसी शोर से

सघन घोर गुरु गहन रोर से
मुझे गगन का दिखा सघन वह
राग अमर अंबर में भर निज रोर।

(मात्रिक छंद : बादल राग : निराला)

(ज) **विचलन–**

मैं हूँ पिछली पहचान
मैं हूँ मतवाली भ्रांति।

(मैं-तुम : निराला)

शब्दों के इस गुँथाव के संदर्भ में एम्पसन[32] का यह कथन द्रष्टव्य है–

"Thus a word may have several distinct meanings, connected with one another, several meanings which need one another to complete their meanings or several meanings tied together. So the word means one relation and one process."

3. द्वंद्व या तनाव–कविता के विषय में यह माना गया है कि द्वंद्व या तनाव से काव्यार्थ को मँजाव और दिशा मिलती है। यह सच भी है क्योंकि तनाव से ही रचना को गति मिलती है, उसका विकास होता है। साहित्य में नाटकीयता एक प्रकार से द्वंद्वात्मक विकास का ही रूप है। द्वंद्व या तनाव का विवेचन दो कार्य करता है–रचना के रूप या ढाँचे की पहचान तथा रचना का बोध। रामविलास शर्मा ने विसंगति, विडंबना तथा तनाव को द्वंद्वात्मकता की विभिन्न स्थितियाँ माना है। निराला में यह द्वंद्व कहीं तो बहुत गहरा और अदृश्य-सा है और कहीं बहुत ही पारदर्शी और सुव्यक्त। दोनों ही स्थितियों में भाषिक-ढाँचे की प्रकृति की निर्धारक होती है। कुछ उदाहरण देखें–

- **मौन में रहा यों स्पंदित वातावरण विषम**
- **मुक्त ज्यों बँधा मैं हुआ त्रस्त**
- **तू है नकली मैं हूँ मौलिक**
- **तू है बकरा मैं हूँ कौलिक**
- **तू रँगा मैं धुला**
- **ऊपर वह बर्फ गली है, नीचे यह नदी चली है**
- **सख्त तने के ऊपर नर्म कली है**

निराला की काव्यभाषा अभिव्यंजना के माध्यम से संवेदना को रूपायित करने में जितनी समर्थ है, ऐसा बहुत कम दिखता है। 'गीतिका' (1936) से लेकर

'नए पत्ते' (1946) तक निराला की भाषा का विकास-क्रम देखते ही बनता है। संगीतात्मक गीत से होते हुए क्लासिकल (राम की शक्तिपूजा) और यथार्थपरक (कुकुरमुत्ता, तोड़ती पत्थर) तक की यात्रा और उर्दू गज़लों की रवानी से लेकर बेलौस भाषा में गद्यात्मक अभिव्यंजना (कुकुरमुत्ता, सरोज स्मृति) निराला की काव्य यात्रा में भाषिक अभिव्यंजना संबंधी अनेक पड़ाव हैं। उनकी इस काव्यभाषा और अभिव्यंजना शक्ति को उन स्तरों पर हम यहाँ देख रहे हैं जिन्हें किसी भी कविता में से उकेरते हुए कविता शिक्षण को संप्रेषणीय और बोधात्मक बनाया जा सकता है, भाषा के प्रति शिक्षार्थी को जागरूक बनाने में भी यह विवेचन प्रविधि सफल हो सकती है।

4. विशिष्ट अभिव्यंजना–

(क) **स्तर : I : उपमान**–पाश्चात्य विचारकों ने संवेदना और रूप तार्किकता पर जो चर्चा की है उसमें उपमान को बहुत महत्त्व दिया गया है। लैंगर[33] का मत है कि "चेरी जैसे होंठ, मोती के समान आँखें, दूध के समान त्वचा आदि कथनों में अनुभूति (संवेदना) ही मूल तत्त्व है जो पाठक की कल्पना को सामग्री देते हैं।" हिंदी में -सा,-से, जैसे, मानो, ज्यों के संयोजन से उपमान मूलक अभिव्यंजना बनती है। उपमान का कवि-अनुभूत रूप तो होता ही है (वह विशिष्ट भी हो सकता है), इनका सामाजिक संदर्भ और समाज प्रदत्त रूप भी होता है, जैसे–

कैंची जैसी	**ज़बान**
पकौड़े जैसी	**नाक**
मोतियों से	**दाँत**
रेशम से	**बाल**
चाँद जैसा	**चेहरा**
पत्थर जैसा	**दिल**
गाय-सा	**सीधा**
दूध-सा	**सफेद**

सह प्रयोग के सामाजिक नियम यहाँ काम करते हैं। ठीक उसी तरह जैसे चिलचिलाती (धूप), कड़कड़ाती (सर्दी), मूसलाधार (बारिश), लपलपाती (लौ, लपट) आदि।

निराला के काव्य में इनके प्रयोग देखें–

- **जल-बिंदु-सा बह जाए**
- **पंख विहग से**

- एक कंपन-सा निद्रित
- नातिन जैसे नानी की गोद पर
- जैसे कोई साड़ी झीनी
- तरुणियों सदृश किरणें चंचल
- वे जो यमुना के से कछार
- उधार खाए के मुख
- चमरौधे जूते-से
- ज्यों वीणा के तारों में स्वर
- रेत ज्यों तन

उपमानों के ये प्रयोग जीवन के गहन साक्षात्कार से उपजे हैं। ये सहज हैं, सादृश्य-विधान के उत्कृष्ट उदाहरण हैं, पूरे कथन को ये चित्रात्मक या मार्मिक बनाते हैं और कवि के मन (जीवन-जगत को देखने की उसकी दृष्टि) को खोलते हैं। इनमें प्रयुक्त शब्द (उपमेय-उपमान दोनों) परिचित और बोधगम्य हैं। यह भी कहा जा सकता है कि निराला ने भाषा की सरलता में से अनुभूति की जटिलता को पकड़ा है। नुस्टुपनी[34] के शब्दों में—"Natural or simple language in successful poem usually proves on reflection to conceal unique arrangements for achieving the very illusion" (The language poets use)। काव्यार्थ (illusion) की तह तक पहुँचने में तो भाषा की यह विशिष्ट व्यवस्था (arrangement) कारगर होती ही है, कवि और भाषा दोनों की अभिव्यंजनात्मक शक्ति का भी द्योतक होती है। अतः गुण-रूप-आकार के आधार पर तुलना, सह-प्रयोग तथा भावों के संयोजन और विस्तार द्वारा भाषा-प्रयोग को धारदार बनाने के लिए शिक्षार्थी को इस तरह के प्रयोगों के पर्याप्त अभ्यास कराने चाहिए, खासकर द्वितीय भाषा अध्येता को, क्योंकि अनुभूति के स्तर पर उसका अनुभव-संसार हिंदी भाषा के निकट होता है।

(ख) **स्तर : II : लोक भाषा**—जैसा कि हमने गद्य-भाषा के शिक्षण के लिए पाठ-विश्लेषण करते हुए यह संकेत किया था कि साहित्यिक भाषा बोलचाल की भाषा का वह रूप है जिसमें रचनाकार की सृजन प्रक्रिया भाषा की सामाजिक भूमिका का निर्वाह करते हुए उसके रूप को परिवर्तित कर लेती है, सर्जनात्मक बना लेती है। एक सीमा तक ऐसा काव्यभाषा भी करती है। अतः भाषा की सामाजिक भूमिका को उसकी रूपगत/अर्थगत बुनावट के संदर्भ में शिक्षार्थी के सामने रखने में कविता

की भाषा भी उत्तम शिक्षण-सामग्री का उदाहरण बन सकती है। ऐसे में काव्यभाषा, लोक संस्कृति से तो जुड़ती ही है, वाचिकत्व गुण से भी संपन्न हो जाती है। कवि लोकभाषा को आधुनिक मूल्यबोध से जोड़ कर अपने और पाठक के बीच अनुभव और भाषा की साझेदारी को धार देता है। 'शेयर्ड नॉलेज' और 'शेयर्ड कोड' के इस समन्वय से काव्यभाषा आभिजात्य (बनावटीपन) से भी मुक्त होती चलती है और उसकी संवेदनात्मकता में वृद्धि होती है। निराला भी अपनी काव्यभाषा को ऐसा गठाव देते हैं जिसमें केवल लोक शब्द ही नहीं, लोक मुहावरे और उक्तियाँ भी पूरी सहजता और अभिव्यंजना के नए तेवर के साथ प्रयुक्त हुई हैं–

<u>लोक शब्द</u>– निपट <u>निठुराई</u> की (निष्ठुर→निठुर→निठुराई)
<u>ताकता</u> हुआ मैं (देखता हुआ)
बोए बीज <u>सीझ</u> कर <u>उलसो</u> (धीरे-धीरे भीग कर, अंकुरित हो)
<u>कुल की कुल</u> (सब की सब)
<u>मीसती</u> हैं, बुहारती हैं (मसलती हैं, झाड़ती हैं–झाड़ू से)
तुमसे <u>लाग लगी</u> (लगन लगी, प्रेम हुआ)
बिवाई (एड़ी फटने से बनी दरारें)

<u>मुहावरे</u>– रंग रहा है फीका (विचलन) : रंग फीका पड़ना
पैर सिर रख कर न पीछे को भगा (विचलन, 'पर' का लोप–सिर पर) : सिर पर पैर रखकर भागना
बहती उल्टी ही आज रुधिर धारा वह (विचलन) : उल्टी धारा बहना/बहाना
हो बिके जहाँ तुम बिना दाम (विचलन) : बिना दाम बिकना
हाथ जिसके तू लगा (विचलन) : हाथ लगना
चाल मेरी मंद होती जा रही (विचलन) : चाल मंद होना
हट रहा मेला (विचलन) : मेला हटना/उठना
शीतल हो गई देह (विचलन) : शीतल होना/ठंडक पड़ना
इसके पीछे बिना पड़े (विचलन) : पीछे पड़ना
खेतिहरों में जान नहीं : जान न होना
होश के भी होश छूटे : होश छूटना
चढ़ी थी जो आँख मेरी (विचलन) : आँख पर चढ़ना

खा कर पत्तल में करें छेद (विचलन) : पत्तल में/थाली में छेद करना

सोच अबके किस घाट उतारें इनको (विचलन) : घाट उतरना/उतारना

पैठा उनमें जो अधम चोर (विचलन) : चोर पैठना/बैठना

<u>उक्तियाँ</u>– फलों फले या झरे अफल

सत्य की आँख बँधी आँख मिचौनी के लिए

जीवन के क्षण अब हैं छूँछे

दुख का भार कौन ले सके

ज्ञान गया तो प्रायः पशु है

(ग) <u>स्तर : III : अन्य</u>–

(i) <u>विचलन</u>–निराला की भाषिक अभिव्यंजना में विचलन के सभी स्तर मिलते हैं–ध्वनि विचलन, रूप विचलन, क्रम विचलन आदि :

एक रश्मि से <u>सुझा</u> हुआ है

देखता रहा मैं खड़ा <u>अपल</u>

दृष्टि की <u>छलक बासीली</u> पड़ गई

कोई उनकी न देख पाया <u>भगाई</u>

<u>कँपते</u> थे दोनों पाँव बंधु

स्वर में क्या भरी <u>बुढ़ाई</u> है

निगह

छमा

पिलौधा

(ii) <u>कोड मिश्रण</u>–

पग फटे बिवाई

वासना बासी

(iii) <u>प्रयुक्ति</u>–संगीत में निराला की विशेष रुचि थी। हमने पहले भी देखा था कि कथा-साहित्य में उन्होंने राग-रागिनियों और संगीत शास्त्र की शब्दावली और क्रियाओं का प्रयोग किया है। ऐसा उन्होंने अपनी कविता में भी किया है–

आप निकल पड़ा तब एक <u>विहाग</u>

एक <u>इमन</u> का सा अति मुग्ध विराम

ज्यों <u>मालकोंश</u> नव वीणा पर

(iv) <u>वाक्य संयोजन</u>–

- अब यहाँ पिक या शिखी नहीं आते, पंक्ति मैं वह हूँ लिखी।
- भीतर, पर भर, दिया गया हूँ

रामविलास शर्मा[35] ने लिखा है कि 'निराला' ने शब्द के बजाय शब्द प्रयोग विधि को अधिक महत्त्व दिया है। वास्तव में हर महान कवि ऐसा ही करता है, वह कभी भी शब्दों के अधीन नहीं रहता, उल्टे शब्द उसके इशारों पर नाचते हैं। भाषा समर्थ कवि की काव्यभाषा कल्पनात्मक संप्रेषण को संभव बनाती है। ऐसे ही कवियों के बारे में चैपमैन[36] ने कहा है–"The great poet frequently uses the most prosaic words for the most powerful poetic effect. The great poet is never controlled by words to such an extent, as to find any word incapable of becoming vehicle for his imaginative communication". भाषा-शिक्षण सामग्री के विषय में यह कहा गया है कि उसमें भाषा के जीवंत पक्ष, भाषा के व्यावहारिक रूप, व्याकरणिक श्रेणियों, प्रभाव संचार तथा अभिव्यक्ति-कथ्य के पैटर्नों का समावेश होना चाहिए। हमने अभी तक हुई चर्चा में यह देखा कि साहित्य-भाषा (साहित्यिक सामग्री) में भाषा की उक्त सभी कोटियों का भरपूर प्रयोग मिलता है। हमारे अभी तक के उपागम को भाषा शैलीवैज्ञानिक कहा जा सकता है।

साहित्यिक पाठ के शिक्षण से संबद्ध दूसरा पक्ष साहित्य शैलीविज्ञान है। अर्थात् पूरे पाठ को एक इकाई मानते हुए उसके सौंदर्य, कलात्मक अनुभूति और संवेदना को उद्घाटित करना। साहित्य शैलीविज्ञान 'पाठ' के संदर्भ में यह मानता है कि साहित्य का काम पाठक की संवेदना को नए संस्कार देना है। कहने की आवश्यकता नहीं कि 'भाषा-संस्कार' इसमें स्वतः अंतर्भूत है क्योंकि साहित्यिक पाठ भाषाबद्ध होता है। इस भाषा-संस्कार की चर्चा हमने गद्य-पद्य पाठ के संदर्भ में पीछे की। साहित्य का प्रमुख कार्य यह भी है कि वह रचनाकार के अनुभवों (कलात्मक अभिव्यक्ति में ढले) को दूसरे (पाठक) में संक्रमित करे, जिनका माध्यम भाषा है। साहित्यिक पाठ का गठन, भावन और आस्वादन तीनों भाषा में बँध कर ही संभव होता है। रामस्वरूप चतुर्वेदी ने काव्यभाषा के संबंध में दो महत्त्वपूर्ण बातें कही हैं–

1. **भाषा सदैव गतिशील रहती है। मनुष्य अपनी चेतना में भाषा को सदैव सक्रिय पाता है। कविता उसकी चेतना का सर्वोत्तम रूप है।**
2. **अर्थ की दृष्टि से भाषा का प्रारंभिक प्रयोग सामान्य होता है, कवि उसे सर्जनात्मक**

बनाता है।

सामान्य भाषा, साहित्यिक बनती है अनेक प्रक्रियाओं से जिन्हें 'सृजन प्रक्रिया' कहा गया है। कुछ का परिचय लेते चलें।

(i) अर्थच्छाया–माँ, माँ से जन्मभूमि, देवियाँ (दुर्गा माँ), भारत माता, सरस्वती

(ii) संवेदनात्मक सृजन (अर्थ विस्तार)–

दुख ही जीवन की कथा रही।

दुख सबको मांजता है।

(iii) पुनरावृत्ति–यह भाषा के सभी स्तरों पर होती है। पहले भी हमने देखा। यहाँ आधुनिक हिंदी कविता के तीन उदाहरण हम ले रहे हैं। एक क्रिया से संबद्ध है और शेष दो में प्रथम पुरुष तथा अन्य पुरुष सर्वनाम की अनुपस्थिति में भी वाक्य रचना और सहभागिता के स्तर पर ये उपस्थित दिखते हैं।

(क) क्रिया की पुनरावृत्ति–

कोयल से मैंने कहा–गाओ
कुछ सन्नाटा कटे
वह चुप रही।
मैंने कहा–
मेरे पास आओ
कुछ सन्नाटा कटे
वह डाल पर बैठी रही
मैंने कहा–
अच्छा, सुनो, मैं ही गाता हूँ
उसने सहमी निगाहों से चारों ओर देखा–
और उड़ गई। (बसंत : रामदरश मिश्र)

(गाओ-आओ-सुनो, चुप रही-बैठी रही, मैंने कहा-उसने देखा, चुप रही-उड़ गई को संरचना की पुनरावृत्ति के रूप में रख कर देखा जा सकता है। वह-मैं का द्वंद्व भी शिक्षण बिंदु बन सकता है।)

(ख) पुनरावृत्ति (प्रथम पुरुष सर्वनाम की अलक्ष्य उपस्थिति : विवरण की भाषा)–

आज नदी बिल्कुल उदास थी

सोई थी अपने पानी में
उसके दर्पण पर
बादल का वस्त्र पड़ा था
मैंने उसको नहीं जगाया
दबे पाँव घर वापस आया। (नदी उदास थी : केदारनाथ अग्रवाल)

(मैं-दर्शक/भोक्ता, उदास-शांत/स्थिर, दर्पण-जल राशि, वस्त्र-छाया, जगाना-कंकड़ फेंकना)

(ग) <u>पुनरावृत्ति (अन्य पुरुष सर्वनाम की अलक्ष्य उपस्थिति)</u>–

पक्षी जो
एक अभी-अभी उड़ा
और एक बोलती लकीर-सा
अभी-अभी
नील व्योम वक्ष में समा गया
गीत वहाँ
गाने के लिए गाएगा
और लौट आएगा।
पक्षी जो
एक अभी-अभी उड़ा। (पक्षी : केदारनाथ अग्रवाल)

(पुनरावृत्ति : पक्षी जो एक अभी-अभी उड़ा, लकीर-सा, बोलती-चहचहाते हुए नील व्योम वक्ष-आकाश की गहराई)

(घ) <u>विचलन</u>–शैलीविज्ञान में 'विचलन' भाषा की एक सर्जनात्मक क्रिया माना गया है। 'चयन' की तरह ही इसका महत्त्व है। आज यह स्पष्ट किया जा चुका है कि विचलन "भाषा की तोड़-मरोड़ नहीं, भाषिक व्यापार के सामान्य स्वीकृत उद्देश्यों को नया मोड़ देना है" (रामस्वरूप चतुर्वेदी) इसीलिए विचलन को "भाषा के मानक प्रयोग से किया जाने वाला अतिक्रमण, उल्लंघन या व्यतिक्रम" भी कहा गया (श्रीवास्तव) जो "सोद्देश्य और सार्थक होता है" (सुरेश कुमार)। कविता में विचलन वैसे तो ध्वनि, रूप आदि स्तरों पर भी मिलता है, जिसके उदाहरण 'निराला की काव्यभाषा' के विवेचन में हम देख चुके हैं, पर यहाँ विशेष होता है वाक्य-स्तर पर वाक्यीय घटकों का क्रम-विचलन अथवा वाक्यगत व्याकरणिक नियमों का क्रम-भंग। इस प्रकार का विचलन किसी तथ्य, भाव, अनुभूति या विचार को 'केंद्रीय' बनाने अथवा अभीष्ट अर्थ पर 'बल देने' के लिए किया जाता है। एक उदाहरण देखें जहाँ हर पंक्ति 'नॉर्म' से विचलित है–

बहती है एक शाम
अतर्कित किसी प्रेम साहस की तरह
और दिन
गिन रहा है जैसे कड़ियाँ
किसी छत की
पड़ा हुआ पहाड़ की चोटी पर
अँधेरा घिर रहा है। (एक शाम : रघुवीर सहाय)

(च) **चयन**–चयन को हिंदी के संदर्भ में शैली-भेद (संस्कृतनिष्ठ-उर्दूनिष्ठ-हिंदुस्तानी) तत्सम-तद्भव, ध्वनि-परिवर्तन आदि अनेक स्तरों पर देखा गया है। गद्य और पद्य पाठ के विवेचन में हजारी प्रसाद द्विवेदी, चतुरसेन शास्त्री, रामवृक्ष बेनीपुरी, प्रेमचंद, निराला के लेखन में हम इस पर विश्लेषणात्मक विचार कर चुके हैं। यहाँ हम एक कविता का अंश देखें जिसमें 'समय' को प्रगट करने वाले शब्दों का चयन करके आदमी की विडंबना रेखांकित की गई है–

तारीखें भी तीस
और आदमी अकेला
हफ्ते भी चार
महीने भी बारह
ऋतुएँ भी छह
वर्ष भी अनेक
काम भी बहुत से (परिवर्तन : लीलाधर जगूड़ी)

(छ) <u>संवेदना+जीवनानुभव</u>–

आज मैंने एक छोटी-सी सरल-सी कविता पढ़ी
आज मैंने सूरज को डूबते देर तक देखा
जी-भर आज मैंने शीतल जल से स्नान किया
आज एक छोटी-सी बच्ची आई, किलक मेरे कंधे चढ़ी
आज मैंने आदि से अंत तक पूरा गान किया
आज फिर जीवन शुरू हुआ। (आज का दिन : रघुवीर सहाय)

(मैं की प्रधानता में संवेदनशील वातावरण की सृष्टि तथा जीवन के प्रति सकारात्मक और अनुकूल दृष्टिकोण, छोटी-सी बनाम लकीर-सी, जीभर (कर), किलक (कर) डूबते (हुए), छोटी-सरल→बड़ी-जटिल, डूबते-उगते शीतल जल-गर्म पानी, कंधे चढ़ी→सिर चढ़ी, पूरा→अधूरा, किया→हुआ)

(ज) <u>विशेषण-विशेष्य युक्त क्रियारूप</u>–

चुभती हुई हवा
फिर-फिर आवाज़ें
मन में गहराता हुआ अंधकार,
पलक कोरों पर
बूँद-बूँद पिघल रही
उदास शाम की एक
उदास-सी याद,
और बाहर
पत्तों पर बजती बरसात। (उदासी : सर्वेश्वर दयाल सक्सेना)

(झ) <u>लोप</u>–

झरना :
झरता पत्ता
हरी डाल से
अटक गया। (जीवन मर्म : अज्ञेय)

<u>पूर्ण रूप</u> :

(जीवन की नियति) झरना (है)
(जीवन) झरता पत्ता (है)
(पर देखों एक पत्ता)
हरी डाल से
अटक गया (है)

(झरना–क्रिया और संज्ञा दोनों : दोनों का अर्थ निरंतर क्षरण है, झरता पत्ता–अनेक झरते पत्तों में एक विशेष पत्ता, और पत्ते पीले पड़ कर झर रहे हैं–यह विशेष पत्ता असमय डाल से टूट गया है। अगर सभी पत्ते पीले होते तो 'झरता पत्ता' की जगह 'झरते पत्ते' का प्रयोग होता, एकवचन के प्रयोग से ही पत्ता विशिष्ट बन गया है। हरी डाल–जीवन (हरा-सूखा-ठूँठ), अटकना–जीवन से जुड़े रहने की इच्छा–श्रीवास्तव[37] ने इस कविता की विस्तृत व्याख्या की है। 'शीतांशु'[38] ने भी विचार किया है। इन दोनों को देखा जा सकता है।)

(ट) <u>एक ही क्रिया-रूप का समानांतर प्रयोग</u>–

मैंने उसको
जब-जब देखा
लोहा देखा
लोहे जैसा–
तपते देखा,
गलते देखा,
ढलते देखा,
मैंने उसको
गोली जैसा
चलते देखा! **(ठंडा लोहा : केदारनाथ अग्रवाल)**

(मैं-वह, लोहा-लोहे, तपता-तपते, मैंने उसको बनाम उसको मैंने, तपना-गलना-ढलना का व्यंजनार्थ, ढलना का 'गोली' से संबंध कि तप-गल कर गोली में/गोली के रूप में ढल गया)

(ठ) <u>केंद्रक (फोकस) और बंधक (फ्रेम)</u>

लोग-बाग
(क) बुलबुले में यात्रा करते हुए गोल-गोल (विशेषण)
गोल-गोल (संज्ञा)
खोज़त है जान क्या?
बेछोर सिफर (संज्ञा) के अँधेरे में
बिला बत्ती सफ़र
भी खूब है।

(बुलबुला : क्षणभंगुरता, गोल-गोल$_1$: यात्रा की निरर्थकता, गोल-गोल$_2$: अनजान वस्तु, बेछोर सिफ़र : सीमाहीन शून्य, बत्ती : ज्ञान-विवेक। केंद्रक : जीवन की आपाधापी और भौतिकवाद की अंधी दौड़)

(ख) लहरों पर सवार
कुलाँचती आ रही याद
स्मृतियों की बारात।

(केंद्रक : स्मृति की निरंतरता और सघनता, लहर : एक के बाद एक आना, छोटी-बड़ी यादें जैसे छोटी-बड़ी लहरें होती हैं, कुलाँचती : हिरण की तरह कुलाँचे भरती अर्थात् तेज गति से जिसे बाँधा-रोका नहीं जा सकता, बारात-हुजूम और विविधता याद की।)

ये कुछ ऐसे शैलीय घटक हैं जो 'कविता' में मिलते हैं। पाठ-केंद्रित पाठ्यक्रम में शिक्षक को इन्हें खोजना पड़ सकता है। नए पाठ्यक्रमों (द्वितीय भाषा हिंदी : एनसीईआरटी) में यह प्रयत्न भी किया गया है कि पाठों का चयन और क्रम भाषिक संरचना के अनुरूप रखा जाए। वैसे भी यदि शिक्षक इन घटकों से परिचित हो तो शैलीय उपकरण को आधार बनाकर साहित्य-शिक्षण को तथा 'पाठ' से संबंधित अभ्यासों को नया रूप और नई दिशा दी जा सकती है। इसमें संदेह नहीं कि काव्य की वस्तु चाहे प्रकृति हो या प्रगति; शब्दों या भाषा रूपों का चयन, उनकी तराश (विचलन), सटीक अर्थवत्ता, मितकथन, अर्थपूर्ण ढंग से भाषाई तत्त्वों का प्रयोग और संयोजन कविता की बुनावट के प्रमुख घटक होते हैं। 'पाठ के मंतव्य' को शिक्षण के केंद्र में रखने के कारण इन तत्त्वों को साहित्य-शिक्षण की प्रक्रिया में अत्यंत सीमित धरातल पर ही समेटा जा सका है (जैसे, पर्याय-विलोम शब्द, उपसर्ग-प्रत्यय, समास, अलंकार), वह भी पाठ केंद्रित परीक्षा की दृष्टि से। इसलिए 'पाठ' को अध्येता आत्मसात् (Internalize) नहीं कर पाता और न ही वह पाठ में प्रयुक्त कतिपय भाषिक संरचनाओं की क्षमता को पहचान पाता है, जिन्हें पहचान कर शायद वह अपने व्यक्तिगत भाषा-व्यवहार में भी मँजाव ला सकता है, 'पाठ' तो गहरे उसे प्राप्त होगा ही।

पूरी कविता की संरचना के विश्लेषण पर हिंदी में कई प्रारूप हमें मिलते हैं। पिल्लै[39] (1973) ने निराला की लंबी कविता 'राम की शक्तिपूजा' की संरचना का विश्लेषण (शैलीवैज्ञानिक अध्ययन) कथ्य और शैली को एक ही सिक्के के दो पहलू मानते हुए किया है। पहले उन्होंने कविता को घटना क्रम के आधार पर वर्गीकृत किया है :

घटना I : राम और रावण के बीच युद्ध और राम की पराजय

घटना II : राम पक्ष का सभा करना

घटना II का परिणाम : निराश राम के मन में सीता की स्मृति का जगना
निराश राम का रुदन
हनुमान का क्रोध और शक्ति द्वारा उन्हें शांत करना
विभीषण द्वारा राम की उत्तेजना
शक्ति के अन्याय पर राम की निराशा
जाम्बवान का सुझाव
तपस्या करने का निश्चय और हनुमान को कमल

लाने के लिए भेजना

घटना III : शक्ति की कृपा पाने के लिए राम की तपस्या

घटना III का परिणाम : कठिन तपस्या

एक सौ सात फूलों की अर्चना

दुर्गा का कमल चुरा लेना

निराश राम का नेत्र अर्पित करने का निश्चय

शक्ति का प्रकट होना

घटना IV : शक्ति के अनुग्रह की प्राप्ति

कविता के कथ्य को भलीभाँति समझने के लिए 'प्रोक्ति' (पूरी कविता को) उपप्रोक्तियों (अनुच्छेदों) में विभाजित करके प्रत्येक अनुच्छेद में वाक्यों के प्रकार और उनकी संख्या पर भी विचार है। वाक्यों के प्रकार हैं–पूर्ण (सरल), कर्तालुप्त पूर्ण वाक्य, विशेषण लुप्त पूर्ण वाक्य, परसर्ग और अन्य अव्यय लुप्त पूर्ण वाक्य, अपूर्ण वाक्य (पदबंधात्मक), अपूर्ण वाक्य (समस्त पदात्मक), अपूर्ण वाक्य (पदबंधात्मक+समस्त पदात्मक), मिश्रित वाक्य, संयुक्त वाक्य। घटना, संवेदना और भाव के प्रेषण में वाक्यों के चयन के आधार निर्धारित किए गए हैं। इसके साथ ही प्रत्येक अनुच्छेद की वाक्य सूची, समास, क्रिय। संज्ञा पदबंध, क्रिया विशेषण, व्यक्तिवाचक संज्ञा, भाववाचक संज्ञा, जातिवाचक संज्ञा को देखते हुए 'पाठ' के अर्थ और सौंदर्य के परिप्रेक्ष्य में रखा गया है। 'राम की शक्तिपूजा' का यह विवेचन यह मान कर ही किया गया है कि साहित्यिक रचना का मूल घटक भाषा होती है और भाषा ही साहित्य की वाहिका है। यह तो स्पष्ट ही है कि कविता (साहित्यिक कृति) का अस्तित्व उस कविता की सौंदर्य निष्पत्ति पर आधारित होता है और सौंदर्य निष्पत्ति उस कविता (कृति) की सामग्री अर्थात् भाषा के कुशल प्रयोग पर निर्भर करती है। कथ्य और अभिव्यक्ति के इस शिव-शक्तिवत् संयोजन का विश्लेषण ही वास्तव में साहित्यिक शैलीविज्ञान का उद्देश्य है। प्रो. सुरेश कुमार ने अपनी पुस्तक stylistics and language teaching[40] में भाषा-शिक्षण के महती लक्ष्यों की प्राप्ति में भाषा शैलीविज्ञान और साहित्य शैलीविज्ञान की भूमिका पर गहन चिंतन किया है। इस पुस्तक में उन्होंने 'तोड़ती पत्थर' (निराला) तथा 'एक सुनहली किरण उसे भी दे दो' (कीर्ति चौधरी) का विश्लेषण किया है तथा कक्षा में शिक्षण की दृष्टि से इन कविताओं की बुनावट में निहित शिक्षणीय पक्षों का शैलीवैज्ञानिक साक्ष्य या उपागम प्रस्तुत किया है।

यहाँ हम 'एक सुनहली किरण उसे भी दे दो' के 'पाठ' के साथ प्रो. सुरेश कुमार की व्याख्या को दे रहे हैं। किसी भी कविता को पढ़ाते समय यह प्रविधि अपनाई जा सकती है।

<u>पाठ : एक सुनहली किरण उसे भी दे दो</u>

एक सुनहली किरण उसे भी दे दो
भटक गया जो अँधियारे के वन में
लेकिन जिसके मन में,
अभी शेष है चलने की अभिलाषा
एक...।

मौन कर्म में निरत
बद्ध पिंजर में व्याकुल
भूल गया जो
दुख जतलाने वाली भाषा
उसको भी वाणी के कुछ क्षण दे दो।
तुम जो सजा रहे हो
ऊँची फुनगी पर के ऊर्ध्वमुखी
नव पल्लव पर आशा की किरणें
तुम जो जमा रहे हो
दल के दल कमलों की आँखों के
सब सोए सपने
तुम जो बिखराते हो भूपर
राशि-राशि सोना
पथ को उद्भासित करने
एक किरण से
उसका भी माथा आलोकित कर दो।
एक स्वप्न
उसके भी सोए मन में
जाग्रत कर दो।

शैलीवैज्ञानिक व्याख्या/शिक्षण बिंदु

1. कविता की संरचना तर्कबद्ध (discussive) गद्य की तरह है जिसमें एक व्यक्ति दूसरे से बहस (argue) करता लगता है।
2. कविता की प्रकृति छंदमुक्त (Verseless) है पर लयमुक्त नहीं।
3. कविता काव्य-रचना के नॉर्म से विचलन का उदाहरण है। एक उदाहरण लें कविता के शीर्षक का जो 'आज्ञार्थक उपवाक्य' है। सामान्यतः कविताओं के शीर्षक की रचना पदबंध संरचना द्वारा की जाती है।
4. 'तुम' का प्रयोग संबोधक-संबोध्य को निकट लाने का द्योतक है, साथ ही 'तुम' के साथ सामाजिक जागरूकता के आयाम भी आबद्ध हैं।
5. पहले दो छंदों में संबंधवाचक उपवाक्यों का अभिरचित (patterned) प्रयोग तथा तीसरे छंद में आवर्ती (periodic) शैली का प्रयोग।
6. कविता व्यवहारवादी प्रोक्ति में रची गई है जिसमें सामान्य भाषाई चिह्नकों की प्रमुखता है, जैसे—मध्यम पुरुष सर्वनाम और आज्ञार्थक वृत्ति।
7. कविता में असंगति के भाच का सृजन 'उसे' (अन्य पुरुष सर्वनाम) के परोक्ष (oblique) रूप के चयन द्वारा किया गया है। 'उसका' का प्रयोग पाठक के मन में 'उस' की पहचान बनाता है।
8. विशेषणों की मात्रात्मक प्रमुखता के साथ उनके गुणवाची रस की सर्जना जैसे—मौन कर्म में निरत, बद्ध पिंजर में व्याकुल, 'जो' का विशेषक की तरह प्रयोग, 'दुख जतलाने वाली' को 'भाषा' के साथ रखना, ऊँची...पदबंधीय विशेषण का 'नव पल्लव' के लिए प्रयोग।
9. कविता के शब्दगत स्तर का संरचनात्मक और आर्थी पक्ष।
10. अर्थ का अंतरण : सुनहली (खुशी), किरण (क्षण), अँधियारा (निराशा), वन (जमघट), चलने की (जीवित रहने की)।

'राम की शक्ति पूजा' और 'एक किरण उसे भी दे दो' के शैलीय विश्लेषण से यह संकेत हमें मिलता है कि कविता शिक्षण को गहन बनाने में यह उपागम सर्वाधिक प्रभावी हो सकता है। शैलीविज्ञान में 'पाठ' को केंद्र में रखकर जो चर्चा की जा रही है उसकी एक ओर 'पूर्ण संरचना' तथा दूसरी ओर 'पूर्ण अर्थ' को रखा गया है। इस प्रारूप को साहित्यिक पाठ के शिक्षण में अपनाना सर्वाधिक सफल शिक्षण विधि हो सकती है—

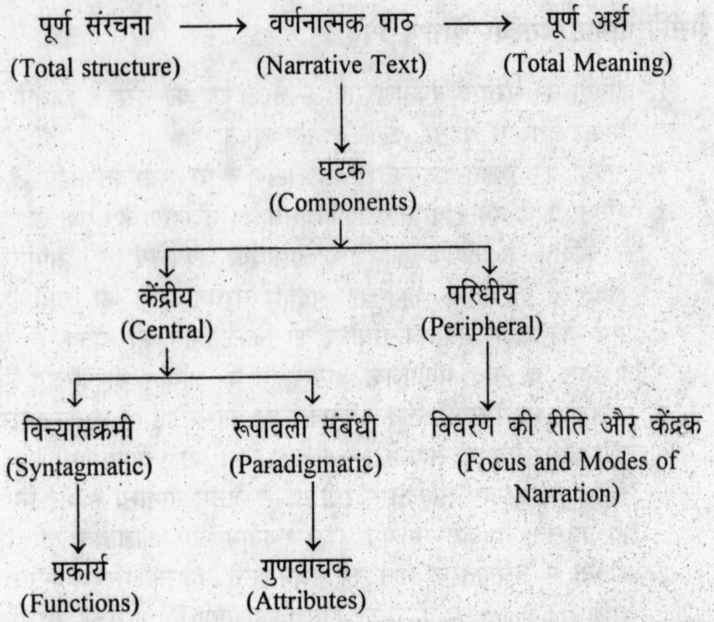

शैलीविज्ञान 'पाठ' के भिन्न प्रकारों पर भी चर्चा करता है–साहित्यिक पाठ तथा साहित्येतर पाठ। साहित्यिक पाठ का लेखक सर्वाधिक स्वतंत्र होता है अर्थात् काव्य भाषा की संघटना में वह सर्वथा प्रयोगवादी होता है। वह रूपकों और प्रतीकों के प्रति जिज्ञासु भी होता है और भाषा को अभिव्यंजनात्मक मोड़ देता है। कवि पंत ने कहा भी है कि 'भावों को साँचों में ढालने के पूर्व भाषा को भी हृदय के ताप में गलाकर कोमल, करुण, सरस और प्रांजल कर लेना पड़ता है।' भाषा के इस सर्जनात्मक रूप को उघाड़ने का शास्त्र है–शैलीविज्ञान, जो अपने विश्लेषण के आधार पर साहित्येतर पाठ की भाषिक संघटना (शैलीय बुनावट) को भी उद्घाटित करता है और 'स्वतंत्र' के विपरीत इन्हें 'बद्ध' मानता है। इस स्तर पर भिन्न प्रकार के पाठों को शैलीविज्ञान ने इस प्रकार वर्गीकृत किया है–

स्वतंत्रता नहीं (No Freedom)	धार्मिक प्रोक्ति (Religious discourse) धार्मिक कृत्य और संस्कार संबंधी भाषा (Language of Rituals) वैज्ञानिक प्रोक्ति (Scientific discourse)
अधिकतम स्वतंत्रता (Maximum Freedom)	विधि की प्रयोक्ति (Legal discourse) वार्तालाप (Conversation) सर्जनात्मक लेखन (Creative Writing)

अन्य भाषा के पाठ्यक्रम में भिन्न प्रकृति के (साहित्येतर) पाठ भी होते हैं अतः प्रयुक्ति (Register) की संकल्पनात्मक विवेचना के अनुसार इनकी भाषिक व्याख्या करते हुए शिक्षण बिंदु निर्धारित किए जा सकते हैं। हिंदी की कुछ खास प्रयुक्तियों की भाषागत विशेषता का हम यहाँ मात्र संकेत कर रहे हैं जिनके आधार पर साहित्येतर पाठों का विश्लेषण भाषा-शिक्षक कर सकते हैं।

1. वैज्ञानिक और तकनीकी हिंदी–

(i) तथ्यपरकता एवं मूर्तता
(ii) अर्थ का स्थिरीकरण (परमाणु, द्रव्य, घनत्व आदि)
(iii) तार्किकता
(iv) +तकनीकी
(v) पारदर्शिता (Mamal-स्तनपायी)
(vi) शब्द-स्रोत : संस्कृत और अंतर्राष्ट्रीय शब्दावली
(vii) संकरता (आयनीकरण, पेट्रोल चालित)
(viii) अप्रत्यक्ष : अकर्तृवाच्य वाक्य रूप (डाला गया, प्रयोग किया जाता है, माना गया है आदि)

2. प्रशासनिक/कार्यालयीय हिंदी–

(i) निर्वैयक्तिता (भेज दिया गया है, भेजा जा सकता है आदि)
(ii) स्पष्टता
(iii) बोधगम्यता
(iv) एकार्थता
(v) विशिष्ट शब्दावली (सक्षम अधिकारी, अनुमोदन, पृष्ठांकन आदि)
(vi) अंग्रेजी-उर्दू शब्दों की बहुलता (सिफारिश, जुर्माना, एकमुश्त आदि)
(vii) संकरता व्यापक है
(viii) औपचारिकता

3. संचार माध्यमों की हिंदी–

(i) सहजता और संप्रेषणीयता
(ii) $\pm$तकनीकी
(iii) प्रभावशीलता (जैसे शीर्ष पंक्ति का पैनापन)
(iv) भाषा प्रवाह (मिश्रित शैली जो जन प्रचलित भाषा के निकट है)
(v) संक्षिप्तियों का व्यापक प्रयोग (इंका, भाजपा, बसपा, दक्षेस आदि)
(vi) कर्मवाच्य का व्यापक प्रयोग (विशेष टीम बनाई गई, दल भेजा गया आदि)

(vii) प्रोक्ति प्रारंभ करने की निर्धारित अभिव्यक्तियाँ (बताया जाता है, सूचना मिली है,...का कहना है आदि)

इस प्रकार की विषय (Topic) केंद्रित भाषा शैली को 'भाषा प्रयुक्ति' का संदर्भ कहा जा सकता है। 'साहित्यिक' और 'साहित्येतर' पाठ के भाषाई भेदों को समझने के लिए यहाँ हम 'शैली' और 'प्रयुक्ति' के मूल भेदों का भी परिचय ले लें। भाषा-शिक्षण के संदर्भ में भाषा-शिक्षण और सामग्री-निर्माता दोनों के लिए भेदों का यह परिचय उपयोगी सिद्ध हो सकता है–

(क) प्रयुक्तिगत भेद औपचारिक-अनौपचारिक जैसे विकल्पों से मुक्त रहते हैं, जबकि शैली भेद के केंद्र में औपचारिक, अनौपचारिक, सामान्य, प्रगाढ़ जैसे भेद संप्रेषण में निर्णायक भूमिका निभाते हैं।

(ख) प्रयुक्ति 'क्षेत्र' द्वारा नियंत्रित होती है और शैली 'प्रकार' द्वारा।

(ग) यह कहना उचित नहीं है कि सभी प्रयुक्तियों में समान रूप से शैलीय भेद होता है।

(घ) 'प्रयुक्ति' में 'शैली' की तरह प्रयोक्ता के व्यक्तित्त्व की झलक और रंजकता नहीं होती।

(च) 'प्रयुक्ति' ध्वनि, शब्दावली, अभिव्यक्ति और व्याकरण के स्तर पर विशिष्ट होती है। इसे इन्हीं विशिष्टताओं के आधार पर पहचाना भी जाता है।

(छ) 'प्रयुक्ति' भाषा का सीमित कोड है, शैली व्यापक।

(ज) 'प्रयुक्ति' की संकल्पना सार्वभौमिक है, पर भाषा में इसके रूप भिन्न हैं।

(झ) शैलियों के बीच मिश्रण संभव है तथा सर्जनात्मकता की दृष्टि से शैली-मिश्रण को महत्त्वपूर्ण माना जाता है, पर प्रयुक्ति-मिश्रण वर्जित है।

'प्रयुक्ति' का संदर्भ भी अन्य भाषा-शिक्षण का महत्त्वपूर्ण घटक है। इसलिए संक्षेप में इसका संकेत भी यहाँ हमने दिया है। अब हम इस चर्चा के तीसरे भाग 'संस्कृति-शिक्षण' पर विचार करेंगे।

संदर्भ

1. कुमार, सुरेश और रवींद्रनाथ श्रीवास्तव (सं.) 1976, शैली और शैलीविज्ञान। केंद्रीय हिंदी संस्थान : आगरा।
2. 1990, आचार्य द्विवेदी का भाषाविषयक चिंतन। 'भोजपुरी लोक' (भोलानाथ तिवारी स्मृति अंक) लखनऊ।
3. The oriental linguistics : An easy and familiar introduction to the popular language of Hindustan. Calcutta.

4. Formal and informal standards in the Hindi regional language area. IJAL : 26.
5. Style synonyms in Modern Hindi.INDIAN LINGUISTICS : 22.
6. शैलीविज्ञान और प्रेमचंद की भाषा। मैकमिलन : दिल्ली।
7. 1939, कुछ विचार। सरस्वती प्रेस : बनारस।
8. 1956, राष्ट्रभाषा हिंदी। अहमदाबाद।
9. 1984, राजकमल : दिल्ली।
10. 1956, विप्लव प्रकाशन, लखनऊ।
11. Literary style : A symposium. (Ed.) London : OUP.
12. Linguistics stylistics. Routledge and Kegan Paul : London.
13. संवत् 2001 रस-मीमांसा, नागरी प्रचारिणी सभा : काशी।
14. 1984 भाषा और संवेदना, भारतीय ज्ञानपीठ : वाराणसी।
15. 1979, राजकमल : दिल्ली।
16. 1978, राजपाल : दिल्ली।
17. 1978, साहित्य सहचर, नैवेद्य निकेतन : वाराणसी।
18. Bi-Multilingualism, Kalinga : Delhi.
19. हिंदी शब्द-सामर्थ्य, प्रभात : दिल्ली।
20. आधा गाँव की भूमिका, राजकमल : दिल्ली।
21. Linguistics and poetics IN style in language (Ed. T.A. Sebeok) Cambridge : MIT.
22. बंदौ वाणी विनायकौ-1961, बिहार राष्ट्रभाषा परिषद : पटना।
23. बंदौ वाणी विनायकौ-1961, बिहार राष्ट्रभाषा परिषद : पटना।
24. Elements of Semiology, Cape : London
25. 1930. God without thunder : An unorthodox defence of orthodoxy, C.S. and Sons : New York.
26. 1959. Collected Essays, Denever.
27. 1947. The Well-Wraught. Secker & Warburg. London.
28. 1952. Language as Gesture. Harcourt and Brace : New York.
29. साहित्य का भाषिक चिंतन। राधाकृष्ण : दिल्ली।
30. Style in the structure of the Text, IN Chatman (ed.)
31. a. सं. 2008. महावीर प्रसाद द्विवेदी और उनका युग, उदयभानु सिंह, लखनऊ विश्वविद्यालय, लखनऊ।

    b. महावीर प्रसाद द्विवेदी और हिंदी नवजागरण, रामविलास शर्मा, राजकमल : दिल्ली।
32. a. 1947. Seven types of Ambiguity, London : OUP.

    b. 1951, The structure of complex words, London : Chatto and Windus.
33. 1953. Feeling and Form, London : Routledge and kegan paul.

34. 1978. Post-structural Approaches to language, Tokyo : University of Tokyo Press.
35. 1981, भाषा युगबोध और कविता, वाणी : दिल्ली।
36. 1973, Linguistics and literature, Edward Arnold : London.
37. 1986, : Language, Style and Discourse, IN Language, Style and Discourse (Ed. ON Kaul) Bahri : Delhi.
38. 1996, शैली और शैली-विश्लेषण, वाणीः दिल्ली।
39. हिंदी शिक्षण निष्णात परीक्षा के लिए प्रस्तुत लघु-शोध प्रबंध : केंद्रीय हिंदी संस्थान, आगरा।
40. 1988, Kalinga : Delhi.

संस्कृति-शिक्षण

'भाषा-शिक्षण' और 'साहित्य-शिक्षण' दोनों की शिक्षण-प्रक्रिया और पद्धति पर हमने जो विचार-विमर्श किया उससे कई बातें उभरकर सामने आई हैं। एक तो यह कि आज अन्य भाषा-शिक्षण अन्य भाषा के रूप में 'भाषा-व्यवहार' को देखने का आग्रह करता है। वह भाषा-शिक्षण से संबद्ध सभी लोगों को प्रेरित करता है कि वे द्वितीय भाषा को प्राकार्यात्मक संदर्भ में देखने की ओर प्रवृत्त हों। हमने यह भी देखा-जाना कि अन्य भाषा का प्राकार्यात्मक संदर्भ, संप्रेषण के संदर्भ की माँग करता है जिसे हमने भाषा/साहित्य-शिक्षण के भिन्न आयामों पर उभारकर प्रस्तुत करने का प्रयत्न पहले किया है। दूसरे यह कि अगर व्यक्ति मातृभाषा को स्वतः सहज और अनायास ढंग से सीखता है तो वहीं द्वितीय भाषा को वह प्रायः प्रयोजनपरक संप्रेषण की उपलब्धि के लिए सीखता है। हमने यह भी देखा कि भाषा-शिक्षण के 'संप्रेषणपरक प्राकार्यात्मक सिद्धांत' ने भाषा/व्याकरण की संकल्पना को व्यापक संदर्भ भी दिया और शिक्षण-प्रक्रिया में इनके **तीन आयामों** पर ध्यान देते हुए एक समन्वित दृष्टि का विकास करने पर बल भी दिया–

पहला आयाम–भाषावैज्ञानिक संदर्भ (व्याकरणिक संरचना का आयाम)

दूसरा आयाम–भाषा व्यवहार का संदर्भ (संदर्भगत परिस्थितियों में शैली चयन का आयाम)

तीसरा आयाम–प्रेगमेटिक का संदर्भ (प्रयोक्ता के बाह्य ज्ञान, संस्कृति तथा मंतव्य का आयाम)

इन तीनों आयामों को जोड़ कर ही अन्य भाषा-शिक्षण पर सार्थक चर्चा संभव है, जैसा कि इस चर्चा के आरंभिक दोनों भागों में किया गया है। अर्थात् अन्य भाषा-शिक्षण के लिए भाषा$_2$ के व्याकरणिक नियमों की जानकारी के अलावा अब यह अधिक महत्त्वपूर्ण माना जाने लगा है कि उसकी संप्रेषणपरक या प्राकार्यात्मक विशिष्टताओं को भी सामने लाया जाए। इसीलिए आज भाषा-शिक्षण

को संप्रेषण की भूमिका से काट कर देखने को एक लँगड़ी शिक्षा पद्धति को बढ़ावा देने का पर्याय माना जा रहा है। प्रसिद्ध विद्वान सीले (1969) ने इस संदर्भ में बल देते हुए कहा था कि "सैद्धांतिक स्तर पर भी यह कहना अनुचित न होगा कि संप्रेषण भाषा का अनिवार्य तत्त्व है। जो भाषा-सिद्धांत अपने को संप्रेषण प्रक्रिया से काट कर रखता है वह भाषा-सिद्धांत नहीं, मात्र व्याकरणिक नियमावली है। भाषा के संप्रेषण तंत्र का एक महत्त्वपूर्ण घटक 'संस्कृति' भी है।" अभी तक हमने यह भी समझ लिया है कि भाषा-शिक्षक को यह स्पष्ट भान होना चाहिए कि भाषा$_2$ किन सामाजिक भूमिकाओं का निर्वाह कर पाने में समर्थ और सक्षम है अथवा कौन-सा भाषा संवर्ग (Category) किन प्रकार्य या किन प्रकार्यों को साध सकेगा। भाषाओं की भूमिकाओं और प्रकार्यों को समझने में हमने फिशमैन (1966)[1] की 'द्विभाषिक प्रभावित संविन्यास' (Bi-lingual dominance confugaration) की अवधारणा का उपयोग किया जो कौशलों (श्रवण, उच्चारण, वाचन, लेखन), भूमिकाओं (बोधन, उत्पादन, अस्फुट वाक्), औपचारिकता के स्तरों (प्रगाढ़, अनौपचारिक), प्रयोग क्षेत्र (कला, घर, व्यापार) तथा भाषेतर (अंगविक्षेप, भाव भंगिमा) पर केंद्रित है। इनके साथ अन्य उपागमों को भी हमने आवश्यकतानुसार अपनाया। फिशमैन ने भी यह माना है कि ऐसा करके ही हम द्वितीय भाषा-शिक्षण के महती लक्ष्य-उद्देश्यों की प्राप्ति कर सकेंगे। इनकी ओर पिट कार्डर (1973)[2] ने भी संकेत किया है—"भाषा-शिक्षण का उद्देश्य अथवा लक्ष्य है शिक्षार्थी में ऐसा ज्ञान और कौशल विकसित करना जो उसे अन्य भाषा समुदाय में कुछ निर्धारित भूमिकाओं के निर्वाह में सक्षम बना सके, उसे लक्ष्यभाषा के प्रयोक्ता के रूप में बदल सके तथा उसमें संप्रेषणपरक क्षमता उत्पन्न कर सके। इन लक्ष्यों की प्राप्ति में भाषा$_2$ की संस्कृति का ज्ञान अनिवार्य है।" द्वितीय भाषा अधिगम की प्रक्रिया मातृभाषा अधिगम की प्रक्रिया से इस दृष्टि से ही विशिष्ट है कि यह दो प्रकार के संबंधों के 'नेटवर्क' को सीखने की प्रक्रिया है—भाषिक और समाज-सांस्कृतिक। हैलिडे (1973)[3] के शब्दों में "अर्थ भाषा की व्याकरणिक अभिरचनाओं के माध्यम से व्यक्त होता है। लेकिन वह स्वयं में अभिव्यक्ति का प्रतिफल है—व्यवहार के विकल्पों का। इन विकल्पों में से कई का व्यापक समाज-सांस्कृतिक अर्थ होता है।" इस तरह, द्विभाषिक बनना एक जटिल प्रक्रिया है। इसके दो मूल कारण हैं। एक तो इसके द्वारा शिक्षार्थी एक अतिरिक्त भाषा का अर्जन करता है और दूसरे उस संस्कृति से

उसका सामना होता है जिससे भाषा प्रयोग के समय वह बच नहीं सकता। इन कारणों को उस प्रक्रिया के एक अंग के रूप में भी देखा जा सकता है जिसे लार्सन और सैमले (1972)[4] ने Redomestication कहा है, अर्थात् उस संस्कृति में प्रवेश करना या उसे अपने लिए कम विदेशी बनाना (Dealination), जिसके लिए शिक्षार्थी अभी तक 'विदेशी' (Outsider) था।

इस प्रकार भाषा-शिक्षण की प्रक्रिया स्वतः संस्कृति-शिक्षण की प्रक्रिया भी है। हर समाज की अपनी संस्कृति होती है। संस्कृति का परिचय हमें किसी समाज की भाषा से भी मिलता है। भाषा व्यवहार के संदर्भ में संस्कृति का अर्थ है यह जानना कि भाषा प्रयोक्ता को समाज में भाषा का व्यवहार कैसे करना है। जैसे हिंदी का प्रयोग करते समय यह जानना कि अपने से आयु, पद आदि में वरिष्ठ व्यक्ति को आदर देने के लिए खड़ा होना चाहिए, चीजें हमेशा दाहिने हाथ से लेनी-देनी चाहिए आदि। यह भाषा के साथ जुड़ा सांस्कृतिक आचरण है। 'संस्कृति' का भाषा के संदर्भ में एक अर्थ यह भी है कि समाज का व्यक्ति (भाषा बोलने वाला) या समाज स्वयं अपने आस-पास की दुनिया को किस रूप में देखता है। नाते-रिश्ते के शब्द, संबोधन, अभिवादन, सर्वनाम प्रयोग, अंग विक्षेप और भंगिमा आदि को लेकर हिंदी गद्य और पद्य के हमने जो उदाहरण लिए उनसे यह स्पष्ट होता है कि भाषा तथा भाषा के साथ जुड़े आचरण में उस भाषा समाज के सांस्कृतिक तत्त्व अंतर्भुक्त होते हैं। यह भी हम जान-समझ चुके हैं कि 'प्रैगमेटिक्स' में अर्थ भाषा प्रयोक्ता अथवा वक्ता के संदर्भ में परिभाषित होता है—उसके समाज की संरचना तथा उसके समाज की सांस्कृतिक अवधारणा के संदर्भ में। फर्थ (1957)[5] ने एक विचारणीय बात कही है कि जब कोई शब्द या वाक्य नए संदर्भ में प्रयुक्त होता है तो वह एक नया शब्द या वाक्य होता है (Each word or sentence used in a new context is a new word or sentence) क्योंकि किसी शब्द का अर्थ उससे संदर्भित संबंधों द्वारा निर्मित और निर्धारित होता है—The meaning of word is constituted by its contextual relations (क्रूस : 1986)। 'संदर्भ' में संस्कृति का घटक भी उसका एक अंग है। संदर्भ और संस्कृति के इस 'संयोजन' को भी हमने हिंदी साहित्य के शिक्षण की दृष्टि से पहले उद्घाटित किया है।

लीच और शॉर्ट (1981)[6] ने साहित्य समाज और भाषा में लिपटी सांस्कृतिकता के महत्त्व को रेखांकित करते हुए अत्यंत दृढ़ता के साथ यह कहा है कि—''यदि

अर्थ की लघुतम इकाइयों को अर्थिम (Sememe) तथा संदर्भ के लघुतम अर्थ अभिलक्षणों को संकेतिम (Pragameme) कहा जा सकता है तो संस्कृति के संदर्भ में लघुतम अर्थ अभिलक्षणों को 'कल्चरीम' कहा जा सकता है।" हम 'कल्चरीम' को एक विशिष्ट प्रकार के 'प्रैगमीम' के रूप में भी देख सकते हैं क्योंकि इसमें तो कोई संदेह ही नहीं कि भाषा और संस्कृति आत्मीय रूप से जुड़े होते हैं। जॉन लॉयन्स (1977)[7] ने तो यहाँ तक कहा है कि–"क्योंकि भाषा समाज-संदर्भित होती है इसलिए भाषा व्यवहार को उस भाषा की विशिष्ट सांस्कृतिक पृष्ठभूमि में संदर्भित किए बिना स्पष्ट नहीं किया जा सकता।" इन बातों पर हम आगे विस्तार से चर्चा करेंगे पर उपरोक्त बातों को और भी संप्रेषणीय बनाने के लिए भीष्म साहनी के उपन्यास 'तमस'[8] से कुछ उदाहरण लें जिनसे 'लोक संस्कृति' और 'मुस्लिम संस्कृति' के भाषाबद्ध प्रारूपों का हमें परिचय मिलता है–

(i) **लोक संस्कृति**–(क) एक घर के सामने कोई औरत टोना कर गई थी। कुछ थिगलियों में लिपटे कंकड़ और गुँधे हुए आटे का पुतला और उनमें खोंसी हुई लकड़ियों की खपचियाँ थीं (पृ. 26)।

(ख) जब कभी छींटा पड़ने में देर हो जाती तो मुहल्ले के लड़के टूटे घड़े में गोबर और गाय-घोड़े का मूत्र इकट्ठा करके किसी मूजी के घर की ड्योढ़ी में फेंक आते थे। इसे बारिश बुलाने का शगुन माना जाता था (पृ. 27)।

(ii) **मुस्लिम संस्कृति**–(क) फकीर के गाने की आवाज़ आई। यह फकीर धीमी आवाज में गाता हुआ गलियों में से गुजर जाया करता था। विशेषकर रमजान के दिनों में जब मुसलमान लोग सुबह-सवेरे उठ कर अपना रोज़ा खोलते थे (पृ.27)।

(ख) पीर साहब ने अपना बायाँ हाथ आगे बढ़ाया, नानबाई ने झुककर आँखों से चूमा, फिर अपना दायाँ हाथ दिल पर रखकर पहले की तरह आगे की ओर झुका-झुका खड़ा हो गया। पीर साहब ने हाथ तनिक ऊपर उठाया (पृ. 102)।

साहित्यिक पाठ के संदर्भ में भी यह सर्व स्वीकार्य तथ्य है कि अधिकांश साहित्यिक पाठ सांस्कृतिक तत्त्वों से आबद्ध होते हैं अतः सांस्कृतिक संदर्भों का विकोडीकरण (Decoding) साहित्यिक पाठ के विश्लेषक/शिक्षक के लिए अनिवार्य है। उदाहरण के लिए पंजाबी शब्द 'घोड़ी' (पंजाबी विवाह प्रथा के विशेष संदर्भ में) का वैशिष्ट्य किसी विदेशी द्वारा या पंजाब की संस्कृति से अनजान किसी भारतीय भाषाभाषी द्वारा विकोडीकृत नहीं किया जा सकता। वह इसका सामान्य अर्थ ही ले सकेगा। 'घोड़ी' का खास अर्थ तभी समझा जा सकता है जब इसकी

सांस्कृतिक पृष्ठभूमि से विकोड करने वाला परिचित हो। यह भी कहा जा सकता है कि ऐसी स्थिति में कल्चरीम का गहन विश्लेषण केवल अन्य संस्कृति के पाठक (शिक्षक/शिक्षार्थी) के लिए ही नहीं बल्कि उस संस्कृति से संबद्ध पाठक (मातृभाषी/द्वितीय भाषाभाषी) के लिए भी अनिवार्य है। बाह्य संस्कृति के पाठक का ध्यान अन्य भाषा के कल्चरीम की ओर तुरंत जाता है। क्योंकि वह इन्हें जानने का इच्छुक होता है। (विदेशी भाषा के रूप में हिंदी सीखने वाले हिंदी भाषा के माध्यम से भारतीय संस्कृति को जानने की जिज्ञासा रखते हैं)। जबकि उस संस्कृति से जुड़ा पाठक या तो इनके प्रति उदासीन होता है या इस भ्रम में रहता है कि वह तो इन्हें जानता ही है। जबकि किसी पाठ में निहित कल्चरीम को जान पाना सहज नहीं है, तब तो और भी जब वह 'किसी और जगह' संकेत या चोट कर रहा हो।

संस्कृति से तात्पर्य क्या है? यह प्रश्न कई बार गलत ढंग से उत्तरित होता रहा है तो कई बार बड़े ही सीमित धरातल पर। अपने लेख The concept of culture (1945) में क्लाइड और विलियम केले[9] ने संस्कृति की व्यापक परिभाषा दी है—''सामान्यतः संस्कृति एक विवरणात्मक संकल्पना है। इसका एक पक्ष है—मानव के द्वारा सृजन का संचित कोश : पुस्तकें, चित्र-मूर्ति कलाकृतियाँ, स्थापत्य, संगीत आदि तथा दूसरा पक्ष मानव परिवेश में स्वयं को अनुकूल बनाते चलने की प्रक्रिया (सभ्यता) से संबद्ध है : भाषा, प्रथा, संस्कार तथा इन तीनों में सिमटी शिष्टाचार, आचरण, धर्म, सदाचार जैसी व्यवस्थाएँ। संस्कृति के ये दोनों पक्ष किसी भी सभ्यता या समाज में युगयुगों को पार करके अपनी जगह बनाते हैं।'' भाषा के अंतर्गत संस्कृति या सांस्कृतिक तत्त्व को संकेत वैज्ञानिक (Semiotically) धरातल पर ही परखा जा सकता है। ईवेन जोहर (1979)[10] ने 'संकेत' के स्तर पर सांस्कृतिक तत्त्वों को इस तरह देखा है—

- **कोड (जिसका संबंध मानसिकता से होता है—पूरे समाज की मानसिकता से)**
- **संकेत (जिसका संबंध सभ्यता से होता है—सभ्यता के पूरे विकास से)**
- **संकेत का प्रयोक्ता (जिसका संबंध समाज से होता है—समाज के समन्वित रूप से)**

भाषा-अध्ययन की संप्रेषणपरक प्रविधि को प्रमुखता देने वाले भाषाविदों—रामविलास शर्मा[11], गैलोवे[12], हाइम्स[13] तथा सीले[14] ने जो विचार दिए हैं उनसे भाषा की बुनावट में सांस्कृतिक तत्त्वों से आबद्ध कोड की सामाजिक व्याप्ति के संकेत बार-बार मिलते हैं जिन्हें तीन धरातलों पर वर्गीकृत किया जा सकता है—

1. **विस्तीर्ण वितरण : क्योंकि अन्य कोडों की तुलना में इस कोड पर भाषा समुदाय के अधिकाधिक सदस्यों की महारत होती है।**
2. **बारंबारिता की अधिक मात्रा : क्योंकि अन्य कोडों की तुलना में इस कोड का प्रयोग समाज अधिकाधिक मौकों पर करता है।**
3. **उच्च प्रतिष्ठा : क्योंकि किसी विशेष परिस्थिति में अन्य समतुल्य कोडों की तुलना में इस कोड को समाज कहीं अधिक मूल्यपरक और श्रेष्ठ मानता है।**

यह तो हम जानते ही हैं कि हिंदी भाषा की संस्कृति में हिंदी क्षेत्र की लोक बोलियों का बड़ा हिस्सा है। मुस्लिम संस्कृति का भी इसमें बड़ा योगदान है। भाषा के स्तर पर सांस्कृतिक तत्त्वों के समायोजन पर हमने व्यापक चर्चा की है—विनम्रता, संबोधन, मुहावरों, लोकोक्तियों आदि को हम इस धरातल पर सूक्ष्मता के साथ पाठ-विश्लेषण की पद्धति द्वारा दिखा चुके हैं। अभी तक हमने मध्यकालीन हिंदी साहित्य (भक्ति साहित्य) पर बात नहीं की जबकि अन्य भाषा-शिक्षण के दोनों स्तरों (द्वितीय/विदेशी भाषा) पर कबीर, सूर, तुलसी, मीरा, जायसी आदि का साहित्य पढ़ाया जाता है। पहले हम इस साहित्य की भाषिक (बोलीगत) पृष्ठभूमि को भी जान लें—

हिंदी का मध्यकालीन साहित्य

ब्रज	राजस्थानी	अवधी	मैथिली
सूरदास	मीरा	तुलसी	विद्यापति
(1478)	(1504)	(1554)	(1350)

यहाँ हम सूर और कबीर की रचनाओं के माध्यम से संस्कृति के मूलाधारों पर विचार करेंगे। इन आधारों को पाठ-शिक्षण में अपना कर हिंदी संस्कृति के घटकों को शिक्षार्थी तक पहुँचाया जा सकता है। इस विवेचन में हमने लोक-संस्कृति, मिथक प्रयोग, संस्कार आदि पर विशेष बल दिया है जिन्हें स्तरीकृत कर के हम सूर के माध्यम से देखेंगे। कबीर के माध्यम से दार्शनिक बिंदुओं तथा भाषा-प्रयोग (मिश्रित भाषा/सामाजिक भाषा) पर बल दिया जाएगा। इस संदर्भ में हम आधुनिक कविता में पंत तथा कथाकार रेणु[15] और भारतेंदु[16] को भी देखेंगे तथा कुछ अन्य रचनाकारों को भी। चर्चा सूरदास से शुरू करें।

सूरदास—सूर सच्चे अर्थ में लोक-कवि हैं। 'लोक' उनकी रचना के केंद्र में

है। पूरा ब्रज क्षेत्र उनकी लेखनी से जीवंत हो उठा है। उनकी भाषा संप्रेषणपरक संभावनाओं से भरी-पूरी है। सूर ने अपने निजी अनुभवों के साथ लोक अनुभवों को इतनी कुशलता के साथ पिरोया है कि अचरज होने लगता है। उनकी भाषा सांस्कृतिक और सर्जनात्मक मूल्यों का संचित कोश भी है। कुछ आधारों पर सूर की भाषा में निहित सांस्कृतिकता को देखें–

1. **लोक-संस्कृति**–लोकतत्त्व, चाहे वे किसी भी देश या समाज की धरोहर हों, उस राष्ट्र या समाज की सांस्कृतिक पृष्ठभूमि में ही पनपते, फलते-फूलते और विकास पाते हैं। विश्व के कई देशों (अमरीका, इटली, फ्रांस, जर्मनी आदि) में 'ओरियंटल स्टडीज' के अंतर्गत साहित्य और लोकतत्त्वों के अंतःसंबंधों और उनके प्रयोगगत विकल्पों को देखने-विश्लेषित करने के अलग विभाग हैं जहाँ दक्षिण एशियाई भाषाओं के साहित्य को प्राथमिकता दी जाती है। इस विश्लेषण का लाभ दक्षिण एशियाई भाषाओं/साहित्य को पढ़ाने वाले शिक्षकों को मिलता है। यह भी हमारे लिए गौरव की बात है कि दुनिया के कई देशों में कबीर, मीरा, सूर, तुलसी पढ़ाए ही नहीं जाते, वहाँ की भाषाओं में इनके अनुवाद भी किए गए हैं तथा वहीं के छात्र-अध्यापक इन कवियों पर शोध भी करते हैं। सूर-साहित्य में लोक-संस्कृति का विवेचन करें–

(क) **मांगलिक अवसर पर**–अक्षत दूब को सिर पर डालना (अक्षत, दूब)
हल्दी-दही का छिड़कना (हल्दी-दही : शुभ मानने का कारण)
विप्र बुलाना (पंडित को बुलाना, प्रजा, यजमान)
राशि बूझना (नवजात शिशु की राशि और राशि नाम का पंचांग देख कर निर्णय)
दिन धरना (छठी, बरही आदि की तिथि निश्चित करना)
बंदनवार बाँधना (घर के द्वार पर फूल, आम और अशोक के पल्लव गूँथ कर लटकाना)
चौक पूरना (शुभ कार्य के स्थान को आटे, चावल-हल्दी के लेप से सजाना)
मंगल कलश (पूर्ण कुंभ, जल से भरा, दीपक से ढँका, दीपक में चावल, हल्दी, अशोक के पल्लव)
वेद ध्वनि (वेद पाठ)
लगन (विवाह की तिथि, समय)

(ख) **शिशु-पालन के स्तर**–दतुली द्वै दूध की देखी (बालकृष्ण के दूध के

दाँत यशोदा ने पहली बार देखे)

अनुप्रासन जोग भए (अन्न प्राशन : पहली बार शिशु को अन्न खिलाने का संस्कार)

उबटि न्हवाई (उबटन लगा कर नहलाना, उबटन : बेसन, दूध, हल्दी, सरसों और सुगंधि का लेप)

दिठोना दीन्हें आँखें आँजि (दिठोना : शिशु के माथे के एक ओर काजल का टीका लगाना ताकि किसी की नजर न लगे, आँखें आँजना : आँख में अंजन (काजल) लगाना)

(ग) **लोक जीवन के अनुभव में बसे शिशु-चित्र–**

अटपटात कल बल कल बोल (बोलने का प्रारंभ, कलबल–अस्पष्ट)

आप छाई को पकरन चाहत (अपनी परछाईं को पकड़ने की बाल-चेष्टा)

सबद एक बोल्यौ चाहत है प्रगट वचन नहिं आवत (बोलने की आतुर चेष्टा)

तनक-तनक जल अधर पोंछि के (एक अबोध शिशु द्वारा होंठों पर लगे जल को अपनी बाँहों से जल्दी-जल्दी पोंछना)

(घ) **लोक शब्द**–सोहारी (पूड़ी), खरिक (वह स्थान जहाँ गायें बाँधी जाती हैं), धैया (तुरंत का दुहा हुआ दूध), जावन (थोड़ी दही जिससे दही जमाया जाता है), पसरि (फैल कर), साध (इच्छा) मसकि (दबाकर), तर (नीचे), ठाले (व्यर्थ), सेत (मुफ्त), भुरकि (छिड़क कर), ओदे (गीले)।

(च) **सांस्कृतिक चित्र**–होरी (होली), फाग, तीज, रास, बसंत, झूला।

(छ) **व्यंजनार्थ/संयुक्तार्थ**–श्यामघन (कृष्ण), विषधर (कैलाश पर्वत), पखी-पति (गरुण), निसापति (चंद्रमा), मकरध्वज (कामदेव), विधि वाहन (हंस), मधवा (इंद्र), रिपु मार (शिव), हंस सुता (यमुना)।

(ज) **मुहावरे**– दाढ़ पर लोन लगावै
हियरो सुलगावत
फिरत धतूरा खाय
बरसत आँखें
मुँह सम्हार तू बोलत नाहीं
हाथ बिकानी
गूँगे गुर की दसा

गाँठि दै राखति
एक म्यान दो खांडे
मन नाहीं दस-बीस
मन नहीं हाथ हमारे

(झ) **लोकोक्तियाँ**– दाई आगे पेट दुरावति
कंचन खोइ काँच ले आए
मूरी के पातिन के बदले को मुक्ताहल दैहें
प्रेम कथा पै जाने जापे बीती होइ
दूध छाड़ को पीबै खार कूप को पानी
मेरो मन अनत कहाँ सुख पावै

इस सांस्कृतिकता के कारण ही सूरदास की भाषा में वह काव्यात्मक शक्ति निहित है जो पाठक के प्रत्यक्ष अनुभव को समृद्ध बनाती है। उनकी भाषिक शक्तियाँ लोक-संस्कृति और लोक-जीवन यापन की प्रणालियों से बँध कर हमें (मातृभाषी पाठक को) परिचित 'संकेतार्थ' को नए संदर्भ में देखने का सामर्थ्य देती हैं। जीवन और जगत को देखने की हमारी दृष्टि में भी पैनापन आता है। यही पैनापन सूर के 'पाठ' के माध्यम से अन्य भाषा शिक्षार्थी (हिंदी भाषा का) में भरना साहित्य-शिक्षण प्रक्रिया का एक हिस्सा होना चाहिए। संस्कृति का प्रत्यक्षिक (Perceptual) संवेग उस शिक्षार्थी को महसूस हो जो द्वितीय भाषा के अध्येता के रूप में एक अन्य सांस्कृतिक क्षेत्र में प्रवेश का इच्छुक है। सूर के गंभीर अध्येता ब्रजेश्वर वर्मा ने यह कहा है कि "सूरदास में बिंब-निर्माण की अद्‌भुत प्रतिभा थी। वे भाषा की सर्जनात्मकता का प्रयोग छवियों के निर्माण में इस खूबी के साथ करने में समर्थ थे कि भाषा सहज और उक्ति मार्मिक बन जाए।"[17] सांस्कृतिक अनुभवों से समृद्ध और आम जीवन की अनुभूतियों से पूरित सूर की भाषा सीधी-सादी और सरल है। उतने ही सीधे-सादे और अति परिचित उनके अनुभव हैं। चारित्रिक गुण (बाल कृष्ण, किशोर कृष्ण, यशोदा, नंद, बाल गोपाल, राधा, गोपियाँ) भी सूर की भाषा की सहजता से उभरे हैं। 'मेरो मन अनत कहाँ सुख पावै' भक्ति रस में डूबा पद है। इसमें भावों की गहराई भी है। पर इसमें एक भी अपरिचित शब्द नहीं, कोई जटिल वाक्य विन्यास नहीं, भाषा व्यवहार में कोई दुरूहता नहीं, फिर भी भक्ति की महत्ता इसके एक-एक शब्द में गूँजती है–

मेरो मन अनत कहाँ सुख पावै।
जैसे उड़ि जहाज को पंछी, पुनि जहाज पै आवै।

कमल-नैन की छाँड़ि महातम, और देव को ध्यावै।
परम गंग को छाँड़ि पियासौ, दुरमति कूप खनावै।
जिंहि मधुकर अंबुज रस चाख्यौ, क्यों करील फल भावै।
सूरदास प्रभु कामधेनु तजि, छेरी कौन दुहावै।

शिक्षण बिंदु–ध्वनि परिवर्तन : अनत→अन्यत्र, नैन→नयन, पंछी→पक्षी, गंग→गंगा आदि।

क्रिया रूप–उड़ि→उड़कर, आवै→आता है, ध्यावै→याद करेगा, चाख्यौ→चख लिया आदि। इसके बाद उड़ि-छाँड़ि-तजि, ध्यावै-खनावै-भावै-दुहावै (भविष्यत् कालिक) और आवै→भावै (वर्तमान-भविष्य)

अन्य भाषिक तत्त्व–मेरौ (मेरा), पै (पर), को (का/कौन), जिहिं (जिसने)

तनाव–कमल नयन–अन्य देवता
गंगाजल–कूप जल
अंबुज रस–करील फल
कामधेनु–छेरी

प्रश्नार्थक-निषेधार्थक– कहाँ सुख पावै–सुख नहीं पाएगा
को ध्यावै–कोई नहीं ध्याएगा (ध्यान करेगा)
क्यों करील फल भावै-करील फल अच्छा नहीं लगेगा

भक्ति आंदोलन वर्ण और जातिगत विषमताओं से ऊपर उठा हुआ था। सूरदास की भाषा की विवेचना करते हुए श्रीवास्तव (2004)[18] ने पूरे भक्ति-काल की धारणा को इन शब्दों में रेखांकित किया है–"भक्ति आंदोलन लोक जीवन और लोक संस्कार पर आग्रह रखता था। वह कला को 'जीवन' के स्तर पर उठाने का प्रयास था। अतः सामाजिक-सांस्कृतिक पक्ष के लिए उस 'भाषा' को अपनाने के पक्ष में था जो समाज-सांस्कृतिक अस्मिता के हर पहलू को व्यंजित कर सके।" इस कथन को भक्ति आंदोलन के विद्रोही और क्रांतिकारी कवि कबीर की भाषा के लिए भी सही माना जा सकता है। सूर की तुलना में कबीर की भाषा अधिक खुली हुई (ग्रहणशील है)। कबीर का समाज-सांस्कृतिक परिवेश अत्यंत व्यापक है अतः उनकी भाषा के भीतर हमें अनेक कथन रीतियाँ देखने को मिलती हैं। कबीर की भाषा सरल भी है और लचीली भी। एक विशेषता कबीर की भाषा की यह भी है कि "उनकी कोशीय संपदा में संस्कृतनिष्ठ भाषिक तत्त्वों का सचेतन बहिष्कार है" (श्रीवास्तव : वही)। वास्तव में कबीर ने पंडितों की क्लिष्ट संस्कृत

के जवाब में अपनी भाषा बनाई। बनाई नहीं, अपने लोक से जस-की-तस उठाई। इसलिए कबीर में नागर कवि वाला आभिजात्य नहीं, एक बाँध लेने वाला अनगढ़पन और भदेसपन है। कबीर की सांस्कृतिक-चेतना अत्यंत प्रखर है। भाषा और संस्कृति को लोक की आँखों से देखने वाले कबीर की रचना इसलिए कभी बासी नहीं लगती। कबीर प्रेरणा, सच और साहस के कवि हैं। अली सरदार जाफरी[19] ने यह साफ शब्दों में कहा है कि "कबीर की कविता एक मुक्त आत्मा की कविता है जो अपनी जमीन से बेइंतहा प्यार करता है।"

कबीरदास–कबीर की वाणी में ओज और भाषा में तेज है। कबीर अपने परिवेश के प्रति अतिरिक्त सजग थे। साहित्य की धारा में परिवेश से प्रेरित साहित्यकार की भाषा का महत्त्व होता है। कबीर की भाषा समाज की भाषा है। उनकी विषय वस्तु भी वैविध्यपूर्ण है (तत्त्व दर्शन, आगम सिद्ध साधना, योगमार्ग, सूफीमत, अद्वैतवाद, निराकारोपासना, मानवतावाद, सुधार) और उसी तरह उनकी भाषा-शैली भी। उनका 'गँवार' या 'अनपढ़' कवि 'साक्षर' न भी हो तो 'शिक्षित' अवश्य है। उनकी बानियों में शैलीगत वैविध्य भाषा-मिश्रण और परिवर्तन की प्रवृत्ति को भी दर्शाता है। हजारी प्रसाद द्विवेदी[20] ने उनकी भाषा को 'सधुक्कड़ी' कहा है जो वास्तव में भाषा संपर्क का परिणाम है। कबीर ने पंडित समाज की भाषा की परवाह नहीं की। उनकी बानी में हिंदी, उर्दू, फारसी आदि भाषाओं का सम्मिश्रण तो मिलता ही है, साथ ही साथ अवधी, खड़ी बोली, भोजपुरी का भी प्रचुर प्रयोग मिलता है। कबीर को पढ़ाते समय उनकी भाषा के निम्नलिखित गुणों/लक्षणों पर विशेष ध्यान देना चाहिए–

1. **भोजपुरी के संज्ञा और क्रिया पद**
2. **खड़ी बोली के कुछ रूप**
3. **विषयानुसार भाषा**
4. **प्रादेशिक भाषाओं (पंजाबी, गुजराती, मारवाड़ी) के देशज शब्द**
5. **सीधी-सादी बेलाग अभिव्यंजना**
6. **प्रतीकवाद**

इन्हीं के भीतर संस्कृति (धर्म, दर्शन, आचरण) के तत्त्व निहित हैं। यहाँ यह भी ध्यान दें कि कबीर 'सुनाने वाले' कवि हैं (सुनो भाई साधो) अतः अपने ग्रहीता (श्रोता/पाठक) को वे सीधे संबोधित करते हैं। कबीर के 'पाठ' के शिक्षण में एकाधिक भाषिक, सामाजिक और सांस्कृतिक पक्षों पर ध्यान दिया जाना चाहिए–

1. आचरण/नीति/जीवन मूल्य–

(i) गर्व/घमंड–

- कबिरा गरब न कीजिए कबहुँ न हँसिए कोय।
  अबहूँ नाव समुद्र में का जाने का होय॥
- कहा नर गरबत थोरी बात।
  मन दस नाज टका चार गाँठी, ऐंठी टेढ़ो जात॥
- ना काऊ लै आयो यह जग, ना कोऊ लै जाय।
  रावन हूँ तो छत्रपति, छिन में गए बिलाय॥

(ii) गुण/गुणज्ञ–

- जब गुण को गाहक मिलै, तब गुन लाख बिकाय।
  जब गुन को गाहक नहीं, कौड़ी बदले जाय॥
- मानुस बैठे चुप करे, कदर न जाने कोय।
  जब ही मुख खोले कली, प्रकट बास तब होय॥

(iii) क्षमा–

- छिमा बड़न को चाहिए, छोटन को उत्पात।
  कहा विष्णु को घट गयो, जो भृगु मारी लात॥
- जहाँ दया तहँ धर्म है, जहाँ लोभ तहँ पाप।
  जहाँ क्रोध तहँ काल है, जहाँ छिमा तहँ आप॥

(iv) वचन/बोली–

- मधुर वचन है औषधी, कटुक वचन है तीर।
  श्रवण द्वार हो संचरै, सालै सकल सरीर॥
- ऐसी बानी बोलिए, मन का आपा खोय।
  औरन को सीतल करे, आपहु सीतल होय॥
- बोली तो अनमोल है, जो कोई जानै बोल।
  हिए तराजू तौल के, तब मुख बाहर खोल॥

(v) शील–

- सुख का सागर सील है, कोई न पावे थाह।
  सब्द बिना साधू नहीं, द्रव्य बिना नहीं साह॥
- ज्ञानी, ध्यानी, संयमी, दाता सूर अनेक।
  जपिया तपिया बहुत हैं, सीलवंत कोई एक॥
- सीलवंत सबसे बड़ा, सर्व रतन की खान।
  तीन लोक की संपदा, रही सील में आनि॥

(vi) **परोपकार–**

- जो तोंकू काटा बुए, ताहिं बोउ तू फूल।
  ताको फूल को फूल है, वाको है तिरसूल॥
- बड़ा हुआ तो क्या हुआ, जैसे पेड़ खजूर।
  पंथी को छाया नहीं, फल लागे अति दूर॥

(vii) **धीरज/धैर्य–**

- कबिरा धीरज के धरे, हाथी मन भर खाय।
  टूक एक के कारने, स्वान घरै घर जाय॥
- धीरे-धीरे रे मना, धीरे सब कुछ होय।
  माली-सींचे सौ घड़ा, ऋतु आए फल होय॥

(viii) **परजीव कातरता–**

- बकरी पाती खात है, ताकी काढ़ी खाल।
  जो बकरी को खात हैं, ताको कहा हवाल॥
- दुर्बल को न सताइए, जाकी मोटी हाय।
  मरे खाल की साँस सों, लौह भसम होइ जाय॥
- हरी डारि मति तोड़िए, लगै दुसाहा बान।
  दास मलूका यों कहें, अपना सा तिन जान॥
- कापर दया कीजिए, कापर निर्दय होय।
  साईं के सब जीव हैं, कोरी कुंजर दोय॥

(ix) **आतिथ्य–**

- जिहि घर साध न पूजिए, हरि की सेवा नाहिं।
  ते घर मरघट सारषे, भूत बसै तिन माहिं॥
- साईं इतना दीजिए, जामे कुटुम समाय।
  मैं भी भूखा ना रहूँ , साधु न भूखा जाय॥
- कबिरा तहाँ न जाइए, जहाँ कपट का हेत।
  जानो कली अनार की, तन राता मन स्वेत॥
- प्रेम रीति से जो मिले, तासो मिलिए धाय।
  अंतर राखे जो मिलै, तासो मिले बलाय॥

(x) **काम–**

- काम, क्रोध, मद, लोभ की, जब तक घट में सान।
  तब लगि पंडित और मूरख, दोनों एक समान॥

- जहाँ काम तहँ नाम नहिं, जहाँ नाम नहिं काम।
  दोनों कबहूँ ना मिलैं, राव रजनी एक ठाम॥

(xi) **गुरु–**

- कबिरा ते नर अंध हैं, गुरु को कहते और।
  हरि रूठे गुरु ठौर है, गुरु रूठे नहिं ठौर॥
- गुरु गोविंद दोऊ खड़े, काके लागौं पाँय।
  बलिहारी गुरु आपने, जो गोविंद दियो बताय॥
- यह तन विष की बेलरी, गुरु अमृत की खान।
  सीस दिए जो गुरु मिले, तो भी सस्ता जान॥

(xii) **छुआछूत/हिंदू-मुस्लिम एकता–**

- एकै पवन एक ही पाणी, करी रसोई न्यारी जानी।
  माटी सों माटी ले पोती, जागी कहौ कहाँ छू छोती॥
- एक बूँद एकै मल मूतर, एक चाम एक गूदा।
  एक जोतियै सब उतपना, कौन बाह्मन कौन सूदा॥
- कहहि कबीर राम रमि रहिए, हिंदू तुरुक न कोई।

(xiii) **प्रेम–**

- जा घट प्रेम न संचरै, सो घट जान मसान।
  जैसे खाल लोहार की, साँस लेत बिनु प्रान॥
- जब मैं था तब गुरु नहीं, अब गुरु हैं हम नाहि।
  प्रेम गली अति साँकरी, तामें दो न समाहि।
- प्रेम न बाड़ी ऊपजै, प्रेम न हाट बिकाय।
  राजा परजा जेहि रुचै, सीस देह लै जाय॥
- प्रेम पियाला जो पियै, सीस दच्छिना देय।
  लोभी सीस न दे सकै, नाम प्रेम का लेय॥
- यह तो घर है प्रेम का, खाला का घर नाहिं।
  सीस उतारै भुहिं धरै, तब पैठे घर माहिं॥
- पोथी पढ़ि पढ़ि जग मुआ, पंडित भया न कोय।
  ढाई आखर प्रेम का, पढ़े सो पंडित होय॥

(xiv) **संतोष–**

- गोधन, गजधन, बाजिधन, और रतन धन खान।
  जब आवै संतोष धन, सब धन धूरि समान॥

(xv) **काल–**

- आस पास जोधी खड़े, सबै बजावत गाल।
  माझ महल से ले चला, ऐसा काल कराल॥
- इक दिन ऐसा होइगा, कोई काहू का नाहि।
  घर की नारी को कहै, तन की नारी जाहि॥
- माली आवत देखि के, कलियाँ करी पुकार।
  फूले-फूले चुन लिए, काल्हि हमारी बार॥

(xvi) **सुख-दुख–**

- सुख दुख या संसार में, सब काहू को होय।
  ज्ञानी काटै ज्ञान से, मूरख काटै रोय॥

(xvii) **निंदा–**

- तिनका कबहुं न निंदिए, जो पायन तर होय।
  कबहुँक उड़ि आँखिन परै, पीर घनेरा होय॥
- निंदक नियरे राखिए, आँगन कुटी छवाय।
  बिन साबुन पानी बिना, निर्मल करै सुभाय॥

(xviii) **नाम–**

- आदि नाम निज मूल है, और मंत्र सब डार।
  कह कबीर निज नाम बिनु, बूड़ि मुआ संसार॥
- आदि नाम पारस अहै, मन है मैला लोह।
  परसत ही कंचन भया, छूटा बंधन मोह॥
- जबहिं नाम हिरदै धरा, भया पाप का नास।
  मानो चिनगी अग्ग की, परी पुरानी घास॥
- जल ज्यों प्यारा माछरी, लोभी प्यारा दाम।
  माता प्यारा बालका, भक्त पियारा नाम॥
- सपनेहुं में बर्राइ के, धोखेहु निकरै नाम।
  ताके पग की पैतरी, मेरे तन को चाम॥

शिक्षण के भाषिक बिंदु तो इन उदाहरणों से प्रकट किए ही जा सकते हैं पर इनका लक्ष्य है भारतीय आचरण, नीति, मूल्य और मानसिकता को शिक्षार्थी (विशेष रूप से विदेशी भाषा के रूप में हिंदी का अध्ययन करने वाले) तक पहुँचाया जा सके। भारतीय जीवन के ये शाश्वत मूल्य हैं। इन्हें विदेशी अध्येता जानना भी चाहता है। इनकी चर्चा 'भारतीयता' के संदर्भ में करते हुए कबीर के दोहों

को उद्धृत करने से चर्चा को सार्थक बनाया जा सकता है। पाठ्यक्रम में विशेष रूप से भारतीय मूल्यों के आधार पर चयनित सामग्री (जैसा कि इन उदाहरणों में किया गया है) को रखकर भारतीय संस्कृति का 'पाठ' तैयार हो सकता है। रहीम के दोहे भी इस प्रकार की सामग्री निर्माण में सहायक हो सकते हैं। कबीर में भक्ति-दर्शन से जुड़कर वैदिक-पौराणिक मिथकों का जम कर प्रयोग हुआ है। भारतीय संस्कृति के शिक्षण की दृष्टि से इनकी व्याख्यात्मक प्रस्तुति शिक्षार्थी के लिए अत्यंत लाभदायक सिद्ध हो सकती है।

2. हिंदू धर्म की अवधारणाएँ–रुग जुग स्याम अथखन (चारों वेद), छह दर्शन, व्याकरन, मुनिवर सहस अठासी, रजगुन (ब्रह्मा), तमगुन (संकर), सतगुन (हरि), भगति नारदी, ब्रह्म विचार।

3. विष्णु के भिन्न नाम–राम, हरि, निरंजन, श्री रंग, श्री बनवारी, नरहरि, केसौ, सारंगपानि, मुरारी, गोपाल, कंबला कांत, रघुनाथ, माधौ, जगरनाथ, मधुसूदन, धरनीधर, लक्ष्मीवर।

(केसौ-केशव, सारंगपानि-सारंगपाणि, कंबला कांत-कमला कांत, माधौ-माधव, जगरनाथ-जगन्नाथ के साथ इन नामों की पृष्ठभूमि और अर्थ तथा आज भी भारतीय समाज में पुरुषों के ये नाम रखे जाते हैं, जैसे पक्षों पर चर्चा की जा सकती है। अन्य देवी-देवताओं के भिन्न-भिन्न नाम भी बताए जा सकते हैं।)

4. पुराणों में उल्लिखित भक्त–सनक, सनंदन, नारद, ध्रुव, विभीषन, ऊधव, अक्रूर, गज, गनिका, अजामिल।

5. परलोक–अमरपुर (स्वर्ग), जमपुर (नरक), काइथि (चित्रगुप्त)

(जम-यम, काइथि-कायस्थ–यहीं पर जाति व्यवस्था और जाति नामों का परिचय भी दिया जा सकता है।)

6. इस्लाम–रहिमान, अलह, खोदाई, भिस्त, बिहिस्त

(रहमान, अल्लाह, खुदाई, बिहिश्त, बहिश्त)

7. व्यंजना–

- भौसागर में जीव है, जे कोई पकड़े तीर
- जोगी के जोगिन हो बैठी
- जल में कुंभ कुंभ में जल है
- सब अँधियारा मिटि गया
- इस तन का दीवा करौं
- हरि मरिहैं तो हमहूँ मरिहैं
- जौं जौं भीजै कामरी तौं तौं भारी होय

8. **भाषा**–

(i) **गिनती**–इक-एक-एकु-एकै-एको-एकहिं-एकही

दुइ-द्वै-दोइ-दोई

तीन-तीनि-त्रि

चार-चारि-चारी

पंच-पाँच

खट-खटु-छ-छः

पहिलै

दूजी-दूजै, दुहुँ, दोउ, दोनउँ

तिहुँ, तीनिउँ, तीन्यूँ, तीनौं

(ii) **माप**–पाव, तिहाई, अरध-आधा, पौने, सवा-सवाई, अढ़ाई, साढ़े

(iii) **संबोधन**–भाई=भइया, जोगी=जोगिया, माटी=मटिया, राम=रमइया, घर=घरवा

(iv) **कारक चिह्न**–को-कै-कौ=ताही को, जाकै, प्यासे कौ

से-सूँ-सौं-ते-तैं=मोंसे, हमसूँ, हाथ सौं, कबीर साव

ते हम बुरे, साधन तैं

का-क-के-को=जोत की बाती, कासी क जोलहा,

बिरलै दोस्त कबीर के, राम को पिता

पर-परि-पैं-पै-पहिं

में-मैं-मद्धे-मंझा-मंझारि-मंझे-माहे

(v) **सर्वनाम**–

- **प्रथम पुरुष**–मैं, मो, मेरा, हम, हौं, हउँ

  हमार, हमारा, हमरा, हमरी, हमरै, हमरौ

- **मध्यम पुरुष**–तु, तूं, तू, तैं, तुम, तुम्ह

  तुझ, तुझु, तुज्झ

  तेरा, तेरे, तेरी, तोर

  तुम्हारा, तुम्हारी, तुम्हरैं

- **अन्य पुरुष**–यह, यहु, एहि

  वह, ओ, ओहु

  इस, इन, इनहीं

  सो, सोइ, सोई

(9) **क्रिया रूप–**

- **वर्तमान कृदंत**–घूमत, सूँघत, पीवत, देत
  करता, जाता, खेलता
  चलती, बहती, देती
  बूड़ते, पुकारते
  करंत, झरंत
- **तात्कालिक कृदंत**–देखत, जीवत, ढूँढत, खात, हँसत, रहत, खेलत
- **भूतकालिक कृदंत**–चढ़ी, बैठी, बूझे, सूखे, जीतौ, हारौ, मंडित, रचित
- **वर्तमान निश्चयार्थक**–कहउँ, जाउँ, रहूँ, लाउँ, रोऊँ, कातौं, तरौं, देखौं, पावौं (उत्तम पुरुष)
  गरबसि, चीन्हसि, रमसि, चढ़हि, सोचहि, जपहु, राखहु (मध्यम पुरुष)
- **वर्तमान आज्ञार्थक**–जांन, भूल, सुन, ले, गाइ, भूलउ, लावहु, सुनु, भजु
- **आदरार्थक**–कहिए, भजिए, चीन्हिए, हरखिऔ, करऊँ, पठाउँ
- **भूत निश्चयार्थक**–बरजेउँ, मेलेउँ, कह्यौं (उत्तम पुरुष)
  किएहु, चराएहु (मध्यम पुरुष)
  अनेक (अन्य पुरुष)
- **भविष्य निश्चयार्थक**–चढ़िहूँ, करिहौं, भजौंगा, आऊँगा, जाऊँगा, मरिहैं, बैठेंगे (उत्तम पुरुष)
  देखहु, करिहौ, सोवैगा, लेहुगे, धरौगे, पहिरबा, करिबे (मध्यम पुरुष)
  लेइहै, जाइगा, गहेगा, लेगा, आवैगी, जासी, देसी (अन्य पुरुष)
- **पूर्वकालिक क्रिया**–अरुझि, उलटि, गहि
  गँवाइ, धोइ
  बजाइ, बिचारि
- **क्रियार्थक संज्ञा**–ओड़न, चलन, चरावन, समुझावन

10. शब्द-द्वैत–उरझि-पुरझि, काछि-कूछि, जरि-बरि, ठोंक-बजाइ, पढ़ि-गुनि, फटकि-पछोरि, चलत-चलत, जरत-जरत, बोलत-बोलत, उठि-उठि, उड़ि-उड़ि, देखि-देखि पढ़ि-पढ़ि

11. क्रियाओं के भिन्न व्यक्त रूप–

- आना : आया-आवा, आइ-आई, आए-आयौ, आवै, आवौ
- जाना : जाइ-जाई, जाहिं-जाहि, जावै, जात, गया-गई-गईं-गए-गयौ-गा-गौ, जाइए-जाउ-जाहु, जाइए-जाइगी-जाइंगे-जाहिंगे-जइहौ-जैहे-जैबे-जासी
- डालना : डारि, डारउँ, डारयौ, घालि, घाला, घालहु, घालै, नांऊँ।

भाषा के इन प्रयोगों में सामाजिक संदर्भ निहित हैं। कब और किस संदर्भ में कौन-से भाषिक तत्त्व का चयन किया जाए यह कबीर से बेहतर कोई नहीं जानता। इस संक्षिप्त व्याकरण का लाभ सूर, तुलसी, मीरा आदि को पढ़ाते समय भी उठाया जा सकता है क्योंकि 'पाठ' के साथ बोली के व्याकरण तथा प्रयोगगत विकल्पों को देने का चलन भारतीय भाषाओं के साहित्य-शिक्षण में नहीं अपनाया जा सका है। इस वजह से हिंदी के शिक्षक और शिक्षार्थी दोनों अवधी, ब्रज, भोजपुरी आदि के भाषिक वैशिष्ट्य से अनजान ही रह जाते हैं या उतना ही जान पाते हैं जो उनके लिए निर्धारित 'पाठ' द्वारा उन तक पहुँच पाता है। इस धरातल पर कबीर की भाषा में तीन और विशेषताएँ भी दिखाई देती हैं–

1. सीधा संबोधन–

- माँगन मरन समान है मति कोई माँगो भीख
- सीस दिए जो गुरु मिलै, तो भी सस्ता जान (तू)
- कबिरा तहाँ न जाइए, जहाँ कपट का हेत (आप)
- जो तोको काँटा बुवै, ताहिं बोउ तू फूल
- बड़ा हुआ तो क्या हुआ, जैसे पेड़ खजूर (तू)
- कबिरा गरब न कीजिए, कबहुँ न हँसिए कोय (आप)

2. कोड मिश्रण–

- <u>तासो</u> मिलिए धाय (उससे)
- <u>जामे</u> कुटुम समाय (जिसमें)
- कबिरा <u>तहाँ</u> न जाइए (वहाँ)
- कबिरा <u>ते</u> नर अंध हैं (वे)
- निज नाम बिनु <u>बूड़ि मुआ</u> संसार (डूब मरा)

3. खड़ी बोली–

- सुख का सागर सील है
- जपिया तपिया बहुत हैं

- बोली तो अनमोल है
- साईं का घर दूर है
- साईं इतना दीजिए

यह तो सर्वमान्य तथ्य है कि सर्जन एक कला है। और साहित्य का सर्जन शाब्दिक कला है। कबीर की भाषा पर विचार करते हुए विजयेंद्र स्नातक[21] ने कहा है कि ''शब्द भी एक प्रकार के प्राणी हैं--पैदा होते हैं, बढ़ते हैं, नष्ट होते हैं। हर शब्द अपनी संस्कृति की देन होता है। जिस कवि में शब्द का सही प्रयोग करने की सामर्थ्य और उसकी प्रकृति की समझ होगी, वह उतना ही सशक्त कवि होगा। कबीर भाषा के क्रम विधान, मिलावट और उसकी संस्कृति से भिज्ञ हैं। वे अपनी शब्द-साधना से संगीत और नाद भी पैदा कर देते हैं।''

कबीर में अभिव्यक्त संस्कृति उनके दार्शनिक रहस्यवाद का भी परिणाम है। इसे समझने के लिए तीन तत्त्वों पर ध्यान देना चाहिए--परमात्मा या सत्य, आत्मा या जीव और माया या संसार। कबीर का परमात्मा निर्गुण है--सत्व, रज, तम, ये तीनों गुण उसमें व्याप्त नहीं हैं। वह न तो जनमता है (अजा), न वह बढ़ता है, न वह मरता (अमर) है। वह केवल है (तत्सत)। कबीर परमात्मा को मूर्त रूप देते हैं पर एकदम अलग ढंग से; परमात्मा और आत्मा के बीच वे प्रेमी-प्रेमिका या प्रेमिका-प्रेमी का संबंध ढूँढ़ते हैं। यहीं कबीर सूफी मत के नजदीक दिखाई देने लगते हैं। जायसी ने भी कहा था--

प्रेम पियाला जिन्ह पिया,
किया प्रेम चितबंध।
साचा मारग जिन्ह लिया
तजि झूठा जगबंध॥

कबीर ने तो यह भी कहा कि 'निरगुन आगे सरगुन नाचै।' उन्होंने भी ईश्वर के प्रेम के नशे को ऐसा बताया है जो कभी न तो उतरता है, न कम होता है। मध्यकाल में 'अद्वैत' का उभार हिंदू-मुस्लिम संस्कृति का मिलन-स्थल था जिसमें हिंदू-इस्लाम रहस्यवाद ने काव्य की सूफी शैली को जन्म दिया। कबीर इसीलिए बार-बार अपने को 'राम' की 'दुलहिन' कहते हैं और प्रेम के नशे की भी चर्चा उनके यहाँ है--प्रेम का प्याला, आठो पहर का मतवालापन, मादकता ही मादकता, भरपूर आनंद, सीमित और असीम के मिलने का महाआनंद। कबीर का परम तत्त्व आनंद है। उस परमानंद के आगे सारे भौतिक सुख व्यर्थ हैं। जिसने यह रस पिया वह मगन हो गया--

- नाचु रे मेरे मन मत्त होय
- मन मस्त हुआ तो क्यों बोले
- पार ब्रह्म के तेज का कैसा है उन्माद
- हरि रस पीया जाणिए जे कबहूँ न जाइ खुमार
- पाणी माहे घर करैं, ते भी मेरे पियास

वह परम तत्त्व 'ज्ञान' है। सत्य है। जिसे पाना है। कबीर का परमात्मा सूफियों का 'नूर' है। आलोक है। कबीर ने इसे सहस्रदल कमल (सहस कँवल) की उपमा दी है जो हमारे शरीर नाम के सरोवर में मुस्कुराता रहता है। कबीर ने आत्मा के लिए कई तरह के उपमा-रूपकों का सहारा लिया है–

आत्मा वृक्ष है, आत्मा सूरज है, किरण है, प्रकाश है, ज्योति है।
वह पक्षी है, पिंजरा है, वह दीया है, बाती है, तेल है। देखें–
साधो, ब्रह्म अलख जगाया।
वृच्छ मध्य ज्यों वृच्छा दरसै, वृच्छा मद्धे छाया।
ज्यों नभ मद्धे सुन्न देखिए, सुन्न अनंत आकारा॥
ज्यों रबि मद्धे किरन देखिए, किरन मद्ध परकासा।

इसी तरह–'सुन्न महल में दियना बार ले, आसन सों मत डोल रे' (तोको पीव मिलेंगे घूँघट के पट खोल री, तोको पीव मिलेंगे) या 'घर-घर दीपक बरै लखै नहीं अंध है।' यह शून्यता या अंधापन 'माया' में फँसने से छाते हैं–

माया महा ठगिनी हम जानी।
निरगुन फाँसि लिए कर डोलै, बोलै मधुर बानी॥
केशव के कमला होइ बैठी, सिव के भवन भवानी।
पंडा के मूरत होइ बैठी, तीरथ हू मा पानी॥

'घूँघट का पट' माया ही है। इस संदर्भ में कबीर ने अनेक रूपक रचे हैं–

- **जाग पियारी अब का सोवै**
- **साधो, सब्द साधना कीजे**
- **राम तेरी माया दुंद मचावै**
- **अवधू माया तजी न जाई**
- **मन नाहक दुंद मचाए**
- **माया मुई न मन मुआ, मरि-मरि गया सरीर**
- **बाहर के पट देइ के अंतर के पट खोल**

भ्रम और मिथ्या से परे होने का अर्थ कबीर के लिए आडंबर से दूर होना,

आचरण की स्वच्छता, बाह्याचार का निषेध आदि भी है। ऐसा न करने वाले पंडित और मौलवी दोनों की कबीर ने निंदा की है। मन को साधने के लिए कबीर ने सहज योग पर बल दिया। 'प्रेम' को उन्होंने प्रमुखता दी। संकीर्णता का उन्होंने विरोध किया। सरदार जाफरी के शब्द आज के समय में कबीर की प्रासंगिकता को सिद्ध करते हैं–"आज हमें कबीर के नेतृत्व की ज़रूरत है। मनुष्य आज विभाजित है। दिलों के अंदर अँधेरे हैं। दंभ है। उसे नए विश्वास, आस्था, प्रेम की जरूरत है, कि मानवता की रूपरेखा बने।" कबीर ने अपनी लोकभाषा में लोकजीवन के अनुभवों को समाविष्ट किया है। इस प्रकार लोक-संस्कृति कबीर के पाठ का अनिवार्य अंग है–

1. लोकगीत की धुन–

- कैसे दिन कटिहैं जतन बताए जइयो।
  एहि पार गंगा ओहि पार जमुना॥
  बिचवाँ मड़इया हमको छवाए जइयो॥
  कहत कबीर सुनो भाई साधो।
  बहियाँ पकरि के रहिया बताए जइयो॥

2. गृहस्थी–

- लोगा ऐसे बावरे, पाहन पूजन जायँ।
  घर की चकिया काहे न पूजैं जेहि का पीसा खायँ॥
- नैनन की करि कोठरी पुतरी पलंग बिछाय।
  पलकों की चिक डारि कै पिय को लिया रिझाय॥

3. व्यवसाय–

- कुम्हार : माटी कहै कुम्हार से, तू का रूँदे मोय।
  एक दिन ऐसा आएगा, मैं रूँदूँगी तोय॥
- जुलाहा : झीनी झीनी बीनी चदरिया।
  काहै कै ताना काहै कै भरनी, कौन तार से बीनी चदरिया॥

4. प्रेम (विरह)–

- दिवस न भूख रैन नहिं निद्रा, घर आँगन न सुहाय।
  सेजरिया बैरिन भइ हमको, जागत रैन बिताय॥
- तलफै बिन बालम मोर जिया।
  दिन नहिं चैन रात नहिं निंदिया,
  तलफ तलफ के भोर किया॥

तन-मन मोर रहँट-अस डोलै,
सून सेज पर जनम छिया॥
नैन थकित भए पंथ न सूझे,
साईं बेदरदी सुध न लिया॥

5. लोक उपमान–

रहना नहिं देस बिराना है,
यह संसार कागज की पुड़िया, बूँद पड़े गुल जाना है।
यह संसार काँट की बाड़ी, उलझ-पुलझ मरि जाना है।
यह संसार झाड़ और झाँखर, आग लगे बरि जाना है।
कहत कबीर सुनो भाई साधो, सतगुरु नाम ठिकाना है।

कबीर जीवन के पारखी हैं अतः समाज में धड़कती भाषा का उन्होंने प्रयोग किया है। कबीर विचार और चेतना के स्तर पर जितने जीवंत हैं, उतने ही भाषा के स्तर पर भी। उनका हर दोहा हमारी संस्कृति का अस्तित्व है, हर पद उसका व्यक्तित्व और हर विचार उसकी अभिव्यक्ति। कबीर ने साहित्य की भाषा और बोलचाल की भाषा के बीच की खाई को पाट दिया है। सीधी-सादी पर गहरी शैली उनकी विशेषता है। तद्भवीकरण उनकी भाषा का प्राण है जिसमें हिंदू, मुस्लिम और लोक संस्कृतियाँ गँठी हुई हैं–

1. हिंदू संस्कृति–

मसान (श्मशान : हिंदुओं के अंतिम संस्कार का स्थान)
मुकति (मुक्ति : इस नश्वर संसार से)
भौ सागर (भव सागर : इस संसार के दुख-दर्द)
बरन (वर्ण : वर्ण व्यवस्था–ब्राह्मण, क्षत्रिय, वैश्य, शूद्र)
बैश्नी (वैष्णव : विष्णु का पूजक)
अनत (अनंत : ब्रह्म)

2. मुस्लिम संस्कृति–दोजख (नर्क), आलम (दुनिया), दिल दरिया दीदार (परमब्रह्म का दर्शन), तुरक (तुर्क), रोजा, पीर औलिया, बिसमिल, काजी, खलक, मसीति (मस्जिद), खतना, पैकंबर (पैगंबर), मका कबिला (मक्का, कर्बला), निमाज (नमाज़), हज, तसबीह, हलाल, पाक दिल

3. लोक संस्कृति–

लुकाई (छिपा कर)
मुसि लिए (ठग लिया)
मूड़ि लै (फुसला कर ले लेना)

बासन (बर्तन)
भरतार (पति)
जीमना (भोजन करना)
बिलाइ (खो जाना)
नैहरि (मायका)
रिसाई (रूठना)
पतियाइ (विश्वास करना)

4. मुहावरे–

हौंस रही मन माँहि (मन का हौसला मन में ही रह जाना)
नांव धरौगे (दोष लगाना)
अंधे अंधा ठेलिया (अंधे का अंधे को रास्ता दिखाना)
चढ़ि पाथर की नाम (पत्थर की नाव चढ़ना)
यह तनु जइहै छूट (तन छूटना : मृत्यु)
किया कलेजै घाव (दिल पर घाव करना)
देखे ठोकि बजाइ (ठोक बजा कर देखना)

संस्कृति के शिक्षण के लिए चार घटकों पर बल देने की बात कही गई है[22]

(i) संस्कृति की भाषा (भारतीय दर्शन, चिंतन, धार्मिक संप्रदायों की भाषा)

(ii) भाषा में संस्कृति (संबोधन, अभिवादन, विनम्रता, नाते-रिश्ते के शब्द आदि का प्रयोग)

(iii) सामाजिक संस्कृति (संस्कार, रीति-रिवाज, मेले-त्योहार, वस्त्र भूषण आदि)

(iv) लोक संस्कृति (विश्वास, मूल्य, अंधविश्वास, जादू-टोना आदि)

कबीर में इन सबका सम्मिश्रण है। पाठों के स्तर पर अब तक हमने जो विवेचन किया है, उनमें भी ये सभी घटक सम्मिलित हैं। मिथक और लोकतत्त्व आधुनिक रचनाकार को भी अपनी ओर आकर्षित करते हैं। परिष्कृत/आधुनिक साहित्य में लेखक का व्यक्तित्व, परिवेश और क्षेत्रीय बोली की अभिव्यंजना मिल कर उसकी प्रोक्ति का निर्माण करते हैं। इस प्रोक्ति में काव्य शैली के अंतर्भुक्त गुण के रूप में या अभिव्यंजना के औजार के रूप में लोकतत्त्व विद्यमान मिलते हैं जैसा कि हमने सूर और कबीर के पाठ में देखा भी। इस प्रवृत्ति को भारतेंदु से लेकर मैत्रेयी पुष्पा तक की रचनाओं में रेखांकित किया जा सकता है। लोकतत्त्व के सीधे प्रयोग का उज्ज्वल उदाहरण 'अमीर खुसरो' का साहित्य है[23] जिसमें

पहेलियों, मुकरियों आदि के माध्यम से उन्होंने भारत के लोक जीवन का कण-कण उद्भासित कर दिया है। खुसरो सूफी कवि थे। कबीर और जायसी के साथ उनकी आत्मा-परमात्मा (प्रेमी-प्रेमिका) को प्रकट करने वाली सूफी शैली की तुलना की जा सकती है। कबीर के (प्रेम/विरह) जो उदाहरण पीछे दिए गए हैं, उनके साथ अमीर खुसरो के इन दोहों (खड़ी बोली) की तुलना करें। यह भी ध्यान रखें कि खुसरो कबीर के काफी पहले (तेरहवीं सदी) हुए थे।

- **खुसरो रैन सुहाग की, जागी पी के संग।**
  तन मेरो मन पीउ को, दोउ भए एक रंग ॥
- **सेज सूनी देख कै, मैं रोऊँ दिन रैन।**
  पिया पिया रटती रही, पल भर सुख न चैन॥
- **वो गए बालम वो गए, नदियो किनार।**
  आपे पार उतर गए, हम तो रहे मजधार ॥

इसका एक प्रमुख कारण यह है कि मानव मन की गहन अनुभूतियों तथा मन की अवस्था की अभिव्यक्ति लोकतत्त्वों के माध्यम से बड़ी सहजता से हो जाती है। इसलिए कथानक को गति देने, मंतव्य को प्रभावशाली बनाने, चरित्र को स्थापित करने और रचना शैली में प्रवाह लाने के लिए कवि-लेखक बार-बार लोकतत्त्वों का प्रयोग करते हैं। ये तत्त्व कृति को लोकभाषा का एक ऐसा मुहावरा भी प्रदान करते हैं कि रचना क्षेत्रीय, जातीय और राष्ट्रीय अस्मिता का प्रमाण बन जाती है। इस दुहरे लाभ के कारण ही सर्जक चाहे कितना भी 'आधुनिक' क्यों न हो, लोकतत्त्वों से अपने को काटना नहीं जोड़ना और जोड़े रखना चाहता है तथा इनका सार्थक प्रयोग अपनी रचना में करता है।

भारतीय लोक मानस जिस वस्तु से अपने को जोड़ता है उसके साथ एक भावनात्मक रिश्ता बना लेता है। अतः लोक भावना से जुड़े ये तत्त्व उसके लिए प्रतीक बन जाते हैं। पीपल का वृक्ष, तुलसी, गोबर, हल्दी, चावल, मंगलसूत्र आदि का 'माता', 'लोकदेवता', 'पति' के रूप में लौकिकीकरण हिंदी ही नहीं, समस्त भारतीय साहित्य की आत्मा है। ये तत्त्व कभी लोक मिथक के रूप में साहित्य में आते हैं और कभी पौराणिक मिथक के रूप में। राम, कृष्ण, शिव का स्वरूप विवेचन और काव्यारंभ में गणेश या सरस्वती की वंदना भारतीय साहित्य की परंपरा रही है। ये मिथक आज भी हमारे सामाजिक आचरण को प्रभावित करते हैं–

राम-सीता, शिव-पार्वती : आदर्श पति-पत्नी

कृष्ण-सुभद्रा : आदर्श भाई-बहन

राम-भरत	: आदर्श भाई
शिव-गणेश	: आदर्श पिता-पुत्र
राधा-कृष्ण	: आदर्श प्रेमी-प्रेमिका
राम-हनुमान	: आदर्श स्वामी-सेवक

इनके आधार पर तीज, छठ, भाई दूज, रक्षा-बंधन, कृष्ण जन्माष्टमी, रामनवमी, शिवरात्रि, नाग पंचमी आदि अनेक पर्व-त्योहार हिंदी क्षेत्र में मनाए जाते हैं। आज भी हिंदी क्षेत्र के हिंदू-विवाह में वे अनेक रस्में पूरी की जाती हैं जिनका उल्लेख तुलसी की कृतियों 'रामलला नहछू', 'जानकी मंगल' तथा 'पार्वती मंगल' में है। अर्थात् लोक संस्कृति की जड़ें बहुत गहरी हैं। तभी तो नागार्जुन की कविताओं में बाल-रवि, शिशु-भास्कर जैसे और मुक्तिबोध की कविताओं में अनेक प्रयोग लोकतत्त्व के मिथ से जुड़े हैं। कुछ उदाहरण देखें–

नागार्जुन–

- फिर बनूँ दिगंबर बम भोला...
  नंगा हो कर विषपान करूँ सागर तट पर
  मैं अगस्त्य सा पी डालूँ सारे समुद्र को अंजलि से।

मुक्तिबोध–

- कहाँ गया धनपति कुबेर वह
- सीता हुई भूमिगत, राम के रहे न राम
  शबरी न याद रही, सखी बनी सूर्पनखा
- बड़े-बड़े पैगंबर रावण के घर पहरा देते हैं

भारतीय साहित्य धरती, मिट्टी फसल से जुड़ा है अतः वह लोकतत्त्व से मुक्त नहीं हो सकता। पंत जैसा कवि जो आध्यात्मिक चिंतन को काव्य की उच्च भूमि पर स्थापित करता है, स्वाभाविक है कि पौराणिक मिथकों की ओर आकर्षित हो। यह तो सभी आलोचक मानते हैं[24] कि कविता की संवेदना को प्रतीक स्तर पर प्रकाशित करने में पंत का कोई सानी नहीं है। 'युगपथ' की दो कविताओं तथा 'आह्वान' कविता की कुछ पंक्तियाँ देखें जिनमें 'रामकथा' के मिथकों का चयन पंत ने सामयिक चेतना को अभिव्यक्त करने के लिए अत्यंत समर्थ ढंग से किया है–

- श्रद्धा जटायु-सी पंख कटी
  निर्ममता के बाली को दल
  फिर बाँधो नव चेतना सेतु

हो पार सत्य की सैन्य सकल
लक्ष्मण-सी हो अब शक्ति क्रांत
संजीवन दो फिर मूर्छित को
हनुमत-सी प्राणद शक्ति अचल।

- दस शीश उठाए घृणा घोर
फिर उसे परास्त करो मन में
वैदेही-सी हो विरह मुक्त
फिर राज्यारोहण हों राम
हृदयासन में, हो जन मंगल
- हे राम, परम निर्बल के बल
फिर हुई अहल्या मनोभूमि...
लो बनी विमाता पुनः कुमति...
फिर भौतिक मद का कंचन मृग
मोहित करता जन मन दुर्बल।
वह भस्म रेख, यह नाश छोर
फिर साधु वेश धर हँसता खल
श्री हीन हृदय की पंचवटी...

साहित्य में सांस्कृतिक तत्त्वों (लोक और मिथक दोनों) का सामंजस्य रचनाकार इतनी कुशलता के साथ करता है कि भाव और भाषा दोनों घनीभूत हो उठते हैं। रचना में जिस तरह शब्द और अर्थ की स्वतंत्र सत्ता नहीं होती, दोनों भाव की अभिव्यक्ति में डूब जाते हैं, ठीक ऐसा ही सांस्कृतिक तत्त्वों के साथ भी होता है। यह अलग बात है कि संस्कृति-शिक्षण के लिए अभी भी पाठ्यपुस्तकों में खास दृष्टिकोण से चयनित पाठ नहीं दिए जाते और न ही संस्कृति-बोध को परीक्षण-मूल्यांकन का हिस्सा बनाया जाता है। अन्य भाषा-शिक्षण के संदर्भ में सामग्री के स्तर पर इस सीमा को दूर करना आवश्यक ही नहीं अपरिहार्य भी है। जिस तरह भाषा-शिक्षण में भाषा/संप्रेषण सामग्री को अनुस्तरित करने की जरूरत होती है उसी तरह साहित्य-शिक्षण में सांस्कृतिक सामग्री को भी मदों में बाँटकर कक्षावार देना अनिवार्य है। बिना सांस्कृतिक पक्ष के उभार के हिंदी अथवा भारतीय भाषाओं के साहित्य की समझ परिष्कृत नहीं की जा सकती और शिक्षार्थी को आधी-अधूरी समझ के साथ छोड़ना, उसके साथ ही नहीं, अन्य भाषा-शिक्षण के उद्देश्य के साथ भी अन्याय है।

रेणु में लोक संस्कृति और लोक भाषा–

- तुम जी रहे हो या थेथरई कर रहे हो?
- उसका माथा ठनका।
- तंबाकू चुनियाकर मुँह में डाल ली।
- गुरुगिरि करता है चोट्टा!
- किसका डर दिखाती है? सहर से आए भरतार का?
- डकार भी नहीं लिया।
- कहीं है डौल?

भारतेंदु में लोक संस्कृति और लोक भाषा–

- **सांस्कृतिक**–कुंभकरन, पूरन जनम, बैकुंठ, सास्तर, जिजमान, बर, सगुन, आँचल पसार के, दोहाई महाराज की, मसान, जोतसी, सरन, ईस, मनकनिका (मणिकर्णिका)।
- **लोक/लोकभाषा**–बुढ़ौती (बुढ़ापा), सुग्गा (तोता), बीड़ा (पान का), राँड़, छिनाल (स्त्री के लिए गालियाँ), चोंथ (गोबर का), भुइयाँ (भूमि), चल लुच्चिन! लगे चपतियाने (चपत लगाना), माल चाभैं (खूब खाना), हगना-मूतना, गंजी (बनियान), फेरवट के साथ बात करके (घुमाफिराकर), मरकहा बैल (जिस बैल को मारने की आदत हो), दाहिने हाथ को फिर जाना (मुड़ जाना)।

इन उदाहरणों में हिंदी की क्षेत्रीय-शैली की भी अद्भुत छटा दिखाई देती है। इस छटा से हिंदी के बोली क्षेत्र के लोगों की मानसिकता और जीवन को देखने की उनकी दृष्टि का भी परिचय मिलता है। 'पाठ' में इस तरह के प्रयोग आने पर इनका सही अर्थ-संदर्भ शिक्षार्थी को देना जरूरी है।

हमने अब तक भाषा और साहित्यिक पाठ के माध्यम से अन्य भाषा की संस्कृति के शिक्षण के लिए कुछ उपागम प्रस्तुत किए। इनके अतिरिक्त भी कई उपागम अपनाए जा सकते हैं। पिल्लै ने (वर्मा और सिंह, 2004 में)[25] कहा है कि "अन्य भाषा में उपलब्ध गीतों एवं उस समुदाय के नृत्यों आदि का प्रयोग किया जा सकता है। दृश्य सामग्रियों का भी उपयोग किया जा सकता है।" जन्म, विवाह तथा संस्कारों पर गाए जाने वाले लोकगीतों के साथ होली, दीपावली, रक्षाबंधन आदि पर प्रसिद्ध फिल्मी गीतों का भी उपयोग किया जा सकता है। विदेशी भाषा-शिक्षण में फिल्म के ऐसे दृश्यों का प्रयोग भी किया जाता है जो संस्कृति के किसी पक्ष को उभारते हैं, जैसे फिल्म 'मदर इंडिया' में हिंदू विवाह

का लंबा दृश्य जिसके साथ एक लोकप्रिय विदाई गीत भी जुड़ा हुआ है 'पी के घर आज प्यारी दुलहनिया चली'। अर्थात् संस्कृति-शिक्षण में दृश्य-श्रव्य उपकरण बहुत सहायक सिद्ध हो सकते हैं। पिल्लै ने संस्कृति-शिक्षण के तीन तात्पर्य निर्धारित किए हैं–

1. **अध्येता अन्य भाषा की संस्कृति की प्रकृति को समझ सके,**
2. **अध्येता के मन में अपनी संस्कृति के प्रति अंध-भक्ति या कट्टरता का भाव कम हो, और**
3. **अध्येता अपनी ही सांस्कृतिक पृष्ठभूमि को पूर्णरूपेण समझ सके।**

अन्य भाषा क्षेत्र के संस्कृति अधिगम में संस्कृति बहुल शब्दावली और पाठों का महत्त्व तो है ही (जैसा हमने भिन्न प्रकार के पाठों का विवेचन कर के देखा भी), इस शिक्षण में अपनाई गई प्रक्रिया या उसकी युक्तिसंगतता का भी महत्त्व है। अतः शिक्षक के लिए यह देखना जरूरी होगा कि–

1. **क्या यह प्रक्रिया संस्कृति-शिक्षण को अनिवार्य आवश्यकता बनाती है?**
2. **क्या यह प्रक्रिया संस्कृति अधिगम और भाषा-शिक्षण को समग्रताबद्ध करती है?**
3. **क्या इस प्रक्रिया से शिक्षार्थी की संप्रेषणपरक क्षमता का विकास हो रहा है?**
4. **क्या यह प्रक्रिया संस्कृति बोधन को पुष्ट कर रही है?**
5. **क्या यह प्रक्रिया संस्कृति को स्थिर सत्ता की अपेक्षा परिवर्तनशील परिवर्त स्वीकारती है?**
6. **क्या यह शिक्षार्थी को नई सांस्कृतिक परिस्थितियों में सफल अंतःक्रिया का अवसर प्रदान करती है?**
7. **क्या यह लक्ष्य संस्कृति के साथ मातृसंस्कृति की तुलना भी करती है?**
8. **क्या यह भाषा में निहित सांस्कृतिकता को शिक्षार्थी की भाषा-दक्षता में बदलती है?**

सांस्कृतिक शिक्षण को प्रभावी बनाने के लिए शिक्षक अनेक युक्तियाँ अपना सकता है, इनमें से कुछ प्रमुख हैं–

1. संक्षिप्त और सरल व्याख्या करना। उदाहरण के लिए संस्कारों, मान्यताओं की व्याख्या की युक्ति देखें–

- **सुहागिनें**–विवाहित स्त्री, जिनके पति जीवित हों। किसी शुभ अवसर पर सुहागिनों को बुलाया जाता है। विधवाओं का ऐसे मौकों पर आना अशुभ माना जाता है।
- **कुशा**–एक खास तरह की घास। पवित्र मानी जाती है। पूजा-पाठ के समय इसका उपयोग किया जाता है।

- **आहुति**—हवन में डाली जाने वाली चीजों को आहुति कहते हैं।
- **पितर पक्ष**—क्वार (सितंबर-अक्टूबर) में। कृष्ण पक्ष के 15 दिनों में जब चंद्रमा घट रहा होता है, पितृ पक्ष होता है। इन दिनों मृत पूर्वजों का पिंडदान किया जाता है।
- **गोद भराई**—बच्चे के जन्म से पहले गर्भवती स्त्री की गोद भरी जाती है। यह गर्भ के सातवें महीने में होता है। लड़की माँ के घर से आए कपड़े पहनकर बैठती है। दूसरी बच्चे वाली सुहागिनें गर्भवती स्त्री की गोद में नारियल, फल, चूड़ियाँ और रुपए रखती हैं।
- **छठी**—बच्चे के जन्म के छठे दिन वरुण की पूजा की जाती है। पाँच दिन तक बच्चे को माँ का दूध नहीं दिया जाता। सिर्फ शहद और पानी दिया जाता है। छठे दिन बच्चे की बुआ कुशा से माता का स्तन धो कर बच्चे के मुँह में दूध देती है। इस संस्कार को ले कर हिंदी में एक मुहावरा भी प्रचलित है—छठी का दूध याद दिलाना।
- **अंत्येष्टि**—यह शरीर का अंतिम संस्कार है। शव को नहला कर, नए कपड़े में लपेट कर, फूल-माला पहनाकर श्मशान ले जाते हैं। वहाँ वैदिक मंत्रों के साथ शव को मृत का बड़ा बेटा आग लगा देता है। बची हुई राख और हड्डियों को पवित्र नदी में बहा दिया जाता है।

2. दृश्य-श्रव्य साधनों के साथ-साथ अपने व्यक्तिगत सांस्कृतिक अनुभवों से कक्षा को जीवंत बनाए रखना।

3. संस्कृति के विशिष्ट पक्षों की ओर शिक्षार्थी (विदेशी भाषा अध्येता) का ध्यान केंद्रित करना। जैसे सांस्कृतिक शब्द, रीति-रिवाजों, मुहावरों, लोकोक्तियों, अभिवादनों आदि की ओर। अभिवादनों को देखें तो हिंदीभाषी समाज में पिता, दादा आदि वरिष्ठ लोग मुखिया के रूप में स्थान पाते हैं। उनके पैर छूना हमारी संस्कृति का अंग है। प्रत्युत्तर में हमें उनका आशीर्वाद मिलता है। इन आशीर्वादों का चयन पात्र के अनुरूप होता है। पुरुषों के लिए खुश रहो, प्रसन्न रहो, जीओ, चिरंजीवी रहो आदि का तथा स्त्रियों के लिए सौभाग्यवती रहो, सुहाग बना रहे, दूधो नहाओ पूतो फलो आदि का प्रयोग होता है।

4. शिक्षार्थी को संस्कृति के विविध पक्षों पर नोट देना। जैसे 'मूल परिवार' (नाते-रिश्ते) के संदर्भ में यह संकेत देना कि विवाह के समय पिता अपनी पुत्री का 'कन्यादान' करता है। भाई विवाह के समय 'लावा परछता' है और भाभियाँ भावी वर या वधू को हल्दी लगाती हैं। बच्चे के जन्म के छह दिन बाद 'छठी

की पूजा' बुआ करती है, मुंडन संस्कार में भी बुआ ही बालों को एकत्रित करती है। अंतिम संस्कार में पुत्र या पोता (पौत्र) पिता या दादा का दाह-संस्कार करता है। आदि।

5. शिक्षार्थी को किसी पाठ में से संस्कृति से संबंधित नई शब्दावली व संरचना का परिचय देकर और अभ्यास करवाकर संस्कृति-शिक्षण को प्रभावी बनाना (पाठ के आधार पर अनेक संस्कृति संबंधी बिंदु हमने दिए हैं)।

साहित्य और संस्कृति-शिक्षण के इन चर्चित बिंदुओं से एक बात सबसे अधिक उभर कर सामने आई है कि भाषा अधिगम को हमेशा पूर्ण (complete) होना चाहिए। संप्रेषणपरक भाषा-शिक्षण भी वाग्व्यापार (speech act) और प्रोक्ति के संदर्भ में भाषा-व्यवहार को साधने की इसी पूर्णता को शिक्षार्थी में दक्षता के रूप में प्रतिफलित होते देखना चाहता है। साहित्य-शिक्षण के संदर्भ में यह 'पूर्णता' मात्र पाठ का विवरण देने या बोध के स्तर पर उसके निहितार्थ की समझ विकसित करके उपलब्ध नहीं की जा सकती, पाठ को भाषिक स्तर पर विश्लेषित करके ही की जा सकती है। इसे प्राप्त करने के लिए ही अन्य भाषा-शिक्षण के लिए निर्मित पुस्तकों में 'पाठ-नियोजन' को महत्त्व दिया जा रहा है। पाठ-नियोजन को महत्त्व देने वाले विद्वान यह मानते हैं कि पाठ्य-पुस्तक का तात्पर्य पाठों को एक बंच की तरह बेतरतीब ढंग से देना या असंबद्ध पाठों को (भाषा संरचना की दृष्टि से) इकट्ठा भर कर देना नहीं है, बल्कि भाषा संरचना और संप्रेषणपरक घटकों की दृष्टि से उनकी अनुस्तरित प्रस्तुति से है। जिस तरह भाषा-शिक्षण में आज हम सकलतावादी (Wholistic) दृष्टि लेकर चल रहे हैं वैसी ही दृष्टि अब साहित्य-शिक्षण के लिए भी अपनाने की दिशा खुल चुकी है। इसलिए साहित्य-शिक्षण की प्रविधि और पद्धति आज पूरी तरह बदल चुकी है। बार-बार पाठ को दुहरा कर पढ़ाने या उसका अर्थगत विवरण देने तक सीमित पद्धति को हम अस्वीकार कर चुके हैं। अब हम साहित्य-शिक्षण को भी नव-प्रवर्तनकारी (Innovative) और परिवर्तनशील बनाना चाहते हैं। अर्थात् साहित्य-शिक्षण की उस तकनीक को अपनाना चाहते हैं जो पाठ की संदर्भता-सांस्कृतिकता तथा शिक्षार्थी की भाषिक और संप्रेषणपरक क्षमता को बढ़ाने की दृष्टि से उपयुक्त और अनुरूप हो। इसके साथ ही यह तकनीक मानती है कि पाठ प्रस्तुति का तात्पर्य पाठ में निहित सामग्री (भाषिक, समाजभाषिक, शैलीगत, संस्कृतिगत) को रोचक और ताजगीभरा (Refreshing) बना कर कक्षा में प्रस्तुत करना भी है। ऐसा करके ही अन्य भाषा की संवेदना के माध्यम से शिक्षार्थी की भावभूमि को बदला जा सकता है। भाषा$_2$ की अभिव्यंजना

और संस्कृति से टकराकर शिक्षार्थी रोज अपने को बदला-बदला महसूस करे। यह भी साहित्य और संस्कृति के शिक्षण की सही प्रविधि द्वारा संभव है। प्रेमचंद ने कहा था कि कोई अच्छी साहित्यिक रचना पढ़ने के बाद हम 'वही' नहीं रह जाते जो हम उसे पढ़ने के पहले थे।

भाषा-शिक्षण के संदर्भ में हमने मेथॉडालजी से बँधे भाषा-शिक्षकों की बात की थी जो भाषा-शिक्षण को सिर्फ भाषा व्यवस्था तक ही सीमित रखते थे और यह भी चर्चा पहले की गई कि आज के भाषा-शिक्षक को प्राकार्यात्मक/संप्रेषक शिक्षक होना होगा। अतः साहित्य को केवल साहित्य के रूप में पढ़ाना ही अब पर्याप्त नहीं है, यह उसी तरह है जैसे भाषा को सिर्फ भाषा के रूप में पढ़ाना। अगर सिर्फ बोधन ही साहित्य-शिक्षण का लक्ष्य हो (जैसा कि भारत में भाषा$_2$ के साहित्य-शिक्षण में है भी) तो अन्य भाषा-शिक्षण का लक्ष्य सीमित ही सधेगा, इसलिए साहित्य के माध्यम से 'भाषा और संस्कृति' के शिक्षण के बहुआयामी पक्ष को अधिक उपयोगी माना गया है। इसे व्यापक स्तर पर हम साहित्य-शिक्षण का अर्थ क्रियावाद (Pragamatizm) कह सकते हैं। जैसा कि हमने अलग-अलग तरह के सर्जनात्मक पाठों में देखा भी कि साहित्यिक पाठ में मूल्य-संस्कार (भाषिक, सामाजिक, सांस्कृतिक) अंतर्भुक्त होते हैं और ये सभी भाषा के माध्यम से ही व्यक्त होते हैं। अर्थ-क्रियावाद का अर्थ ही है—भाषा, संदर्भ और संस्कृति का संयोजन।

हमने यह भी देखा कि 'संप्रेषण' की संकल्पना के भीतर समाजभाषिकी के तत्त्वों को समेटा गया है—परिस्थिति, संदर्भ तथा वक्ता-श्रोता संबंध को। इसी तरह साहित्य-शिक्षण के लिए शैलीवैज्ञानिक विश्लेषण प्रविधि को महत्त्व दिया गया। इस प्रविधि को कक्षा में अपनाने वालों ने यह महसूस किया कि साहित्य-शिक्षण के शैलीवैज्ञानिक उपागम को अपनाते हुए भाषा अधिगम को पूरी तरह रचनांतरित (Transform) किया जा सकता है। इस 'ट्रांसफार्मेशन' में गहरे स्तर पर साहित्य को पढ़ने की दक्षता पैदा करने को लक्ष्य रखा गया। पाठ-शिक्षण प्रक्रिया और अभ्यास को भी उद्देश्य बाधित बनाने पर बल दिया गया, अर्थात् इन्हें भाषिक, मिथकीय, सांस्कृतिक और समाजभाषिक तथ्यों के अधिगम से भी जोड़ा गया।

संक्षेप में इस पूरी चर्चा का इस प्रकार समाहार किया जा सकता है—

1. **साहित्य-शिक्षक की भी भाषा-शिक्षक की ही भाँति यह भूमिका होनी चाहिए कि वह शिक्षार्थी में भाषा संबंधी क्षमता प्राप्त करने, उसे संगठित करने और मैनेज करने में मदद करे।**

2. उसका कार्य यह भी है कि साहित्य को भाषा/साहित्य शैलीवैज्ञानिक उपागम से प्रस्तुत करके वह शिक्षार्थी में 'पाठ' विश्लेषण और आलोचनात्मक समझ का विकास करे।

3. साहित्य पढ़ाने की मशीनी पद्धति की जगह जरूरी है कि शिक्षार्थी में सर्जनात्मकता (एक पाठक के रूप में) तथा जागरूकता (साहित्यिक पाठ के प्रति) बढ़े।

किसी भी मनुष्य के लिए दर्शन, समाजशास्त्र, मनोविज्ञान आवश्यक होते हैं। किसी समाज में जन्म लेते ही वह इनसे स्वतः बँध जाता है। भाषा क्योंकि मानव-समाज की संपत्ति है अतः उसमें भी ये तीनों अंतर्भुक्त होते हैं—भाषा दर्शन, भाषा का समाजशास्त्र और भाषा समाज का मनोविज्ञान भाषा के व्यावहारिक विकल्पनों में गुँथे होते हैं। इसलिए भाषा एक बहुआयामी यथार्थ है, एक सामाजिक यथार्थ। साहित्य भी क्योंकि भाषाबद्ध होता है इसलिए उसमें भी ये तीनों घुले-मिले रहते हैं। रचनाकार सामान्य भाषा को हीरे की तरह तराश कर एक ऐसा बहुकोणीय आकार देता है कि भाषा में निहित ये तीनों पक्ष प्रकाशित होने लगते हैं। हम एक शिक्षक के रूप में भाषा-संरचना और भाषा-सिद्धांत की जानकारी रख सकते हैं या साहित्यिक पाठ की विषयवस्तु जान सकते हैं। पर उद्देश्य बाधित भाषा[2] शिक्षण की मूल चिंता यह है कि हम शिक्षार्थी को यह सब पूर्णता में कैसे दें। कोई भी भाषा कभी न तो निःसंगता (Isolation) में पैदा होती है और न ही निःसंगता में हम उसका प्रयोग करते हैं। अतः साहित्यिक भाषा को निःसंगता में डाल कर प्रस्तुत करना शिक्षार्थी की दक्षता को अधूरा और सीमित बनाना है। भाषा महत्त्वपूर्ण है, पर भाषा-शिक्षण में ज्यादा महत्त्वपूर्ण यह है कि हम भाषा को पढ़ाएँ कैसे? इसी तरह साहित्य की विषयवस्तु महत्त्वपूर्ण है पर साहित्य-शिक्षण की दृष्टि से ज्यादा महत्त्वपूर्ण यह है कि हम यह कैसे दिखाएँ कि वह गठित कैसे हुई है तथा उसमें कौन-कौन से समाज-सांस्कृतिक तत्त्व मथे हुए हैं। जैसा कि हमने प्रारंभ की साहित्यिक चर्चाओं में देखा कि भाषा-शिक्षण की प्रक्रिया में अनुदेश (Instruction), संज्ञान (Cognition) और आभ्यंतरीकरण (Internalization) के महत्त्व को शिक्षण के अलग-अलग चरणों पर महत्त्व दिया गया है। साहित्य-शिक्षण प्रक्रिया में भी ये तीनों चरण महत्त्वपूर्ण होने चाहिए। भाषा-शिक्षण के अधुनातन चिंतन में 'क्या, कैसे और कब' पढ़ाया जाए, इस बात को पाठ्य-सामग्री और शिक्षण-गतिविधि में अपनाने की अच्छी स्थिति आज बन चुकी है, पर साहित्य-शिक्षण में हम आज भी 'क्या' पर तो जोर देते हैं (वह भी लेखक के नाम, पाठ की विषयवस्तु और विधागत प्रतिनिधित्व के आधार पर ही ज्यादा,

पाठों के अनुस्तरण और शिक्षण बिंदु के आधार पर कम) लेकिन 'कैसे और कब' पर लगभग नहीं के बराबर।

साहित्य-शिक्षण में शिक्षक 'सीखने के लिए सीखना' को लक्ष्य बनाए, उसे यह दृष्टि देने का यत्न इस अध्ययन में किया गया है। 'पाठ' के शैलीय, समाजभाषिक और सांस्कृतिक विश्लेषण से प्राप्त सामग्री के आधार पर शिक्षार्थी 'सीख कर सीख' सकता है। अर्थात् साहित्य उसके लिए लक्ष्यभाषा समाज को सीखने-जानने का माध्यम बनता है। हम यह जानते हैं कि विषय शिक्षण सिर्फ 'सीखना' से संबंध रखता है जबकि भाषा-शिक्षण अध्येय भाषा के बारे में बहुत कुछ सीखने का मौका शिक्षार्थी को देता है। यही वजह है कि भाषा-शिक्षण यदि बहुउद्देश्य बाधित हो तो शिक्षार्थी में उसकी व्यावहारिक दक्षता कभी धुँधली या पुरानी नहीं पड़ती। पर साहित्य के शिक्षण में सामान्यतः यह पाया जाता है कि पाठ को हम 'विषय' की तरह पढ़ाते हैं अतः कुछ महीनों बाद ही शिक्षार्थी यह कहता पाया जाता है कि वह पढ़ाई गई अमुक कविता या कहानी भूल गया है। ऐसी स्थितियों के प्रति शिक्षक सजग बने, इस पूरी चर्चा से ऐसा संभव होगा।

शिक्षक की सजगता का अर्थ है, यह जानना कि प्रत्येक भाषा अपने अनुभव संसार को अपने ढंग से संयोजित और व्यक्त करती है। भौतिक धरातल पर ये तथ्य भले ही एक हों किंतु बोधन के धरातल पर किसी भाषा-समाज द्वारा अपनी विशिष्ट सामाजिक एवं सांस्कृतिक दृष्टि के कारण ये एक नए संदर्भ में ग्रहण किए जाते हैं। अर्थात्, संसार को देखने की प्रत्येक भाषा की अपनी अलग दृष्टि होती है। अतः किसी भाषा में संप्रेषणपरक दक्षता प्राप्त करना उस भाषा समाज की जीवन-जगत् के प्रति दृष्टि एवं उसकी समग्र जीवन पद्धति की जानकारी के अभाव में प्रायः असंभव है। इस सजगता के साथ भाषा/साहित्य-शिक्षण को समग्रताबद्ध करना अन्य भाषा-शिक्षक का दायित्व है।

संदर्भ

1. The implications of bilingualism for language teaching and language learning. IN A. Voldman (Ed.) : Trends in language teaching, London : Edward Arnold.
2. Introducing Applied linguistics, Harmonds worth : England.
3. Explorations in the functions of language, Edward Arnold : London.
4. Becoming bilingual, William Carey Library, California : USA

5. Papers in linguistics, London : OUP
6. Style in Fiction : A linguistic introduction to English fictional prose, London : Longman.
7. Semantics, Cambridge : CUP
8. राजकमल : दिल्ली
9. IN R.Linton (Ed.) The Science of Man in the World Crisis, Mcmillan : New York.
10. "Polysystem Theory" IN Poetics today-I.
11. 1961, भाषा और समाज, राजकमल : दिल्ली।
12. 1985. Communicating in a cultrual context, Mass : MTI.
13. 1964. Language in Culture and society, Rinehart & Winston : New York.
14. 1974. Teaching Culture. Strategies for intra-cultural communication, Lincolnwood : III.
15. मैला आँचल : 1954, राजकमल : दिल्ली।
16. भारतेंदु ग्रंथावली (नाटक)।
17. a सूरदास, केंद्रीय हिंदी संस्थान : आगरा।
    b सूरदास, 1994, लोकभारती : इलाहाबाद।
18. सूरदास की भाषिक संपदा (साहित्य का भाषिक चिंतन में), दिल्ली।
19. कबीर बानी, 1998, राजकमल : दिल्ली।
20. 'कबीर' 2002 (नवीं आवृत्ति), राजकमल : दिल्ली।
21. कबीर (सं.) 1956, राधाकृष्ण : दिल्ली।
22. Hanvey, R, 1979 "Cross cultural awareness" IN Elise C.Smith & L.F.Luce (Eds.) Towards Internationalism : Readings in cross Cultural Communication, Newbury House : London.
23. अमीर खुसरो और उनका हिंदी साहित्य, 1993, भोलानाथ तिवारी, प्रभात : दिल्ली।
24. 1962, सुमित्रानंदन पंत, बच्चन, राजपाल : दिल्ली।
25. ''भाषायी संस्कृति के शिक्षण का मनोवैज्ञानिक पक्ष'' (लेख)।

अन्य पठनीय पुस्तकें/पत्रिकाएँ

अंग्रेजी पुस्तकें

Kelly, L G	1969	25 Centuries of language teaching, Rowley : Mass : Newbury House
Firth, J R	1975	Papers in linguistics : 1934-1951, Oxford : Blackwell
Firth, J R	1975	Studies in linguistic analysis, Oxford : Blackwell.
Candlin, C (ed)	1981	The communicative teaching of English : Principles and an exercise typology, London : Longman
Gumperz, JJ and Dell, Hymes	1970	Directions in Sociolinguistics, New York : Holt, Rinehart and Winston
Gumperz, JJ and Dell, Hymes	1972	The ethnography of communication, New York : Holt
Giglioli, PP (ed)	1972	Language and Social context : Selected reading, London : Penguin
Weinreich, U	1953	Languages in contact: Findings and problems, London : Mouton
Bazell, C E Halliday, Catford and Robins	1966	In memory of J R Firth, London : Longmans
Enkvist, N E, spencer, J. Gregory, M J	1964	Linguistics and style, London : OUP
Sinclair, J	1965	A course in spoken English (Grammar), London: OUP.
Smith, A G (ed)	1966	Communication and Culture, New

		York : Holt, Rinehart and Winston
Johnson, K	1982	Communicative syllabus design and methodology. Oxford : Pergamon press
Johnson, K	1981	Communication in class room, London : Longman
Lyons, J	1977	Semantics, Cambridge : CUP
Pride, J B and Holmes (eds)	1979	Sociolinguistic aspects of language learning and teaching, Oxford : OUP
Widdowson, H G,	1978	Teaching language as communication, London : OUP
Clark, Raymond	1980	Language teaching techniques, Vermont : Prolingua associates
Moskowitz, G	1978	Caring and sharing in the foreign language class, Rowley, Mass: Newbury House
Judy, W O	1980	Communication starters, Oxford : Pergamon
Joan, M	1972	Improving aural comprehension, Michigan : UMP.
Julia, D	1972	Dialogues : Why, when and how to teach them, New York : Penguin
Carol, L	1983	Role play in language learning, England : Longman
Kieth, J and Kieth, M	1981	Communication in the classroom, England : Longman
William, L	1981	Communicative language teaching, New York : CUP
Billows, F L	1961	The techniques of language teaching, London : Longman
Byrne, D	1976	Teaching oral English, London : Longman
Pattison, B	1964	Modern methods of language teaching, ELT : 19
Crystal, D and Davy, D	1969	Investigating English style, London : Longman.
Mackey W F,	1965	Language teaching Analysis, London : Longman
Wilkins, D A	1972	Linguistics in language teaching, Lon-

		don : Edward Arnold
Brown, G and Yule, G	1983	Discourse ana;ysis, Cambridge : CUP
Palmer, H and D Palmer,	1925	English through actions, London : Longman
Lado, R	1957	Linguistic across cultures : Applied linguistics for teachers, Ann Arbor : Univ. of Michigan Press
M. A. K Halliday, A McIntosh P. Strevens		The linguistic science and language teaching, London : Longman
Fried, V	1972	The Prague school of linguistics and language teaching : London: OUP
Eddy Roulet	1973	Linguistic theory, linguistic description and language teaching: London: Longman
Adams, P	1973	Language in thinking, London : Penguin
Peck, A J	1971	Talking to some purpose, <u>IN</u> G. C. Perren and L. J. M. Trim (eds) Applications of linguistics, CUP
Miller, G A	1967	The Psychology of Communication, Penguin : England
Robin Fox	1967	Kinship and Marriage, Penguin : England.
Hawkes, T	1977	Structuralism and semiotics, London : Methuen & co.
Jonathan, culler	1975	Structuralist poetics, London : Routledge & Kegan Paul
Brumfit, C J and Carter, R (Ed),	1986	Literature and Language teaching, Oxford, OUP
Carter, R and P, Simpson	1989	Language Discourse and Literature, London : Unwin Hyman
Hicky, L (ed) Peer,	1989	The Pragmatics of style, London: Routledge
W. Van and J. Renkema (eds)		Pragmatics and stylistics, Louvain : London
Sell, R (Ed)	1990	Literary pragmatics, London : Routledge
Burumfit, C J (Ed)	1983	Teaching literature overseas : Language

		based approaches, London : Pergamon Press
Halliday, MAK and R. Hasan	1989	language, context and Text : Aspects of language in Social-semiotic perspective, Oxford : OUP
Collin, J and S Slater	1987	Literature in the classroom, Cambridge : CUP.
Leech, G N	1987	The Language of literature, London : Longman
York, RA	1986	The Poem as utterance, London : Methuem
Stiener, G	1969	Language and Silence, harmonds worth: Penguin
Searle, JR	1979	Expression of Meaning, Cambridge : CUP
Geoffrey, N Leech	1980	Explorations in semantics and Pragmatics, Amsterdam : John Benjamins
Jacobson, R	1960	"Linguistic in Poetry", IN TA Sebeok (ed.)

हिंदी पुस्तकें

शैली : करुणापति त्रिपाठी, सं. 1998, साहित्य ग्रंथमाला : बनारस
साहित्य की शैली : गणपति चंद्रगुप्त, 1964, भारतेंदु भवन : चंडीगढ़
संरचनात्मक शैलीविज्ञान : रवींद्रनाथ श्रीवास्तव, 1979, आलेख : दिल्ली
रीति विज्ञान : विद्यानिवास मिश्र, 1973, राधाकृष्ण : दिल्ली
उपन्यास का यथार्थ और रचनात्मक भाषा : परमानंद श्रीवास्तव, 1976, नेशनल : दिल्ली
सूरदास : रामचंद्र शुक्ल, सं. 2000, नागरी प्रचारिणी सभा : काशी
कविता के नए प्रतिमान : नामवर सिंह, 1968, राजकमल : दिल्ली
छायावाद : नामवर सिंह, 1979, राजकमल : दिल्ली
भाषाई अस्मिता और हिंदी भाषा : रवींद्रनाथ श्रीवास्तव, 1992, वाणी : दिल्ली
भाषा-शिक्षण : रवींद्रनाथ श्रीवास्तव, 1978, मैकमिलन : दिल्ली
भाषा अध्ययन : विविध पक्ष : एस. के. वर्मा, दिलीप सिंह (सं) 2004, आलेख : दिल्ली
हिंदी भाषा : संरचना के विविध आयाम : रवींद्रनाथ श्रीवास्तव, 1996, राधाकृष्ण :

दिल्ली
अच्छी हिंदी : रामचंद्र वर्मा, सं. 2001, नागरी प्रचारिणी सभा : काशी
हिंदी का शैक्षिक व्याकरण : रवींद्रनाथ श्रीवास्तव, बालगोविंद मिश्र, भोलानाथ तिवारी, 1982, नेशनल : दिल्ली
हिंदी का सामाजिक संदर्भ : रवींद्रनाथ श्रीवास्तव और रमानाथ सहाय, 1984, केंद्रीय हिंदी संस्थान : आगरा
अनुप्रयुक्त भाषा विज्ञान : सिद्धांत एवं प्रयोग : रवींद्रनाथ श्रीवास्तव, 2000, राधाकृष्ण : दिल्ली
हिंदी भाषा का समाजशास्त्र : रवींद्रनाथ श्रीवास्तव, 1996, राधाकृष्ण : दिल्ली

पत्रिकाएँ

गवेषणा : रवीन्द्रनाथ श्रीवास्तव स्मृति अंक, 1994, केंद्रीय हिंदी संस्थान आगरा
गवेषणा : ब्रजेश्वर वर्मा स्मृति अंक, 1998, केंद्रीय हिंदी संस्थान, आगरा
भाषा : अनुप्रयुक्त भाषाविज्ञान विशेषांक 2001, केंद्रीय हिंदी निदेशालय : दिल्ली

●●●